베드로처럼

강준민 지음

국민북스

목차

내가 베드로를
좋아하는 이유

베드로의 이야기는 예수님의 이야기다. 왜냐하면 예수님이 베드로를 선택하셨고, 예수님이 평범한 베드로를 훌륭한 사도로 만드신 까닭이다. 모든 아름다운 스토리는 예수님을 통해 시작되고, 예수님께로 돌아간다. 예수님은 모든 아름다운 스토리의 원천이시다. 아름다운 스토리 속에는 복음이 담겨 있다.

나는 베드로가 좋다. 그동안 성경에 나오는 많은 인물들을 연구하고 강해했다. 그 많은 인물 가운데 내가 베드로를 특히 좋아하는 이유가 있다.

그에게서 사람 냄새가 나기 때문이다. 요셉이나 다니엘을 통해 우리는 놀라운 교훈을 얻는다. 영감을 받는다. 하지만 그들은 너무 완벽하다. 우리가 따라가기에 너무 힘든 인물들이라는 생각이 든다. 가까이 하기엔 너무 머나먼 당신들이다. 그러나 베드로는 다르다. 독자들은 누구나 한번씩은 베드로의 모습 속에서 자신의 모습을 볼 때가 있었을 것이다.

우리는 베드로를 통해 우리 자신을 만난다. 우리 자신의 적나라한 모습을 베드로를 통해 보게 된다. 우리가 아름다운 스토리에 감동을 받는 이유는 그 스토리 속에서 우리 자신을 발견하기 때문이다. 베드로는 완벽한 사람이 아니다. 실수도 많고 실패도 반복했다. 나는 베드로를 생각하면 예수님을 세 번이나 부인한 후에 통곡하는 모습이 떠오른다. 그의 통곡 소리가 지금도 귀에 들리는 듯하다. 그는 울 줄 아는 사람이다. 그는 눈물을 흘릴 줄 아는 남자다.

우리는 흔들리는 베드로를 통해 우리의 흔들림을 본다. 베드로의 의심 속에서 우리의 의심을 본다. 베드로의 배신 속에서 우리의 배신을 본다. 베드로의 고독 속에서 우리의 고독을 본다. 예수님을 세 번이나 부인한 후에 움츠러든 베드로를 통해 우리의 움츠림을 본다. 베드로는 소위 말하는 흙수저를 물고 태어난 사람이다. 그는 변방인이다. 경계선에서 살았던 사람이다. 성경은 그가 학문 없는 범인이었다고 말한다.(행 4:13)

하지만 그런 평범한 베드로를 예수님은 제자로 선택하셔서 비범한 인물로 키우셨다. 베드로를 탁월한 제자로 만드신 예수님의 솜씨에 감탄한다. 예수님은 지금도 같은 일을 행하신다. 세상 사람들 눈에 지극히 평범한 사람들을 선택해서 역전의 드라마를 펼치신다. 구속의 드라마의 주역으로 세우신다.

베드로의 생애가 우리에게 울림으로 다가오는 이유가 또 있다. 그가 실패에 머물지 않고 거듭 다시 일어났다는 사실이다. 그는 흔들리는 중에 예수님께 뿌리를 내렸다. 그는 의심을 극복하고 확신에 이르렀다. 그는 수치심을 극복하고 예수님의 품에 거듭 안겼다. 그는 과거를 떨쳐 버리고 미래를 향해 전진했다. 그는 예수 그리스도의 은혜와 그를 아는 지식 안에서 지속적으로 성장했다.(벧후 3:18)

베드로의 생애가 빛날 수 있었던 마지막 이유는 예수님이 그의 손길을 놓지 않으셨다는 사실이다. 예수님의 한결같은 사랑, 포기하지 않으신 돌봄, 지혜로운 치유, 그리고 성령님을 보내 주심을 통해 베드로는 역사에 우뚝 선 인물이 될 수 있었다. 이 책은 평범하지만 비범한 제자의 길을 꿈꾸는 사람을 위한 책이다. 평범한 사람을 탁월한 사도로 키우시는 예수님의 솜씨를 배우기 원하는 사람을 위한 책이다. 실패를 딛고 다시 일어서는 지혜를 배우기 원하는 사람을 위한 책이다. 자신을 세 번이나 부인한 제자를 끝까지 품으시는 하나님의 사랑을 경험하기 원하는 사람을 위한 책이다.

이 책을 출판하도록 힘써 주신 국민북스의 이태형 대표님과 김성원 실장님께 감사드린다. 부족한 사람의 글을 꾸준히 사랑해 주시는 독자님들께도 감사를 드린다. 끝으로 책을 쓸 수 있도록 지속적으로 영감을 부어 주시는 하나님께 감사드린다.

로스앤젤레스에서 강준민 드림

01 예수를 만나다

요 1:35-42

하나님을 만날 때, 하나님이 보내주신 사람을 만날 때 각자는 비로소 자신의 진면모를 발견하게 된다. 그리고 새로운 미래를 꿈꾸기 시작한 다. 자신 안에 감추어진 무한한 잠재력을 드러내기 시작한다.

예수를 만나다

●

    타국의 노예로 살았던 이스라엘 백성이 위대한 하나님의 선민으로 바뀔 수 있었던 배경은 무엇일까?

    하나님은 애굽에서 400년 동안 종살이하던 히브리 민족을 광야로 이끌어 내서서 40년 동안 안식하게 하셨다. 히브리 민족이 광야에서 안식하는 동안 하나님은 그들을 집중적으로 교육시키셨다. 하나님은 교육을 통해 그들의 미래를 준비시켜 주셨다. 광야에서 40년 동안 모세를 통해 집중적으로 교육받은 이스라엘 백성은 바로의 노예에서 제사장 나라의 백성으로 변화되었다. 거룩한 백성, 왕 같은 제사장, 위대한 민족으로 변화되었다.

    사람과 민족을 변화시키는 은총의 도구로 하나님은 교육을 사용하신다. 그래서 하나님은 광야에서 모세를 통해 이스라엘 백성들에게 교육헌장을 주셨다.(신 6:4-9) 그들은 하나님의 규례를 배움으로 지식과 지혜를 가진

큰 나라 백성이 되었다.(신 4:6)

　교육이란 사람을 키우는 것이다. 공동체를 키우는 것이다. 교육 속에는 가르침과 배움이 함께 담겨 있다. 누군가를 키우기 위해서는 가르쳐야 한다. 또한 성장하기 위해서는 배워야 한다. 사람은 배움을 통해 자란다. 자라기 위해서는 반드시 배워야 한다.

　배움은 자람이면서 곧 변화다. 사람은 배움을 통해 변화된다. 참된 배움에는 변화라는 열매가 나타난다. 배웠는데 변화되지 않았다면 진정으로 배운 것이 아니라고 해도 과언이 아니다. 여기 배움을 통해 변화된 한 인물을 공부하려고 한다. 바로 베드로다. 엄밀한 의미에서 가르침을 통해 베드로를 변화시키신 예수님에 대해 공부하려고 한다. 우리 모두 예수님의 손길을 통해 베드로와 같은 변화를 경험하길 소원한다.

만남은 변화를 일으킨다

　인생은 만남이다. 인생은 소중한 만남의 연속이다. 만남은 반드시 영향을 주며, 변화를 일으킨다. 좋은 만남은 좋은 변화를, 나쁜 만남은 나쁜 변화를 만들어낸다. 베드로는 예수님을 만남으로 변화의 전기를 마련한다. 요한복음 1장은 베드로가 예수님을 처음 만난 모습을 이렇게 묘사한다.

"데리고 예수께로 오니 예수께서 보시고 이르시되 네가 요한의 아들 시몬이니 장차 게바라 하리라 하시니라(게바는 번역하면 베드로라)"(요 1:42)

　이것은 놀라운 만남이다. 베드로의 생애뿐만 아니라 기독교 역사의 한

획을 긋는 만남이다. 어떤 만남은 생각하는 것보다 그 영향력과 파장이 훨씬 크다. 예수님과 베드로의 만남이 그런 만남이다. 그런데 예수님과 베드로의 만남은 우연히 된 것이 아니다. 만남을 주선한 사람이 있다. 그는 안드레다. 한 사람의 생애를 연구하거나 누군가의 생애를 돌이켜 볼 때 다각적인 환경이나 요소들이 작용하는 것을 고려해야 한다. 또한 주변 인물이 그 사람에게 끼친 영향을 살펴볼 수밖에 없다. 베드로를 연구할 때도 같은 연구 방법을 사용하는 것이 안전하다.

베드로를 예수님께 데리고 온 사람은 베드로의 동생 안드레다. 안드레는 세례 요한의 제자였다. 예수님이 역사에 등장하자 세례 요한은 예수님을 '세상 죄를 지고 가는 어린 양'이라고 선포한다.(요 1:29)

세례 요한은 예수님보다 6개월 전에 태어나서 예수님의 길을 예비하라고 부름을 받은 인물이다. 세례 요한은 예수님보다 조금 일찍 역사의 무대에 등장한다. 그는 빈들에서 하나님의 음성을 들었다. 그는 회개의 세례를 외쳤다. 수많은 무리들이 그를 찾아와 회개하며 요단강에서 세례를 받았다. 그는 사람들에게 자신은 물로 세례를 베풀지만 장차 그리스도가 오시면 성령의 세례를 베풀 것이라고 외쳤다. 그가 설교할 때 수많은 무리가 모였다. 그를 좇는 제자들도 있었다.

요한복음 1장 35절에 나오는 세례 요한의 제자 중 두 사람은 사도 요한과 안드레다. 세례 요한은 두 제자가 보는 데서 예수님을 가리키며 "하나님의 어린 양이로다"라고 선포한다. 안드레는 예수님을 만나기 전부터 세례 요한 아래서 제자수업을 받았던 인물이다. 스승의 중요성을 알았던 인물이다. 그는 신실하고 충성된 세례 요한의 제자 중 한 사람이었음에 틀림없다. 세례 요한과 아주 가까이서 동행하고 있는 것을 보면 알 수 있다. 사도 요한과 안드레는 세례 요한이 예수님을 소개하자 예수님을 따라간다.(요 1:37)

세례 요한의 위대함은 바로 여기에 있다. 자신이 양육하고 있는 제자들을 더 훌륭한 스승이 등장하자 그 스승에게 가서 배우게 한 것이다. 그는 정말 큰 인물이다. 그는 질투를 이겨낸 인물이다. 제자들을 자신의 사람으로 키운 것이 아니라 하나님의 사람으로 키우고 있었던 것이다. 보통 스승들은 자신이 키운 제자들이 다른 스승에게로 가는 것을 좋아하지 않는다. 늘 자신만을 바라보고 따르기를 원한다. 하지만 세례 요한은 달랐다. 그는 자신의 제자들을 자신보다 더 큰 인물로 키우길 원했다. 그런 까닭에 자신보다 더 훌륭한 스승이시며 메시아가 되시는 예수님을 만났을 때 그를 따르도록 허락한 것이다. 세례 요한은 정말 품이 넓은 사람이었다. 큰 인물은 큰 인물들을 낳는다.

위대한 인물들의 배후에는 위대한 인물들의 공동체가 있는 것을 본다. 예수님은 요한과 안드레가 자신을 따르는 것을 보시고 무엇을 구하는지 묻는다.

> "예수께서 돌이켜 그 따르는 것을 보시고 물어 이르시되 무엇을 구하느냐 이르되 랍비여 어디 계시오니이까 하니(랍비는 번역하면 선생이라)"(요 1:38)

그들은 "랍비여 어디 계시오니이까"라고 물었다. 랍비는 선생님이라는 뜻이다. 그들은 세례 요한을 그들의 스승으로 모시고 그와 함께 머물면서 배움의 길에 들어섰다. 이제는 예수님을 스승으로 모시고 싶어 예수님을 따라가고 있다. 예수님이 그들에게 "와서 보라"고 말씀하신다.(요 1:39)

사도 요한과 안드레는 예수님이 계신 곳에 그 날 함께 머물면서 예수님이 누구신가를 발견하게 된다. 안드레는 예수님이 메시아, 즉 그리스도인 것을 알아본 것이다.

예수를 만나다

"요한의 말을 듣고 예수를 따르는 두 사람 중의 하나는 시몬 베드로의 형제 안드레라"(요 1:40)

여기 안드레와 시몬 베드로의 이름이 등장한다. 예수님을 따라간 세례 요한의 두 제자 중 한 사람인 안드레를 '시몬의 형제 안드레'라고 기록하고 있다. 안드레가 예수님을 만난 후에 가장 먼저 한 일은 그의 형제 시몬을 찾아가서 메시아를 만났다고 말한 것이다.(요 1:41)

평범 속에서 비범을

안드레가 예수님을 만나 그 분이 메시아이심을 깨달은 순간, 가장 먼저 떠오른 사람은 자기 형 시몬이었다. 안드레는 만남을 주선하는 데 탁월한 인물이다. 안드레는 하나님의 은혜 안에서 영적인 눈이 열린 사람이다. 그는 예수님이 메시아인 것을 알아보았다. 그는 세례 요한을 따르면서 그가 참으로 놀라운 스승임을 깨달았다. 그런데 그의 스승이었던 세례 요한이 자주 이야기하던 분이 있었다. 그 분은 예수님이었다. 그 예수님을 만나 함께 시간을 보내면서 안드레는 세례 요한의 증거가 확실함을 깨달았다. 바로 자신의 스승이었던 세례 요한이 증언한 예수님이 메시아임을 알아 본 것이다.

또 하나 놀라운 사실이 있다. 그것은 자기 형 베드로를 알아 본 것이다. 가까운 형제는 너무 익숙한 까닭에 그 진가를 잘 모를 수 있다. 그런데 안드레는 달랐다. 그는 자신보다 그의 형 베드로 안에 무언가 비범한 것이 있음을 발견했다. 안드레는 그의 형이 장차 훌륭한 지도자가 될 수 있다는 비전을 품고 살았다. 그런 까닭에 그를 예수님께 데리고 왔던 것이다.

예수님을 만남으로 베드로의 삶은 드라마틱하게 변화된다. 만남을 소중히 여겨야 한다. 좋은 만남은 변화를 창조한다. 좋은 만남이 찾아오는 것이야말로 은혜요 축복이다. 특별히 좋은 스승을 만난다는 것은 최고의 축복이다.

1880년, 세상에 태어난 지 9개월 만에 시력과 청력을 모두 잃고 말 한 마디 하지 못했던 여자아이, 그러나 20세기의 기적이라 불리는 위대한 인물이 된 헬렌 켈러! 그녀 자신의 말대로 아무것도 할 수 없을 것 같았던 헬렌을 전 세계가 손꼽는 위대한 사람으로 만든 사람은 바로 우리 모두가 잘 아는 앤 설리번 선생이다. 언젠가 헬렌 켈러가 다음과 같은 고백을 한 적이 있다.

"친구들이야말로 내 인생의 모든 이야기를 수놓은 사람들이다. 친구들은 헤아릴 수 없는 방법으로 내가 지닌 한계를 변화시켜 아름다운 특권의 자리에 올려놓았다. 상실의 그림자 속에서도 주저앉지 않고 행복한 길을 걸을 수 있도록 해 주었다."

그 친구들 중 최고의 친구이자 스승이 설리번 선생이다.

암울한 어린 시절, 늘 제멋대로였던 헬렌 켈러에게 사랑과 인내로 말과 글을 가르치고 인생의 참의미를 깨우쳐주었던 설리번 선생은, '물'이라는 말 한 마디를 헬렌에게서 얻기 위해 7년이라는 인고의 세월을 쏟았다. 말을 가르치기 시작한 지 7년 만에 얻은 짧은 단어 하나였지만 이 귀한 시작은 스무 살의 헬렌이 하버드대학에 진학하는 데 밑거름이 되었다. 결국 설리번 선생의 사랑과 인내는 헬렌 켈러가 세계 최고의 학부를 마칠 수 있도록 이끌었고 이 기적적인 일은 전 세계 많은 사람들에게 큰 감동을 전해 주었다.

"시작과 실패를 '계속'하라."

설리번 선생이 헬렌 켈러에게 늘 강조하였던 이 말은 실패에 익숙해 있던 헬렌 켈러에게 희망을 주었다. 헬렌 켈러는 참으로 귀한 친구이며 스승이었던 설리번 선생에게 얻은 인생의 참 의미를, 자신과 같은 처지에 있는 장애인과 나누는 생을 살다가 1968년에 숨을 거두었다. (존 맥스웰, 『내 인생의 친구』, 가치창조, 20~22쪽)

비전은 보는 것이다. 남이 보지 못하는 것을 보는 것이다. 다른 사람과는 다르게 보는 것이다. 비전은 통찰력이다. 깊이 보고 핵심을 간파하는 것이다. 비전은 예견력이다. 앞을 내다보는 것이다. 비전은 장차 되어질 일을 미리 보는 것이다. 예수님은 베드로를 만났을 때 베드로가 장차 어떤 인물이 될 것인가를 보셨다. 하나님은 과거와 현재와 미래를 총체적으로 보시는 분이다. 하나님은 알파와 오메가시다. 하나님은 처음과 나중이시다. 예수님은 처음을 보시면서 마지막도 함께 보시는 분이다.

예수님은 보셨기 때문에 말씀하셨다. 예수님의 말씀은 베드로의 생애에 대한 예언과 같은 것이었다.

> "데리고 예수께로 오니 예수께서 보시고 이르시되 네가 요한의 아들 시몬이니 장차 게바라 하리라 하시니라(게바는 번역하면 베드로라)"(요 1:42)

안드레는 예수님께 베드로를 데리고 왔다. 이것은 놀라운 사건이다. 우리 각자를 예수님께로 데리고 온 누군가가 있을 것이다. 그렇다면 당신도 누군가를 예수님께 데리고 올 수 있는 안드레와 같은 사람이 되어야 한다. 베드로는 그의 형제의 말을 듣고 예수님을 만나러 왔다. 그의 형제 안드레로부터 메시아를 만났다고 한 말을 들었다. 베드로는 메시아에 관심을 갖고 살았던 사람이다. 비록 그는 어부로 살았지만 그의 영혼 깊은 곳에서 메시아를 갈망했다. 그런 까닭에 안드레에게 이끌려 예수님께 나아온 것이다. 예수님은 베드로를 보셨다.

"예수께서 보시고"

무엇을 보셨을까? 베드로의 현재의 모습을 보셨다. 그는 요한의 아들 시몬이었다. 시몬의 기질은 쉽게 흔들리고 변덕스러웠던 것 같다. 그의 생애를 고찰해 보면 자주 그런 모습이 보인다. 예수님은 흔들리는 갈대와 같은 그의 현재의 모습에서 그의 미래의 모습을 보셨다. 그것은 '게바'다. 게바는 아람어로 반석이라는 뜻이다. 예수님은 그가 장차 반석과 같은 인물이 될 것을 보셨다.

이름 속에 미래가

예수님은 당신의 이름을 아신다. 예수님을 만난 베드로는 어땠을까? 자기의 이름을 알고 불러주는 분을 만났다는 감격에 겨웠을 것이다. 예수님과는 처음 만남이었다. 그런데 예수님은 그의 이름을 알고 불러주셨다. 베드로의 이름을 아셨던 것처럼 예수님은 당신의 이름을 아신다. 사람은 유한한 존재이기에 모든 사람의 이름을 알 수 없다. 그런데 예수님은 우리의 이름을 아신다.

예수님이 우리의 이름을 아신다는 것은 우리 각자가 어떤 사람인가를 아신다는 뜻이다. 이름은 그 사람의 전존재를 의미한다. 당신의 이름 속에 당신이 누구인지가 담겨 있다. 사람들이 누군가를 알아가려고 할 때 제일 먼저 물어 보는 것이 이름이다. 사람들은 이름을 통해 서로를 알아간다.

　예수님은 각자의 이름을 불러 주신다. 누군가가 내 이름을 불러 주는 것은 감격스러운 일이 아닐 수 없다. 예수님은 베드로에게 "요한의 아들 시몬아"라고 그의 이름을 불러 주셨다. 예수님은 자주 그의 이름을 불러 주셨다. 베드로의 생애 가운데 아주 중요한 순간마다 그의 이름을 불러 주셨다. 그가 예수님을 세 번이나 부인하고 낙심하여 있을 때 부활 후에 그를 만나서서 그의 이름을 부르셨다. 그것도 세 번이나 반복해서 부르셨다.(요 21:15)

　토미 워커 목사가 어느 날 한 보육원을 방문했다. 그가 보육원 관계자와 대화를 나누고 있는데 한 어린 소녀가 와서 "내 이름은 앤이에요"라고 말한 후에 너무 좋아하며 달려가는 것을 목도했다. 얼마 있다가 다시 와서 "내 이름은 앤이에요"라고 말한 후에 달려가는 것이었다. 왜 이 어린 소녀가 자기 이름을 말하는지 궁금했다. 그는 보육원 관계자로부터 앤이라는 소녀의 과거를 알게 되었다. 앤이라는 소녀는 부모에게 버림받은 아이였다. 이 어린 소녀는 자신의 이름조차 몰랐다. 그 아이가 보육원에 온 이후로 선생님이 그 어린 소녀를 사랑해 주고 앤이라는 이름을 지어주었다. 그후로 사람들을 만나면 "내 이름은 앤이에요"라고 자랑하곤 한다는 것이다. 그 이야기에 감동을 받은 후 토미 워커 목사가 쓴 찬양이 '내 이름 아시죠'라는 노래이다.

　　나를 지으신 주님 내 안에 계서 처음부터 내 삶은 그의 손에 있었죠
　　내 이름 아시죠 내 모든 생각도 내 흐르는 눈물 그가 닦아 주셨죠

그는 내 아버지 난 그의 소유 내가 어딜 가든지 날 떠나지 않죠
내 이름 아시죠 내 모든 생각도 아바라 부를 때 그가 들으시죠
(토미 워커, '내 이름 아시죠')

예수님은 우리에게 적합한 새 이름을 더해 주신다. 예수님은 시몬에게 게바, 즉 베드로란 이름을 더해 주셨다. 그것은 새 이름이었다. 예수님은 시몬이라는 이름을 아주 버린 것이 아니었다. 시몬이란 이름 위에 새 이름, 즉 베드로란 이름을 더해 주셨다.

열두 사도의 이름이 등장할 때마다 가장 먼저 등장하는 이름이 베드로다. 그런데 베드로라고만 부른 것이 아니라 "베드로라 하는 시몬"이라고 부르고 있다.(마 10:2) 그의 이름이 두 개가 된 것이다. 하나님은 필요할 때 새로운 이름을 더해 주신다. 가나안 땅을 정복했던 여호수아의 본래 이름은 호세아였다. 그런데 모세가 그의 호세아라는 이름 위에 여호수아라는 이름을 더해 주었다. "이는 모세가 땅을 정탐하러 보낸 자들의 이름이라 모세가 눈의 아들 호세아를 여호수아라 불렀더라"(민 13:16).

예수님은 시몬에게 베드로의 이름을 더해 주심으로 새로운 미래를 꿈꾸게 해 주셨다. 그의 이름 속에 그의 사명이 담겨 있었다. 하나님은 모세를 통해 호세아에게 여호수아라는 이름을 더해 주셨다. 호세아라는 이름은 '구원'이라는 뜻이다. 여호수아는 '하나님은 구원이시다'라는 뜻이다. 나중에 여호수아라는 히브리 이름은 헬라어로 '예수'가 된다. 여호수아는 장차 오실 예수님의 모형이었다.

서서평 선교사님이 우리나라에 와서 한 일은 이름 없는 여인들에게 이름을 붙여 준 것이었다. 그것은 정말 위대한 일 중의 하나였다. 나의 이름은 강준민이다. 강은 아버님께 받은 성이다. 준민은 아버님이 지어주신 이

예수를 만나다

름이다. 준민(俊旻)은 준걸 준(俊)자에 가을하늘 민(旻)자이다. 준걸(俊傑)이라는 뜻은 재주와 슬기가 매우 뛰어나다는 뜻이다. 또는 그런 사람을 뜻한다. 예수님을 믿고 난 후에 나는 하늘의 하나님이 나를 이 땅에 복음을 전하는 '준걸'로 보내 주셨다고 내 이름을 해석했다. 미국에 온 후에 OMS 총재를 역임하신 웨슬리 듀웰을 만났다. 그 분은 『기도로 세계를 움직여라』를 비롯하여 주옥 같은 경건 서적을 많이 쓰신 분이다. 그 분이 내게 이름을 하나 더해 주셨다. 그 이름이 여호수아다. 나는 그 이름을 받은 후에 말씀 묵상을 통해 형통하고, 말씀에 순종함으로 가나안 땅을 정복한 여호수아의 이미지를 품고 살게 되었다.

만남은 눈을 열어준다. 베드로는 예수님을 만남으로 눈이 열렸다. 그리함으로 그는 예수님이 누구신가를 알게 되었다. 또한 자신이 어떤 인물인가를 알게 되었다. 그는 스스로를 흔들리는 갈대와 같은 존재로 여겼던 사람이다. 하찮은 어부, 평범한 어부로 여겼던 사람이다. 그런데 예수님이 그에게 장차 베드로가 될 것이라고 말씀하신다. 그가 장차 반석과 같은 인물이 될 것이라고 말씀하신다.

사람은 자신이 누구인가를 스스로 깨달을 수 없다. 소중한 만남을 통해 비로소 자기 자신을 발견하게 된다. 하나님은 나보다 나를 더욱 잘 아신다. 왜냐하면 나를 만드신 분이기 때문이다. 자동차를 만든 사람은 자동차를 잘 안다. 컴퓨터를 만든 사람은 컴퓨터를 잘 안다. 스마트폰을 만든 사람은 스마트폰을 잘 안다. 사람을 만드신 하나님은 사람을 잘 아신다. 사람들은 모두 다르다. 각 사람은 개성과 기질과 재능과 은사가 다르다. 우리는 각자 안에 감춰져 있는 무한한 잠재력을 보지 못한다. 하지만 하나님은 보신다. 하나님은 아신다.

예수님이 시몬을 만났을 때 그가 장차 베드로, 즉 반석이 될 것이라고 말씀하셨다. 예수님의 말씀을 들으면서 베드로는 놀랐을 것이다. 그 순간, 그가 한 번도 생각지 못했던 자신의 새로운 면에 눈을 뜨게 된 것이다. 거울이 없다면 우리는 자신의 모습을 볼 수가 없다. 누군가가 내 얼굴이 어떻게 생겼다고 말해 주기 전까지는. 그런 까닭에 만남이 필요하다.

하나님을 만날 때, 하나님이 보내주신 사람을 만날 때 각자는 비로소 자신의 진면모를 발견하게 된다. 그리고 새로운 미래를 꿈꾸기 시작한다. 자신 안에 감추어진 무한한 잠재력을 드러내기 시작한다. 아주 오래 전 서울신학대학의 이정기 교수님께 들은 이야기다. 미국 동부에 계시던 교수님께서 로스앤젤레스에 오셨을 때 잠시 나를 만나 들려주신 이야기다.

한 어린 사자가 태어나서 어떤 이유인지는 알지 못하지만 양들과 함께 성장하게 되었다. 늘 양들 속에 살면서 자신이 양이라는 생각을 했다. 그리고 양들처럼 생활했다. 양 같은 울음소리를 냈다. 그러던 어느 날, 거대한 사자 한 마리가 양떼를 바라보다가 양떼 속에 사자 한 마리가 양처럼 섞여 있는 것을 보았다. 안타깝게 여긴 이 사자가 어린 사자를 찾아갔다. 그리고 그에게 그는 양이 아니고 사자라고 말해준다. 하지만 어린 사자는 그 말을 믿지 않고 양떼를 따라간다. 어린 사자를 그냥 둘 수 없었던 사자는 다시 찾아간다. 그의 목을 물고 시냇가로 데리고 가서 그의 얼굴을 보여준다. 어린 사자는 생애 처음으로 자신의 모습을 보게 된 것이다. 자신이 양이 아니라 사자임을 보게 된 것이다. 바로 그 순간 그 어린 사자는 양의 울음소리가 아니라 포효(咆哮)하는 사자 소리를 발한다. 어린 사자는 마침내 그 사자를 따라 정글로 돌아간다.

우리는 어린 양이며 동시에 사자다. 예수님이 어린 양이시면서 사자의 모습을 하신 것처럼 우리도 마찬가지다. 사자는 정글의 왕이다. 그래서 '유다 지파의 사자'라는 표현을 쓴다. 예수님은 왕으로 오셨다. 하지만 동시에

예수를 만나다

세상 죄를 담당하고 십자가에 피흘려 죽으시는 어린 양으로 오셨다. 예수님을 모신 사람 안에는 어린 양의 모습과 사자의 모습이 함께 담겨 있다. 하나님이 당신을 왕 같은 제사장으로 세우셨다. 그 말씀은 당신 안에 왕의 혈통이 흐르고 있다는 뜻이다. 하나님의 왕족, 그 후손이라는 것이다. 당신 안에는 용맹스런 사자가 살아 꿈틀거리고 있다. 성경은 사탄을 '우는 사자'라고 기록하고 있다. 하지만 우리가 사탄을 두려워하지 않는 것은 사탄과는 비교할 수 없는 유대의 사자 예수님이 우리 안에 계시기 때문이다.(계 5:5)

좋은 만남은 나의 잠재력을 일깨워 주는 만남이다.
좋은 만남은 나를 존중해 주는 만남이다.
좋은 만남은 나의 진면모를 깨닫게 해 주는 만남이다.
좋은 만남은 사명을 발견하도록 도와주는 만남이다.
좋은 만남은 삶의 의미를 발견하도록 도와주는 만남이다.
좋은 만남은 살아야 할 이유를 깨닫도록 도와주는 만남이다.
좋은 만남은 내면에 있는 불꽃을 타오르도록 도와주는 만남이다.

탁월한 목수에게 쓸모없는 나무란 없다

예수님의 솜씨는 탁월하시다. 예수님은 탁월한 솜씨로 천지를 창조하셨다. 예수님은 심판주가 아닌 예술가로 천지를 창조하셨다. 아름다운 자연과 사람을 만드신 분이 예수님이시다. 예수님은 이 땅에 오실 때 목수셨다. 목수셨던 예수님은 탁월한 솜씨로 멍에를 만드셨다. 또한 집을 짓기도 하시고, 다리를 놓기도 하셨다.

탁월한 목수는 나무 속에 담긴 무한한 가능성을 본다. 예수님의 육신의 아버지 요셉의 직업이 목수였다. 예수님은 어릴 적에 요셉으로부터 훌륭한 목수가 되는 법을 배웠다. 특별히 나무 속에 담긴 가능성을 보는 안목과 쓸모없어 보이는 나무까지도 쓸모있게 만드는 법을 배웠다. 나무가 귀한 나사렛 동네에서 쓸모없는 나무는 없었다. 모든 나무가 요긴했다. 가능한 모든 나무 조각을 버리지 않고 사용했다. 쓸모없어 보이는 것까지 쓸모있게 만드는 것, 쓰러져 가는 집을 다시 세우는 일이 바로 탁월한 목수의 일이다. 예수님은 타락한 인간, 쓸모없게 되어버린 인간, 쓰러진 집처럼 되어버린 인간을 다시 아름답게 세우는 일을 위해 이 땅에 오셨다.

예수님은 시몬 베드로 안에 있는 거대한 반석을 보셨다. 예수님은 탁월한 솜씨로 그를 빚어 내셨다. 그의 성공과 그의 실패를 통해 그를 빚어 내셨다. 예수님은 그의 모습에서 반석이 드러나기까지 결코 포기하지 않으셨다. 결코 물러서지 않으셨다.

인생은 누구의 손에 의해 연주되느냐에 따라 달라진다. 인생은 누구를 만나느냐에 따라 달라진다. 그래서 만남이 소중한 것이다. 만남은 각자의 삶에 영향을 끼친다. 당신의 생각과 태도와 가치관과 행동을 변화시킨다. 당신의 인격을 변화시킨다. 베드로가 예수님을 만나지 않았다면 그는 평생 시몬으로 살았을 것이다. 갈릴리 해변의 평범한 어부로 살았을 것이다. 그를 변화시킨 것은 예수님과의 만남이었다.

예수님이 베드로에게 끼친 영향력은 정말 놀라웠다. 그 영향력은 사도행전에서 드러난다. 그가 쓴 베드로전서와 베드로후서에서 드러난다. 지금도 예수님의 영향을 받은 베드로는 수많은 사람들에게 영향력을 끼치고 있다.

예수를 만나다

우리 각자는 악기다. 누구에게 연주를 맡기느냐에 따라 우리의 인생은 달라진다.

독일의 한 마을에 오르간 연주자가 있었다. 어느 날 교회 오르간으로 음악의 거장인 멘델스존의 곡을 연주하고 있었다.

그는 그 곡을 잘 연주하지는 못했다. 그런데 어떤 낯선 사람이 교회로 살그머니 들어오더니 예배석 맨 끝자락에 앉았다. 그는 오르간 연주자가 불완전하게 연주한다는 것을 알아챘다. 그래서 연주자가 연주를 마치고 돌아가려 할 때 담대히 그에게 가서 부탁했다.

"선생님, 죄송하지만 잠시만 오르간을 연주할 수 없겠습니까?"

그 연주자는 퉁명스럽게 말했다.

"절대 안돼요! 나 외에 어느 누구도 이 오르간을 만지도록 한 적이 없소."

"제게 그 특권을 허락해 주신다면 정말 감사하겠습니다."

또 다시 그 사람은 퉁명스럽게 거절했다. 세 번째 거듭 호소하자 겨우 허락은 했지만 매우 무례하게 대했다.

그 낯선 사람이 앉아서 음전(音栓)을 조절한 후에 바로 연주를 시작했다. 오! 얼마나 다른가! 그가 연주한 곡은 똑같은 곡이었지만 놀랍게도 다르게 들렸다. 교회 전체가 천국의 음악으로 가득찬 것 같았다. 오르간 연주자가 물었다.

"도대체 당신은 누구십니까?"

낯선 사람은 정중하게 대답했다.

"제 이름은 멘델스존입니다."

"뭐라구요!"

수치심에 눌린 목소리였다.

"멘델스존 당신이 저의 오르간을 연주한다는 것을 제가 거절했단 말입니까?"
(오스왈드 샌더스, 『제자와 헌신생활』, 생명의말씀사, 60쪽)

하나님의 눈으로 자신을 바라보라. 우리 각자를 아름답게 빚으시고 만드시는 하나님께 자신을 내어 드리라. 하나님의 솜씨는 탁월하시다. 쓰레기를 비료로 만드시는 분이다. 갈대를 반석으로 만드시는 분이다. 지렁이 같은 야곱을 이스라엘로 만드시는 분이다. 쓰러져가는 집을 다시 일으켜 세우셔서 생명을 불어넣어 주시는 분이다.

가장 중요한 것은 배우는 자세이다. 배움을 열망하는 것이다. 예수님이 베드로에게서 보신 것 중에 가장 소중히 여기신 것은 배움에 대한 갈망이었다. 변화를 위한 열린 마음이었다. 우리는 열린 존재다. 무한한 잠재력을 가진 존재다. 아직 인생은 끝나지 않았다. 변화를 포기하지 말라. 이 세상에 변화될 수 없는 사람은 한 사람도 없다.

예수님은 베드로가 변화될 수 있다고 믿었다. 베드로는 예수님의 믿음과 기대를 따라 시몬에서 베드로로 변화되었다. 그렇다면 나도 변화될 수 있지 않겠는가.

예수를 만나다

깊은 묵상으로

나는 나의 현재의 모습에서 미래를 보고 있는가?

나는 남의 모습에서 미래의 비전을 보고 있는가?

내가 만난 예수님을 통해 나는 진정한 '나 자신'을 발견했는가?

02 변방에서 중심으로

마 4:18-22

하나님은 변두리 지역에 있는 변두리 사람들을 통해 놀라운 일을 이루실 것을 계획하셨다. 하나님은 중심부 사람들이 아닌 변두리 사람들을 통해 놀라운 일을 이루신다. 더 놀라운 사실은 예수님이 이 땅에 오실 때 중심부 사람으로 오신 것이 아니라는 사실이다.

변방에서 중심으로

•

왜 하나님이신 예수님은 이 땅에 인간의 모습으로 오셨을까? 왜 우리는 지금 크리스천이란 이름으로 이 땅에 남아 있는 것일까?

예수님이 이 땅에 오신 가장 중요한 이유는 사람을 구원하시기 위해서다. 예수님의 모든 사역은 사람에게 집중되어 있다. 예수님의 사역은 분명한 목적이 있으셨다. 예수님은 인류를 죄로부터 구원하기 위해 오셨다. 예수님은 잃어버린 영혼을 찾아 구원하기 위해 오셨다. 이를 위해 예수님은 소수의 제자들을 선택해서 그들을 집중적으로 양육하셨다. 예수님은 3년 동안 제자들을 키우시고, 그들을 이 땅에 남기시기 위해 모든 에너지를 집중하셨다.

예수님은 30세가 되었을 때 공생애를 시작하셨다. 공생애를 시작하면서 세례 요한에게 먼저 세례를 받으셨다. 예수님이 세례 요한에게 세례를 받으실 때 성령님이 비둘기처럼 임하셨다. 또한 하늘에서 놀라운 음성이 임했다.

> "예수께서 세례를 받으시고 곧 물에서 올라오실 새 하늘이 열리고 하나님의 성령이 비둘기 같이 내려 자기 위에 임하심을 보시더니 하늘로부터 소리가 있어 말씀하시되 이는 내 사랑하는 아들이요 내 기뻐하는 자라 하시니라"(마 3:16,17)

이 사건을 통해 예수님이 이미 세례 요한과 상당한 친분을 맺고 계심을 알 수 있다. 세례 요한과 친분을 맺고 계시다는 사실은 그의 두 제자였던 요한과 안드레에 대해 많은 이야기를 들으셨을 가능성이 높다는 것을 시사한다. 예수님은 세례 요한이 헤롯 왕에게 붙잡힌 사실을 알게 된다.(마 4:12,13)

예수님이 갈릴리 해변에서 베드로와 그의 형제 안드레, 그리고 야고보와 요한을 제자로 부르시기 전에 세례 요한이 헤롯 왕에게 사로잡힌 것을 주목해 보아야 한다. 내가 이 사건에 주목하는 까닭은 예수님이 제자들을 부르시기 전에 이미 세례 요한과 상당한 교제를 나누었을 것이라는 사실 때문이다. 그와의 교제를 통해 그를 따라왔던 요한과 안드레의 이야기를 들었으며, 그런 맥락에서 예수님이 안드레의 형제 베드로를 선택하셨다는 것이다. 곧 예수님이 제자들을 선택하실 때 그냥 갈릴리 해변을 지나시다가 선택한 것이 아니라는 것을 밝히고 싶은 것이다.

또한 예수님이 제자들을 선택하기 위해 그들을 분별하실 때 예수님 안에는 성령님이 충만히 임하셨던 것을 보게 된다. 탄생부터 시작해서 예수님의 모든 사역 속에 성령님이 함께 하신 것을 보게 된다. 성령님은 진리의 영, 계시의 영, 지혜의 영, 분별의 영이다. 성령님은 사람의 영뿐만 아니라 하나님의 깊은 것까지도 통달하시는 분이다. "오직 하나님이 성령으로 이것을 우리에게 보이셨으니 성령은 모든 것 곧 하나님의 깊은 것까지도 통달하시느니라"(고전 2:10).

예수님이 제자들을 선택하기 위해 분별하실 때 성령님이 함께 하셨음을 기억해야 한다. 우리도 중요한 일을 분별할 때 스스로의 통찰이 아니라 성령님을 통해 주어지는 통찰의 영으로 분별하는 것이 중요하다. 예수님이 제자들을 선택하실 때 무엇을 보시고, 어떻게 보시고 선택하셨는지에 관심을 기울이면 좋겠다. 선택하기 위해 중요한 것은 관찰이다. 관찰하는 이유는 분별하기 위해서다. 선택과 관찰과 분별은 함께 동행하는 친구들이다. 관찰과 분별을 통해서 성도들은 올바른 선택에 이를 수 있다.

왜 갈릴리였을까?

예수님이 베드로를 선택하신 장소는 갈릴리 해변이다. 왜 갈릴리 해변에서 그를 선택하셨을까? 왜 갈릴리 사람을 선택하셨을까?

"갈릴리 해변에 다니시다가 두 형제 곧 베드로라 하는 시몬과 그의 형제 안드레가 바다에 그물 던지는 것을 보시니 그들은 어부라"(마 4:18)

하나님은 신중하시다. 하나님은 어떤 장소를 선택할 때 신중하게 고르신다. 구약에서 중요한 장소는 예루살렘이다. 또한 베들레헴이다. 이 두 장소는 예수님이 태어나고 죽으신 곳이다. 하지만 예수님의 주된 사역 장소는 가버나움과 갈릴리 지역임을 알 수 있다. 특별히 갈릴리 사람들을 제자로 선택하셨다. 갈릴리는 이스라엘의 북쪽에 위치한 땅이다. 반면에 예루살렘은 이스라엘의 남쪽에 위치한 땅이다. 예수님의 열두 제자 가운데 열한 명은 북쪽에서 성장한 사람들이었다. 단, 가룟 유다만 예외였다. 그는 남쪽 유다 지방에서 올라온 제자였다. 예수님이 갈릴리에서 제자들을 선택하신 이유는 갈릴리 지역의 특성 때문이었다.

예수님은 새로운 사상을 받아들일 수 있는 개방된 지역을 선택하셨다. 갈릴리 지역은 팔레스틴의 가장 북단에 위치한 지방이다. 갈릴리 지역은 경계선에 있다. 경계선에 있다는 것은 변화에 열려 있다는 것을 의미한다. 새로운 것을 받아들이는 지역이라는 것이다. 예수님이 원했던 것은 새로운 사상에 열려 있는 사람들이다. 예수님은 율법이 아닌 복음을 가지고 오셨다. 율법은 오래된 전통이요 사상이다. 반면에 복음은 새로운 사상이다. 복음은 새 언약이다. 새로운 시대를 알리는 새 나팔이다. 예수님은 새 술은 새 부대에 담아야 된다고 말씀하셨다. "새 포도주를 낡은 가죽 부대에 넣는 자가 없나니 만일 그렇게 하면 새 포도주가 부대를 터뜨려 포도주와 부대를 버리게 되리라 오직 새 포도주는 새 부대에 넣느니라 하시니라"(막 2:22).

그런 까닭에 예수님은 새로운 사상과 같은 복음을 받아들일 수 있는 지역을 사역 장소로 선택하셨다. 그리고 바로 그런 지역의 사람들을 제자로 선택하셨다. 윌리엄 바클레이는 요세푸스의 말을 빌려 갈릴리 지역의 특징을 다음과 같이 기록하고 있다.

팔레스틴 어느 지방보다 갈릴리가 가장 새 사상에 개방되어 있는 곳이었다. 요세푸스는 갈릴리 사람에 대해, "그들은 언제나 혁신을 좋아하고 천성적으로

변방에서 중심으로

변화의 가능성을 가지고 있으며 선동을 매우 좋아했다"라고 말했다. … 요세푸스는 "갈릴리 사람에게는 결코 용기 결핍이란 없다. 비겁이란 결코 갈릴리 사람들의 특징이 아니다. 그들은 이익에 대해서보다 명예에 대한 열망이 더 강하다"라고 말했다. 갈릴리 사람들의 타고난 성격이 바로 그들에게 새 복음을 전파하기 위한 가장 비옥한 땅이었던 것이다. (윌리엄 바클레이, 『마태복음(상)』, 기독교문사, 103쪽)

예수님은 변두리 사람들을 선택하기 위해 변방을 선택하셨다. 북쪽에 위치한 갈릴리는 남 유다에 비하면 변방이다. 변두리다. 중심부가 아닌 주변부다. 하나님은 변두리 지역에 있는 변두리 사람들을 통해 놀라운 일을 이루실 것을 계획하셨다. 선교학자들은 이 사실을 아주 강조한다. 하나님은 중심부 사람들이 아닌 변두리 사람들을 통해 놀라운 일을 이루신다는 것이다.

더 놀라운 것은 예수님이 이 땅에 오실 때 중심부 사람으로 오신 것이 아니라는 사실이다. 그 당시 중심부에 있었던 사람들은 서기관, 바리새인, 사두개인들이다. 그들이 주로 활동했던 곳은 예루살렘이다. 그런데 예수님은 베들레헴에서 태어나 나사렛에서 성장하셨다. 빌립이 나다나엘에게 예수님을 소개할 때 나다나엘이 "나사렛에서 무슨 선한 것이 날 수 있느냐"(요 1:46)고 말한 그 나사렛이다.

예수님은 목수로 오셨다. 그 당시 목수는 좋은 직업은 아니었다. '가난한 목수'라는 이름이 그 직업에 맞는 이름이다. 예수님은 변두리인 중의 한 분으로 오셔서 변두리인들을 제자로 선택하셨고, 그들을 통하여 복음 사역을 이루신 것을 보게 된다. 변두리인들은 가난한 사람들이다. 버림받은 사람들이다. 멸시와 천대를 받은 사람들이다. 중심부의 사람들에게 인정을 받지 못한 사람들이다.

서서평 선교사님의 이야기를 또 해야겠다. 서 선교사님은 아버지가 누군지도 모르게 태어났다. 어머님께 거듭 버림을 받았다. 그녀는 가난했다. 그녀는 변두리인으로 성장했다. 그런 까닭에 변두리 나라인 조선에 와서 변두리 사람들에게 복음을 전할 수 있었다.

예수님은 이방에 복음을 전하기 쉬운 장소를 선택하셨다. 이사야는 갈릴리를 부를 때 '이방의 갈릴리'라는 표현을 썼다. 바로 그 이방의 갈릴리에 큰 빛이 임할 것을 예언했다. 예수님은 가버나움과 갈릴리에서 활동을 시작하셨다. 마태는 그 사실을 다음과 같이 기록하고 있다.

"스불론 땅과 납달리 땅과 요단 강 저편 해변 길과 이방의 갈릴리여 흑암에 앉은 백성이 큰 빛을 보았고 사망의 땅과 그늘에 앉은 자들에게 빛이 비치었도다 하였느니라"(마 4:15,16)

이사야가 '이방의 갈릴리'로 부른 까닭은 갈릴리 지역이 이방으로 둘러싸였기 때문이다. 또한 갈릴리 지역이 이방과 통해 있기 때문이다. 예수님이 제자들에게 주신 복음은 유대인만을 위한 것이 아니었다. 예수님은 온 인류를 구원하기 위해 오셨다. 예수님의 복음은 유대인뿐만 아니라 모든 이방인들을 위한 것이었다.(갈 3:8,14)

갈릴리는 경계선에 있었다. 변방이었다. 하지만 세계의 대로가 갈릴리를 통과했다. 복음을 이방에 전하기 위한 가장 적절한 장소가 바로 갈릴리였다.

세계의 대로가 갈릴리를 통과한다. 그 바다의 길, 혹은 해변의 길은 다메섹에

변방에서 중심으로

서 갈릴리를 통과하여 애굽과 아프리카에 이른다. 동방에서 나가는 길은 갈릴리를 지나 변경지역으로 나간다. … 갈릴리에는 새로운 것이 들어오지 않을 수 없었다. (윌리엄 바클레이, 『마태복음(상)』, 기독교문사, 104쪽)

선택의 원리

예수님은 제자들을 선택하실 때 그냥 선택하신 것이 아니라 관찰을 통해 분별하신 후에 선택하셨다. 우리는 예수님이 어디에서 제자들을 관찰하셨고 무엇을 관찰하셨는가에 주목할 필요가 있다. 이것은 사람들을 분별하고 선택하는 데 있어 아주 중요한 원리를 제공해 준다.

예수님은 일터의 현장에서 사람들을 관찰하신다. 하나님은 성도들이 기도하는 모습을 지켜보신다. 하지만 하나님이 집중적으로 지켜보시는 곳은 성도들의 일터다. 일터는 가정이고 각자의 삶의 현장이다. 예수님은 베드로를 선택하기 위해 그가 일하는 일터의 현장을 찾아가셨다. 예수님은 안드레를 통해, 세례 요한을 통해 베드로에 관한 이야기를 들으셨을 것이다. 하지만 예수님은 그 정보에 머물지 않으셨다. 친히 베드로가 일하는 일터에 찾아가셔서 그가 일하는 모습을 지켜보셨다.

"갈릴리 해변에서 다니시다가 두 형제 곧 베드로라 하는 시몬과 그의 형제 안드레가 바다에 그물 던지는 것을 보시니 그들은 어부라"(마 4:18)

베드로와 안드레만 지켜보신 것이 아니다. 예수님은 베드로의 주변 인물들을 지켜보셨다. 사람을 잘 분별할 수 있는 길은 그 주변에서 자주 함께 교제하는 이들을 살펴보는 것이다.

> "거기서 더 가시다가 다른 두 형제 곧 세베대의 아들 야고보와 그의 형제 요
> 한이 그의 아버지 세베대와 함께 배에서 그물 깁는 것을 보시고 부르시니"(마
> 4:21)

누가복음은 야고보와 요한을 베드로의 동무(눅 5:7), 시몬의 동업자(눅 5:10)라고 부른다. 마태복음에서 예수님이 제자들을 선택하실 때, 반복되는 단어가 있다. '보시니', '보시고'이다. 이것은 그냥 대충 보셨다는 것을 의미하는 것이 아니다. 주의 깊은 관찰을 의미한다. 관찰은 아주 중요하다. 관찰이 깊어지면 곧 통찰력이 되기 때문이다. 관찰은 깊은 관심에서 출발한다. 관찰을 통해 상대방을 잘 알게 된다. 잘 알게 될수록 깊이 이해하게 된다. 깊이 이해할수록 더욱 사랑하게 된다.

예수님이 제자들을 선택하시기 위해 보이신 관찰은 집중된 관심, 애정 어린 관심에서 출발한다. 특별히 사랑이 담긴 관심에서 시작하셨다. 관심에는 따뜻한 관심이 있고, 차가운 관심이 있다. 따뜻한 관심은 사랑이 담긴 관심이다. 상대방에 대한 관심을 가지고 관찰하되 좋은 점을 찾아내기 위해 관심을 갖는 것이다. 그것이 사랑이 담긴 관심이다. 반면에 차가운 관심은 상대방에게서 좋지 않은 점, 단점을 찾아내어 그를 비난하며 비판하고 공격하기 위해 관심을 갖는 것이다. 이런 관심을 타락한 관심이라 말할 수 있다. 예수님의 관심은 따뜻한 관심이었다. 사랑이 담긴 관심이었다. 선택하고 싶은 제자들에게서 좋은 점을 발견하기 위한 관심이었다. 그들 안에 있는 잠재력과 가능성을 발견하기 위한 관심이었다.

지속적이고 꾸준한 관심이 사람을 변화시킨다. 따뜻한 관심은 지속적이

변방에서 중심으로

고 꾸준한 관심이다. 대부분의 관심은 일시적이다. 꾸준하지 않다. 그런 까닭에 변화를 일으키지 못한다. 사람들은 일시적이며 단편적인 관심 때문에 더 큰 상처와 실망을 경험할 때가 있다.

우리는 이 사건을 통해 하나님이 일터의 현장에서 나를 지켜보신다는 사실을 배워야 한다. 아마 교회에서의 모습과 일터에서의 모습이 너무 다른 사람들을 가끔 만날 것이다. 반면에 교회에서의 모습과 가정에서의 모습, 일터에서의 모습에 일관성 있는 사람들을 만날 것이다. 하나님이 요셉을 지켜보신 곳은 일터의 현장이다. 아버지의 양을 칠 때, 아버지의 심부름을 할 때 그를 지켜보셨다. 하나님은 그가 보디발의 집에서 가정 총무의 일을 할 때, 그가 일터에서 보디발의 아내의 유혹을 받을 때, 그가 감옥에서 관원들을 섬길 때 그를 지켜보셨다. 하나님이 다윗을 선택하신 것은 아버지의 양을 칠 때였다. "또 그의 종 다윗을 택하시되 양의 우리에서 취하시며 젖 양을 지키는 중에서 그를 이끌어 내사 그의 백성인 야곱, 그의 소유인 이스라엘을 기르게 하셨더니 이에 그가 그들을 자기 마음의 완전함으로 기르고 그의 손의 능숙함으로 그들을 지도하였도다"(시 78:70-72).

하나님은 다윗을 양의 우리에서 택하시고 취하셨다. 예수님은 제자들을 선택할 때 일터의 현장에서 선택하셨다. 마태는 세리였다. 베드로는 어부였다. 예수님은 일하는 현장에서 그들을 선택하셨다.

예수님은 당신의 일하는 태도를 관찰하신다. 하나님이 일꾼을 선택하실 때 찾으시는 것은 성품이다. 성품이 모든 것을 결정하기 때문이다. 성품은 일하는 태도를 통해 드러난다. 하지만 하나님이 완벽한 사람을 찾으신 것은 결코 아니다. 하나님은 부족하고 흠이 있지만 변화될 수 있는 가능성을 보고 그를 선택하시는 것이다. 예수님이 갈릴리 해변에서 네 명의 제자를 선택하실 때 그들 안에 감춰진 가능성을 그들이 일하는 태도를 통해 보신 것이 분명하다.

나는 이 말씀을 오래 전부터 묵상해 왔다. 예수님은 베드로와 안드레를 보실 때 그들이 그물을 던지는 것을 보셨고, 야고보와 요한을 보실 때 그들이 그물을 깁는 것을 보셨다는 사실에 주목하게 되었다. 베드로와 안드레는 주로 그물을 던지는 삶을 산다. 베드로는 전도자의 삶을 산다. 복음의 문을 연다. 베드로는 사마리아 사람들에게 복음을 전한다. 이방인이었던 고넬료에게 복음을 전한다. 베드로는 모험을 좋아한다. 안드레도 사람들을 자꾸 예수님께 데리고 온다. 반면, 야고보와 요한은 다르다. 야고보는 일찍 순교를 당한다. 요한은 목회자의 삶을 산다. 그는 그물을 깁는 것처럼 뒤처리를 잘하는 사람이다. 전도자로 살기보다는 목회자로 산다. 그는 오랫동안 살아서 요한복음과 요한서신, 요한계시록을 기록한다.

예수님은 일터의 현장에서 어떤 태도의 사람들에게 주목하셨을까? 작은 일에 충성하는 사람이다. 또한 주어진 일에 충성하는 사람이다. 그물 깁는 일은 섬세한 솜씨가 요구된다. 그것은 작은 일이지만 중요한 일이다. 예수님이 일꾼을 칭찬하실 때 그 기준은 작은 일에 충성됨에 있었다.

"그 주인이 이르되 잘하였도다 착하고 충성된 종아 네가 적은 일에 충성하였으매 내가 많은 것을 네게 맡기리니 네 주인의 즐거움에 참여할지어다 하고"(마 25:21)

다윗이 아버지의 양을 칠 때 작은 양 한 마리를 지키는 데 충성했다는 사실을 기억해야 한다. "다윗이 사울에게 말하되 주의 종이 아버지의 양을 지킬 때에 사자나 곰이 와서 양 떼에서 새끼를 물어가면 내가 따라가서 그것을 치고 그 입에서 새끼를 건져 내었고 그것이 일어나 나를 해하고자 하면 내가 그 수염을 잡고 그것을 쳐죽였나이다"(삼상 17:34,35).

우리가 익히 알듯 베드로는 처음부터 훌륭한 성품을 가졌던 사람이 아니다. 예수님의 손길에 의해서 그의 성품은 더욱 아름답게 다듬어졌다. 그는 예수님과 더불어 살면서 성품의 중요성을 깨달았다. 그는 점점 예수님의 성품을 닮아갔다. 그는 하나님의 성품에 참여하는 자가 된 것을 가장 영광스럽게 여겼다. 또한 성도들에게 신성한 성품에 함께 참여하여 그 성품을 닮아갈 것을 권면하고 있다.

> "이로써 그 보배롭고 지극히 큰 약속을 우리에게 주사 이 약속으로 말미암아 너희가 정욕 때문에 세상에서 썩어질 것을 피하여 신성한 성품에 참여하는 자가 되게 하려 하셨느니라 그러므로 너희가 더욱 힘써 너희 믿음에 덕을, 덕에 지식을, 지식에 절제를, 절제에 인내를, 인내에 경건을, 경건에 형제 우애를, 형제 우애에 사랑을 더하라"(벧후 1:4-7)

예수님은 제자들을 관찰하고 분별하신 후에 선택하셨다. 예수님은 깊이 관찰하시고 제자들을 부르셨다. 결코 충동적인 선택이 아니었다. 신중한 선택이었다. 예수님은 그들을 초청하실 때 그들이 당신의 초청에 응하실 것을 아셨다. "말씀하시되 나를 따라오라 내가 너희를 사람을 낚는 어부가 되게 하리라 하시니 그들이 곧 그물을 버려 두고 예수를 따르니라"(마 4:19,20). "… 보시고 부르시니 그들이 곧 배와 아버지를 버려 두고 예수를 따르니라"(마 4:21,22).

예수님은 보시고 부르신다. 소명이란 부르심을 의미한다. 예수님의 부르심에 제자들은 즉각 순종했다. 이것은 정말 놀라운 일이다. 결코 쉬운 일이 아니다.

예수님의 부르심은 사람을 낚는 어부가 되는 부르심이었다. 그들은 그동안 고기를 낚는 어부였다. 이제 그들은 사람을 낚는 어부가 되도록 부름을 받았다. 예수님의 부르심은 새로운 차원으로의 부르심이다. 예수님의 부르심은 더욱 높은 삶의 차원으로의 부르심이다. 예수님의 부르심은 영혼을 구원하는 부르심이었다.

예수님의 부르심에 응하기 위해서는 버려야 할 것이 있다. 그들은 그물을 버렸다. 그들은 배를 버렸다. 그들은 아버지 곁을 떠났다. 부르심에 응하기 위해서는 먼저 버려야 한다. 먼저 비워야 한다. 먼저 떠나야 한다. 이전의 관계를 정리해야 한다. 버림과 비움이 중요하다. 떠남이 중요하다. 그래야 새로운 얻음, 새로운 채움, 새로운 만남이 임하기 때문이다.

예수님의 부르심은 예수님을 따라오라는 부르심이다. 예수님은 그들에게 어떤 보상도 아직 약속하지 않으셨다. 다만 예수님을 따라오라고 말씀하셨다. 떠나고 비우고 버리는 것만이 중요한 것이 아니다. 이제 누구를 따라갈 것인가가 중요하다. 예수님은 제자들에게 예수님 자신을 따라올 것을 명하셨다. 예수님 자신이 그들의 스승이 될 것이며, 그들의 소유가 될 것이며, 그들의 미래가 될 것이며, 그들의 상급이 될 것이라고 말씀하신 것이다.

올바른 선택이란?

인생은 선택에 의해 이루어진다. 선택은 순간이지만 결과를 낳는다. 어떤 선택은 그 영향력이 작지만 어떤 선택은 도미노처럼 그 영향력이 강력하다. 하나의 선택은 수많은 선택에 영향을 미치게 된다. 그런 까닭에 선택을 잘하는 것을 배우는 것은 매우 중요하다.

변방에서 중심으로

좋아하는 사람보다 필요한 사람을 선택하라. 우리가 사람을 선택할 때 종종 실수하는 것은 필요한 사람보다 좋아하는 사람을 선택하기 때문이다. 물론 좋아하면서도 필요한 사람이면 금상첨화다. 하지만 당신이 좋아하는 사람과 당신에게 필요한 사람 중 한 사람을 선택해야 한다면 당신에게 필요한 사람을 선택해야 한다. 물론 싫어하는 사람을 선택할 수는 없다. 예수님도 자신이 원하는 제자들을 부르셨다. 하지만 예수님은 하나님의 뜻을 성취하는 데 필요한 사람들을 선택했음을 기억해야 한다. 당장 좋아하는 사람보다는 우리에게 필요한 사람이 훨씬 우리의 삶을 풍성하게 만든다는 사실을 기억해야 한다.

예수님은 사람들이 보기에 멋있는 사람들이나 사람들에게 어떤 좋은 인상을 주기 위해 제자들을 선택하지 않으셨다. 오직 하나님의 뜻을 성취하는 데 적합한 인물을 선택하셨다. 예수님이 선택한 제자들은 세상의 기준으로 볼 때 그렇게 화려하거나 멋있는 사람들이 아니었다. 하지만 그들은 하나님의 나라를 위해서는 가장 적합한 사람들이었다. 새로운 시대에 새로운 복음을 전하기에 아주 적합한 인물들이었다. 무엇인가를 선택할 때 언제나 우리가 원하고 좋아하는 것이 아닌 우리에게 꼭 필요한 데 초점을 맞추어야 한다.

전체 그림을 본 후에 선택하라. 사람들의 선택은 대부분 근시안적이다. 당장 내게 유익하고, 당장 내가 좋아하는 것들을 선택할 때가 많다. 그런 까닭에 각자는 인생 전체 그림을 볼 줄 알아야 한다. 인생의 마지막 순간을 미리 볼 줄 알아야 한다. 무엇보다 영원의 시각에서 사물이나 사람을 분별해야 한다. 그때 올바로 선택할 수 있다.

보고 싶은 것만 보지 말고, 꼭 보아야 할 것을 보고 선택하라. 사람들은 보이는 대로 보지 않고, 보고 싶은 대로 보는 경향이 있다. 그런 까닭에 꼭 보아야 할 것을 보지 못하는 오류를 범할 때가 있다. 관찰할 때는 신중해야 한다. 항상 여러 각도에서 상황을 살피고 분석해야 한다. 그런 과정을 통해 꼭 보아야 할 것을 보는 안목을 키워야 한다.

과거의 노예가 되지 말고, 미래를 바라보며 선택하라. 예수님은 과거의 노예가 되지 않으셨다. 사람들의 평가와 기준의 노예가 되지 않으셨다. 예수님은 새로운 복음 시대를 위해 적합한 인물을 선택하셨다. 새로운 미래를 바라보면서 제자들을 선택하셨다. 예수님은 제자들을 바라보면서 새로운 시대에 새로운 인물로 적합한지를 보셨다.

눈부신 끈기로 인내할 줄 아는 사람을 선택하라. 예수님께서 다양한 직업 가운데 어부들을 제자로 선택하신 이유가 있다. 어부들은 끈기가 있는 사람들이다. 인내할 줄 아는 사람들이다. 고기를 잡기 위해서는 기다려야 한다. 큰 고기를 잡기 위해서는 오랜 시간 기다려야 한다. 고기를 잡은 후에 그 고기를 끌어올리기 위해서도 장시간 씨름해야 한다.

어부는 실패를 딛고 거듭해서 일어서는 사람이다. 항상 고기가 잘 잡히는 것은 아니다. 그렇다고 고기가 잡히지 않는다고 포기하면 어부가 될 수 없다. 어부는 거듭 그물을 던지는 사람이다. 끈기를 가지고 그물을 내리는 사람이다. 어제 고기를 잡지 못했지만 오늘 다시 고기를 잡으러 나가는 사람이다. 하나님 나라에 가장 적합한 일꾼은 인내할 줄 아는 사람이다. 오래 참을 줄 아는 일꾼이다. 맡은 일을 끝까지 감수할 줄 아는 일꾼이다.

탁월한 어부의 자질은 오랫동안 참고 기다리는 것이다. 탁월한 어부는 적합한 미끼를 늘 준비하며, 적합한 도구를 늘 챙기며, 적합한 타이밍을 늘 기다릴 줄 아는 사람이다. 고래 사냥을 할 때 가장 중요한 사람은 작살을 던지는 사람이라고 한다. 이 사람은 고래가 가까이 올 때까지 놀라운 집중력을 가지고 기다린다. 그리고 가장 적합한 위치에 왔을 때 가장 적합한

변방에서 중심으로

타이밍에 작살을 던져 맞추는 것이다. 끈기 있는 기다림은 결코 낭비가 아니다.

제자의 언어

제자가 해야 할 가장 중요한 일은 예수님을 따라가는 것이다. 예수님의 손길에 모든 것을 맡기는 것이다. 예수님이 친히 베드로를 사람 낚는 어부로 만드셨다. 예수님은 평범한 어부를 탁월한 제자로 만드셨다. 예수님이 베드로를 탁월한 제자로 만들기 위해 부르실 때 사용하신 언어들을 먼저 마음에 새길 필요가 있다.

"나를 따라 오너라(Follow me)"(마 4:19). 기독교는 어떤 이론을 따라가는 종교가 아니다. 기독교는 예수 그리스도를 따라가는 것이다. 예수님은 "나의 가르침을 따르라"고 말씀하지 않으셨다. 예수님은 "나를 따르라"고 말씀하신다.

"내게 배우라(Learn of me)"(마 11:29). 예수님은 진리의 본체시다. 예수님이 진리시다. 예수님이 말씀이시다. 제자는 예수님을 배워야 한다. 예수님 안에 모든 지식과 진리와 말씀이 충만히 담겨 있다.

"서로 사랑하라(Love one another)"(요 13:34,35). 제자도는 수직적인 관계와 수평적인 관계가 함께 만나는 곳에 있다. 예수님과 우리와의 관계는 수직적이다. 하지만 제자와 제자들 사이의 관계는 수평적이다. 수직적인 관계와 수평적인 관계가 조화를 이루어야 제자의 길을 잘 걸어갈 수 있다.

예수님은 서로 좋아하라고 명하지 않으셨다. 예수님은 서로 사랑하라고 명하셨다. 제자도의 핵심은 사랑에 있다. 사랑은 관계다. 서로 사랑하는 관계 속에서 성장하는 것이 제자다. 예수님의 사랑을 받은 성도들은 또한 서로 사랑하도록 부르심을 받았다. 예수님은 가장 가까이 있는 사람들끼리 서로 사랑하는 것이 가장 어려운 일임을 아셨다. 가장 가까이 있는 사람들끼리 서로 상처를 주고받으며, 서로에게 원수가 될 수 있다는 사실을 아셨다. 그런 까닭에 서로 사랑하라고 명하셨다. 사랑의 극치는 용서다. 원수까지도 사랑한다는 것은 원수까지 용서하며 사랑한다는 것을 의미한다.

"**내 안에 거하라(Remain in me)**"(요 15:5). 예수님 안에 거한다는 것은 예수님의 말씀 안에, 예수님의 사랑 안에 거하는 것이다. 우리가 예수님 안에 거할 때 예수님이 우리 안에 거하시게 된다. 또한 예수님의 말씀과 사랑이 우리 안에 거하게 된다.

"**나를 먹으라 내 살을 먹고 내 피를 마시라(Eat me. Eat my body and drink my blood)**"(요 6:53-55; 마 26:26-29). 예수님은 자신을 제자들에게 내어 주셨다. 몸과 피를 내어 주셨다. 예수님의 몸은 생명의 떡이다. 예수님의 피는 생명의 피다. 예수님의 살과 피는 참된 양식이요, 참된 음료다.

"**가서 모든 민족을 제자로 삼으라(Go and make disciples of all nations)**"(마 28:19,20). 예수님은 제자를 키우실 때 재생산의 비전을 가지고 키우셨다. 예수님은 그들을 제자로 삼으시고, 또한 그들로 하여금 또 다른 제자를 삼으라고 명하셨다.

"**내 양을 먹이라(Feed my lambs)**"(요 21:15). 특별히 예수님께서 베드로를 불러 명하신 것은 "내 양을 먹이라"는 부탁이었다. 그는 예수님의 양을 먹이고 돌보는 목양자로서 부르심을 받았다.

베드로가 한 순간에 탁월한 제자가 된 것은 아니다. 그는 여러 과정을 거쳐서 탁월한 제자로 성장했다. 그는 여러 번 실패했지만 주님이 늘 그의 곁에서 그를 거듭 일으켜 세워 주셨다. 주님의 은혜와 그의 손길 안에서 성장하고 변화했던 것이다.

깊은 묵상으로

예수님은 어떤 과정을 거쳐 나를 선택하셨는가?

나는 선택할 때 좋아하는 사람(것)을 선택하는가,
아니면 필요한 사람(것)을 선택하는가?

나는 용서받았는가? 그 용서로 나는 남을 용서하고 있는가?

03
실패의 현장에서

눅 5:1-11

하나님은 실패의 순간에 나를 찾아오신다. 내가 하는 모든 일이 잘 되고 그물에 고기가 넘치게 올라오고, 배에 고기가 가득 찼을 때 찾아오시는 것이 아니다. 하나님은 나의 빈 그물을 보시고, 빈 배를 보시고 찾아오신다.

실패의 현장에서

●

참된 지혜는 소중한 것에 집중하는 것이다. 예수님이 가장 소중히 여기신 것은 사람이다. 잠언은 지혜로운 자는 사람을 얻는다고 말씀한다.(잠 11:30) 예수님이야말로 진정 지혜로운 분이셨다. 사람에게 집중하셨기 때문이다. 바울도 어떻게 해서든 많은 사람 얻기를 원했다. 그는 더 많은 사람을 얻는 일이라면 어떤 희생도 아끼지 않았다.(고전 9:19)

예수님이 사람을 얻는 일에 집중하신 이유는 사람의 가치를 아신 까닭이다. 예수님처럼 사람을 소중히 여기신 분은 없다. 예수님은 한 사람의 목숨을 온 천하보다 귀하게 보셨다.(마 16:26)

한 사람의 가치는 온 천하보다 귀하다. 이 세상 그 어떤 것과도 비교할 수 없다. 생명은 그만큼 소중한 것이다. 예수님은 그를 찾아오는 수많은 무리들을 불쌍히 여기셨다. 그들에게 진리를 가르치셨다. 또한 그들의 문제를 해결해 주셨다. 누가복음 5장에는 무리들이 몰려와서 예수님께 하나님의 말씀을 듣고 있는 광경을 볼 수 있다.

> "무리가 몰려와서 하나님의 말씀을 들을새 예수는 게네사렛 호숫가에 서서"(눅 5:1)

인간 안에는 진리를 갈망하는 거룩한 본능이 있다. 사람은 떡으로만 사는 것이 아니다. 하나님의 입에서 나오는 모든 말씀을 따라 산다. 바다 갈매기들이 먹이를 주는 사람에게 몰려오는 것처럼, 사람들은 영적인 양식을 나누어 주시는 예수님께 몰려왔다. 사람들은 어떤 사람을 향해 "저 사람은 영적인 일엔 관심이 없어. 오직 육적이며 세상적인 것밖에 몰라"라고 결론 내릴 때가 있다. 너무 이른 결론이라고 생각 들지 않는가? 사마리아 여인을 생각해 보라. 겉으로 볼 때 그녀는 영적인 일에 전혀 관심이 없는 것처럼 보였다. 하지만 예수님은 그 여인 안에 깊은 영적인 갈망이 있는 것을 보셨다. 마침내 사마리아 여인은 예배에 대한 주제를 가지고 예수님께 질문하게 된다.

예수님은 무리들을 사랑하셨다. 한 영혼이라도 더 구원하길 원하셨다. 동시에 예수님은 소수의 제자를 선택하고 가르치는 데 집중하셨다. 수많은 무리들을 사랑하지 않으신 것이 아니다. 그들을 사랑하셨다. 그들을 긍휼히 여기셨다. 하지만 주님은 3년의 짧은 생애 동안 무슨 일을 먼저 해야 할지를 아셨다. 그것은 소수의 제자를 선택해서 그들을 키워 그 수많은 무리들을 말씀으로 양육할 것을 계획하신 데서 알 수 있다. 그런 까닭에 누가복음 5장에서 예수님은 수많은 무리들에게 말씀을 가르치셨지만 눈길은 베드로에게 고정되어 있는 것을 보게 된다.

실패의 현장에서

한 사람 제자를 얻기 위하여

내가 처음 예수님을 믿고 성경을 읽었을 때는 예수님이 베드로 한 사람을 얻기 위해 그렇게 다양한 접근과 노력을 기울이셨다는 사실은 볼 수 없었다. 예수님은 전능하신 하나님이시기 때문에 아주 쉽게 베드로를 얻으셨을 것이라고 생각했다. 하지만 그것은 나의 오해였다. 어느 순간, 하나님이 전심으로 자기에게 향하는 한 사람을 찾기 위해 엄청난 노력을 기울이시는 것을 깨닫게 되었다. "여호와의 눈은 온 땅을 두루 감찰하사 전심으로 자기에게 향하는 자들을 위하여 능력을 베푸시나니…"(대하 16:9상)

하나님은 예레미야를 통해 정의를 행하며 진리를 구하는 한 사람을 찾으라고 말씀하신다. "너희는 예루살렘 거리로 빨리 다니며 그 넓은 거리에서 찾아보고 알라 너희가 만일 정의를 행하며 진리를 구하는 자를 한 사람이라도 찾으면 내가 이 성읍을 용서하리라"(렘 5:1).

당신은 요한복음 1장에서 베드로가 안드레를 통해 예수님을 만난 것을 보았다. 또한 마태복음 4장에서 예수님이 갈릴리 해변을 거니시는 중에 베드로를 만나고 그를 부르신 것을 보았다. 그런데 누가복음 5장에서는 다시 예수님이 베드로를 만나 그를 부르시는 장면을 보게 된다. 여기서 우리가 알 수 있는 것은 예수님이 베드로를 선택하기 위해 다양한 접근을 시도하셨다는 사실이다. 한 번 만나고 바로 그 자리에서 제자를 삼으신 것이 아니라는 것이다. 예수님은 베드로가 당신의 제자로 헌신할 수 있도록 충분한 시간을 주신다. 여러 번의 접촉을 통해 예수님은 베드로를, 베드로는 예수님을 더욱 깊이 알아가고 있다. 그 과정을 통해 베드로는 회심을 경험한다. 그리고 예수님께 온전히 헌신한다.

누가복음 5장의 사건이 있기 전에 누가복음 4장에서 예수님은 베드로의 집을 방문하신다. 예수님은 마태복음 4장에서 베드로가 일하는 현장을 찾아가셨다. 그런데 누가복음에서는 그의 집을 찾아가신다. 한 사람을 잘 이해하는 길은 일터와 집이다. 일터와 집을 방문해 보면 그가 어떤 성향을 가진 사람인지, 그가 누구인지를 알 수 있다. 예수님은 베드로를 더욱 깊이 이해하기 위해 그의 집을 방문하셨다. 그리고 그의 장모의 병을 고쳐 주셨다.(눅 4:38,39)

베드로는 예수님의 부름을 받을 당시에 이미 결혼한 상태였다. 여기서 베드로가 다른 제자들보다 나이가 많다는 것을 엿볼 수 있다. 예수님은 베드로를 얻기 위해 그의 집에 찾아가셔서 장모의 중한 열병을 고쳐 주셨다. 성경은 베드로의 장모가 '중한 열병'을 앓고 있었다고 말씀한다. 예수님은 가벼운 열병이 아닌 중한 열병을 고쳐 주셨다. 예수님께서는 열병을 꾸짖으셨다. 그때 병이 떠나갔다. "예수께서 가까이 서서 열병을 꾸짖으신대 병이 떠나고 여자가 곧 일어나 그들에게 수종드니라"(눅 4:39).

예수님은 열병을 마치 사람처럼 꾸짖으셨다. 그랬더니 병이 떠나갔다. 이 말씀을 통해 병이 들어오기도 하고 나가기도 하는 것을 보게 된다. 성도들도 예수님의 이름으로 병을 꾸짖을 필요가 있다. 몸에 병이 들어왔을 때 예수님의 이름으로 병이 떠나기를 명할 수 있어야 한다. 우리가 그리할 수 있는 것은 예수님이 성도에게 예수님의 이름의 권세를 주심으로 그렇게 하도록 명하셨기 때문이다.

이 사건은 베드로에게 큰 충격을 주었을 것이다. 베드로는 조금 은밀하게 예수님이 하시는 일을 지켜보고 있었을 것이다. 예수님은 시몬 베드로의 장모를 고쳐 주신 다음에 수많은 병자들과 귀신들린 사람들을 고쳐 주셨다.

"해 질 무렵에 사람들이 온갖 병자들을 데리고 나아오매 예수께서 일일이 그 위에 손을 얹으사 고치시니 여러 사람에게서 귀신들이 나가며 소리 질러 이르되 당신은 하나님의 아들이니이다 예수께서 꾸짖으사 그들이 말함을 허락하지 아니하시니 이는 자기를 그리스도인 줄 앎이러라"(눅 4:40,41)

베드로는 이 과정을 통해 귀신들이 예수님을 하나님의 아들이라고 외치는 말을 듣게 된다. 베드로는 거듭 예수님에 대해 놀라고 있다. 예수님을 참으로 만날 때 놀람이 있다. 경이로움과 충격이 있다. 누가복음 5장은 누가복음 4장의 사건을 기억하면서 읽어야 한다. 그래야 예수님과 베드로의 관계를 더 잘 이해할 수 있다. 예수님은 한 제자를 얻기 위해 조급하게 서두르지 않으셨다. 한 제자가 온전히 헌신할 수 있도록 충분한 시간을 허락해 주신다. 우리의 문제는 늘 조급함에 있다. 인내하지 못하고 서두르는 데 있다. 성도들은 예수님처럼 사람을 얻기 위해 다양한 접근과 시도를 할 수 있어야 한다. 또한 어떤 사람을 정말로 얻기 원한다면 그가 충분히 생각할 수 있는 시간을 주면서 그를 서서히 설득해야 한다는 것을 예수님을 통해 배울 수 있어야 한다.

빈 배

예수님은 베드로를 헌신된 제자로 부르시기 위해 다양하게 접근하신다. 그 중 하나는 실패의 현장에 찾아오신 것이다. 예수님은 게네사렛 호숫가에 배 두 척이 있는 것을 보셨다. 게네사렛은 갈릴리 호수의 다른 이름이다. 성경은 갈릴리 호수를 갈릴리 바다라고 부르기도 하고, 게네사렛 호수라고 부르기도 한다. 요한복음 21장에서는 디베랴 호수라고도 부르고 있다. 누가복음에서 갈릴리 호수를 게네사렛 호수라고 부르는 이유는 북서쪽에 있는 게네사렛 평원의 지명 때문이다. 게네사렛은 풍족하다는 뜻의 '게네'와 정원이란 의미의 '사렛'이 합쳐진 이름이다. '풍요의 정원'이란 의미다. 곧 게네사렛 호수는 풍요의 정원처럼 고기가 풍부한 곳이다.

그런데 그 풍부한 게네사렛 호수에서 밤을 새워 고기를 잡았지만 한 마리도 잡지 못한 어부들이 있다. 그 중 한 사람이 베드로다. 그들은 그물을 씻고 있다. 예수님은 일터의 현장에서 어부들이 그물 던지는 것을 보셨다.(마 4:18) 그물 깁는 것을 보셨다.(마 4:21) 이제 그물을 씻는 것을 보신다.(눅 5:2)

예수님은 호숫가에서 무리들을 바라보셨지만 예수님의 눈길은 장차 그의 수제자가 될 베드로에게 머물렀다. 예수님은 두 척의 배 가운데 한 배에 오르신다. 그 배가 바로 시몬의 배다.

> "예수께서 한 배에 오르시니 그 배는 시몬의 배라 육지에서 조금 떼기를 청하시고 앉으사 배에서 무리를 가르치시더니"(눅 5:3)

예수님은 빈 배에 찾아오셨다. 빈 배가 의미하는 것은 무엇일까? 실패다. 절망이다. 빈 배는 우리가 아무리 노력해도 잘 되지 않는 것을 의미한다. 그것은 갑자기 찾아온 질병일 수 있다. 또는 아무리 노력해도 잘 풀리지 않는 사업, 인간관계일 수 있다. 시몬이 예수님께 한 고백을 보자.

> "시몬이 대답하여 이르되 선생님 우리들이 밤이 새도록 수고하였으되 잡은 것이 없지마는…"(눅 5:5)

실패의 현장에서

아무리 밤새 노력해도 매번 그물은 텅 비어서 올라왔다. 시몬은 갈릴리 바다에서 뼈가 굵은 사람이다. 그는 어부 가운데서도 아주 탁월하고 실력 있는 어부였다. 그는 어부 일로 말하면 전문가 중의 전문가다. 그런데 고기 한 마리 잡지 못했다. 우리도 이런 경험을 가끔 할 때가 있을 것이다. 그것은 실패의 경험이다. 나의 한계를 절감하는 순간이다. 이때 우리는 절망적인 질문을 던질 수밖에 없게 된다. '도대체 내가 가지고 있는 실력은 무엇인가? 내가 그동안 쌓아온 경력은 무엇인가? 내가 그동안 알고 있는 노하우는 쓸 만한 것인가? 내가 이 정도밖에 안 되는 것일까? 이 일을 계속해야 하는 것일까?' 이런 질문을 할 때 우리는 무력감, 좌절감, 허무감을 경험하게 된다. 자기 자신이 한없이 작아지는 경험을 하게 된다.

하지만 실패의 경험에 낙심하지 말라. 실패의 경험이야말로 나를 더욱 성숙하게 만들어 줄 수 있다. 우리를 더욱 복되게 할 수 있다. 우리 마음의 그릇을 더욱 크게 만들어 줄 수 있다.

"성공은 지위를 높여주지만, 실패는 그릇을 키워준다." 나는 신영복 교수님이 남긴 이 말을 다음과 같이 쓰고 싶다.

> "성공은 인간을 교만하게 만들지만 실패는 인간을 겸손하게 만들어준다." "성공은 때로 하나님을 멀리 떠나게 하지만 실패는 하나님께 가까이 나아가게 만든다."

하나님은 실패의 순간에 나를 찾아오신다. 내가 하는 모든 일이 잘 되고 그물에 고기가 넘치게 올라오고, 배에 고기가 가득 찼을 때 찾아오시는 것이 아니다. 하나님은 나의 빈 그물을 보시고, 빈 배를 보시고 찾아오신다. 왜 그러시는 것일까? 그때 비로소 겸손해지기 때문이다. 그때 나의 영혼은 민감해지기 때문이다. 그때 나의 귀가 열리기 때문이다.

예수님은 베드로의 배에 올라오셔서 육지에서 조금 떼기를 청하시고, 배에서 무리를 가르치셨다. 예수님은 시몬의 배를 강단으로 삼으셨다. 해변에 서 있는 무리들을 향해 말씀을 전하셨다. 예수님이 전하는 말씀을 베드로가 들었다. 예수님은 무리들에게 말씀을 전하시지만 사실은 베드로에게 말씀을 전하고 계셨다. 왜냐하면 예수님은 베드로를 변화시키고, 베드로를 얻는 일을 위해 게네사렛 호수를 찾아오셨기 때문이다. 예수님은 서두르지 않으셨다. 먼저 베드로의 마음 밭에 말씀의 씨앗을 뿌리신다. 그후에 베드로에게 깊은 데로 가서 그물을 내려 고기를 잡으라고 말씀하신다.

그 당시 예수님은 목수셨다. 그런데 어부에게 깊은 데로 가서 그물을 내려 고기를 잡으라고 말씀하신다. 중요한 것은 베드로의 반응이다.

> "시몬이 대답하여 이르되 선생님 우리들이 밤이 새도록 수고하였으되 잡은 것이 없지마는 말씀에 의지하여 내가 그물을 내리리이다 하고"(눅 5:5)

베드로가 고기를 많이 잡았다면 예수님의 말씀에 귀를 기울이지 않았을 것이다. 베드로는 평생 어부였다. 그는 언제 고기가 잘 잡히며, 어디에 고기가 많이 있는지를 잘 아는 사람이다. 특히 아침 햇살이 비출 때는 고기가 잘 잡히지 않는다는 것을 잘 아는 사람이다. 그래서 그물을 씻고 있었던 것이다. 베드로는 그의 전문성과 경험으로부터 아침에는 깊은 데로 가서 그물을 내려 고기를 잡을 수 없다는 것을 알았다. 하지만 베드로는 예수님의 말씀에 의지하여 깊은 데로 가서 그물을 내렸다.

베드로가 볼 때 예수님은 목수였다. 하지만 지금은 말씀을 가르치는 선생님이시다. 고기에 대해 아는 분이 아니었다. 그런데 그는 예수님의 말씀

실패의 현장에서

을 들으면서 목수와는 비교할 수 없는 분임을 서서히 알아가고 있었다. 장모님의 중한 열병을 꾸짖어 고쳐 주시는 것을 보았다. 수많은 병자들을 고치신 것을 보았다. 귀신들린 수많은 자들이 찾아왔을 때 그들에게 있는 귀신들을 꾸짖어 내보내신 것을 보았다. 그는 예수님의 말씀의 능력을 보았던 사람이다. 그래서 이제 그의 경험과 선입견을 내려놓고 예수님의 말씀에 순종하기로 선택한 것이다. 그 결과는 정말로 놀라웠다.

"그렇게 하니 고기를 잡은 것이 심히 많아 그물이 찢어지는지라"(눅 5:6)

이것은 정말 놀라운 기적이었다. 예수님은 경이로우신 분이다. 베드로만 놀란 것이 아니다. 시몬의 동업자인 야고보와 요한도 놀랐다.(눅 5:10)

지금 이 세대는 경이로움을 상실한 세대다. 신비로운 기적을 상실한 세대다. 그 이유는 예수님을 알지 못하기 때문이다. 예수님을 믿지 않기 때문이다. 예수님의 말씀에 순종하지 않기 때문이다. 예수님은 어떤 분이신가? 예수님은 게네사렛 호수를 만드신 분이다. 예수님은 고기를 만드신 분이다. 예수님은 창조주 하나님이시다. 그 하나님이 지금 베드로의 마음을 얻기 위해 놀라운 무대를 만드신 것이다. 빈 배 때문에 예수님을 만날 수 있다면 빈 배는 오히려 축복이다. 예수님이 함께 하시면 빈 배가 만선(滿船)이 될 수 있다.

베드로가 고기를 많이 잡게 되었을 때 그의 동업자들도 복을 받게 되었다. 베드로의 배만 고기로 가득 찬 것이 아니라 동무들의 배도 가득 차게 되었다.(눅 5:7) 하나님이 한번 역사하시면 상상을 초월한 일들이 벌어진다. 차고 넘치는 축복이 임하게 된다.

예수님은 우리의 전문성을 초월해서 역사하신다. 인간의 상식과 지혜,

경험을 초월해서 역사하신다. 예수님이 우리의 삶 가운데 찾아오시면 놀라운 일들이 전개된다.

실패의 역설

만약에 베드로가 많은 고기를 잡은 데서 신약성경이 끝난다면 어떻게 될까? 기독교도 별 볼일 없는 종교가 될 것이다. 다른 종교와 별로 다를 것이 없게 되고 말 것이다. 고기 많이 잡고 돈 많이 버는 것으로 끝난다면 기독교가 아니다. 하지만, 기독교는 더욱 깊은 곳으로 당신을 인도한다. 예수님은 베드로에게 깊은 데로 가서 그물을 내리라고 말씀하셨다. 하나님을 믿는다는 것은 깊은 데로 들어가는 것을 의미한다. 보이지 않는 깊은 세계 속으로 들어가는 것을 의미한다. 우리 자신도 알지 못하는 더 깊은 내면 속으로 들어가는 것이다.

하나님은 우리의 실패를 선용하신다. 우리의 고난을 선용하신다. 우리의 고통을 통해 놀라운 일을 이루신다. 고통의 때에 우리는 비로소 하나님의 음성에 귀를 기울이게 된다. 이것이 인생의 신비다. 하나님은 인간을 너무 잘 아신다. 사람은 형통하고 부요해지고 문제가 없어지면 하나님을 떠나게 된다. 하나님 없이 살려고 한다. 깊은 것을 추구하지 않고 피상적인 삶과 순간적인 쾌락에 탐닉하게 된다.

우리 각자는 실패의 때보다 성공의 때가 얼마나 더 위험한가를 잘 알고 있다. 인간은 성공의 때에 교만해지기 때문이다. 성공의 때에 마음이 둔해지기 때문이다. 성공의 때에 영적 감각이 무뎌지기 때문이다. 고통의 때는 다르다. 고통의 때는 영혼의 감각이 깨어난다. 그때 우리는 비로소 하나님

실패의 현장에서

을 찾게 된다. 하나님의 음성에 귀를 기울이게 된다. 하나님을 바라보게 된다. 수많은 사람들이 성공의 때보다 실패의 때에 하나님을 만났다는 사실을 잊지 말라. 그것이 바로 실패가 가져다주는 역설의 축복이다.

실패가 우리를 겸손하게 만들고 하나님께 가까이 나아가도록 만든다고 해서 늘 실패만 하며 살아서는 안 된다. 하나님은 실패를 통해서만 역사하는 분이 아니다. 하나님은 또한 기적을 통해 역사하신다. 성공을 통해 역사하신다. 때로는 기적을 경험하고, 성공을 경험하면서 하나님의 은혜에 깊이 들어갈 수 있다. 베드로가 그런 사람이다. 베드로는 예수님의 말씀에 순종함으로 기적을 경험한 다음 예수님께 나아가 놀라운 고백을 한다. 베드로는 기적을 통해 눈이 열렸던 것이다. 예수님이 누구신가를 알았던 것이다. 깊은 데로 가서 그물을 내리기 직전 그는 예수님을 '선생'이라고 불렀다. 하지만 이제는 예수님을 '주님'이라고 부르고 있다. 예수님의 무릎 아래 엎드려 예수님께 경배를 드리고 있다.

"시몬 베드로가 이를 보고 예수의 무릎 아래에 엎드려 이르되 주여 나를 떠나소서 나는 죄인이로소이다 하니"(눅 5:8)

참된 기적은 예수님을 아는 것이다. 참된 성공은 예수님이 주님 되시는 것을 깨닫는 것이다. 실패도 성공도 중요한 것이 아니다. 가장 중요한 것은 당신이 실패와 성공을 주관하시는 하나님을 만나는 것이다. 인생에서 가장 위대한 성공은 하나님을 만나는 것이다. 하나님을 만난 사람은 가장 놀라운 성공을 경험한 것이다. 하나님은 성공과 실패를 주관하시는 주권자이시다. 모든 것이 하나님의 손에 있다.

베드로는 기적을 통해 예수님이 누구신가를 알았다. 또한 자신이 누구인가를 깨달았다. 자신이 죄인임을 깨달았다. 그래서 예수님께 떠나달라고 부탁한다.

"주여 나를 떠나소서 나는 죄인이로소이다"(눅 5:8)

이 순간이 바로 베드로가 회심하는 순간, 거듭나는 순간이다. 자신이 죄인임을 깨닫는 것은 큰 축복이다. 이 깨달음은 하나님의 은혜로만 가능하다. 베드로는 거듭남을 통해 그의 인생에서 새로운 전환점을 경험한다. 거듭남을 통해 그의 눈이 열린다. 새로운 가치관을 갖게 된다. 자신은 죄인이며 예수님은 거룩하신 주님인 것을 깨닫는다. 어떻게 그가 죄인임을 깨닫게 되었을까? 예수님이 그의 빈 배에서 전한 말씀이 기적을 통해 놀라운 능력으로 나타났던 것이다.

예수님은 베드로에게 먼저 기적을 베풀어 주신 것이 아니다. 먼저 말씀을 전했고, 말씀의 씨앗을 심으셨던 것이다. 그 말씀이 기적을 통해 놀라운 능력으로 나타난 것이다. 그 능력은 회심의 능력이다. 회개란 생각과 가치관, 세계관이 변화되는 것이다. 무엇보다 회개란 예수님이 누구신가에 대한 새로운 관점을 갖게 되는 것이다. 이런 경험 때문에 베드로는 그의 서신에서 거듭남을 아주 강조한다.(벧전 1:3, 23)

베드로는 복음의 본체이신 예수님의 말씀을 통해 거듭났다. 그를 거듭나게 한 것은 엄밀하게 말하면 고기를 많이 잡은 기적이 아니다. 그는 예수님의 말씀을 통해 거듭났다. 예수님의 말씀에 순종함으로, 예수님의 말씀의 능력을 경험함으로 거듭났다. 게네사렛 호수에 있는 고기들을 주관하시는 예수님의 능력을 경험함으로 거듭났다. 참된 기적은 고기 한번 많이 잡는 것이 아니다. 한번 성공을 맛본 것이 아니다. 참된 기적은 예수님을 알고 예수님 안에서 거듭나는 것이다. 예수님은 떠나달라고 애원하는 베드로에게 놀라운 말씀을 주신다. "예수께서 시몬에게 이르시되 무서워하지 말라 이제 후로는 네가 사람을 취하리라"(눅 5:10).

예수님은 죄인임을 인정하고 고백할 줄 아는 사람을 제자로 삼으신다. 당신도 죄인이라는 사실을 깨닫고 고백하는 것을 부끄러워하지 말라. 그런 깨달음은 아무에게나 임하는 것이 아니다. 동물에게는 임하지 않는다. 동물처럼 살아가는 사람에게는 임하지 않는다. 하나님의 은혜가 임할 때 말씀이 역사함으로 비로소 자신이 죄인임을 깨닫게 된다. 예수님은 바로 그런 죄인들을 선택하셔서 사람을 취하는 사람으로 만드시는 것이다.

예수님은 그가 선택한 제자들에게 분명한 비전을 제시한다. 그들이 어떤 사람이 될 것이며, 그들이 무슨 일을 하게 될 것인가에 대한 분명한 비전을 말씀하신다.

> "나를 따라오라 내가 너희를 사람을 낚는 어부가 되게 하리라"(마 4:19) "이제 후로는 네가 사람을 취하리라"(눅 5:10)

예수님은 베드로를 더욱 깊은 세계로 초청하신다. 깊은 데로 가서 그물을 내리라고 말씀하신 예수님께서 베드로를 차원 높은 삶으로 초청하신다. "네가 사람을 취하리라." 고기를 취하며 살았던 그에게 "이제 후로는 네가 사람을 취하리라"고 말씀하신다. 이것은 새롭고 깊은 차원의 삶으로의 초청이다. 예수님께서 이 말씀을 하실 때 그 자리에 함께 했던 사람들이 있다. 그 중 하나는 안드레였을 것이다. "이는 자기 및 자기와 함께 있는 모든 사람이 고기 잡은 것으로 말미암아 놀라고"(눅 5:9)

또한 시몬을 도와주었던 야고보와 요한도 있다. 예수님이 시몬을 제자로 부르셨다. 드디어 시몬 베드로는 온전히 예수님을 따라간다.

"그들이 배들을 육지에 대고 모든 것을 버려두고 예수를 따르니라"(눅 5:11)

시몬 베드로는 모든 것을 버려두고 예수님을 따라간다. 베드로의 선택은 옳았다. 한 번의 성공, 한 번의 만선(滿船)과 예수님을 어떻게 비교할 수 있을까? 한 번의 기적과 예수님을 어떻게 비교할 수 있을까? 예수님은 기적의 본체시다. 예수님을 따라가면 모든 것을 얻게 된다. 하지만 우리가 고기에 집착하면 가장 소중한 것을 놓치게 된다.

이 말씀에서 발견하는 또 하나의 놀라운 사실은 베드로가 예수님을 따라갔을 때 그와 함께한 모든 친구들이 예수님을 함께 따라간 것이다. 이 말씀에서 주목할 단어는 '그들'이다. 분명 예수님은 베드로에게 "이제 후로는 네가 사람을 취하리라"고 말씀하셨다. 그런데 베드로와 안드레 그리고 야고보와 요한이 모두 그 부르심에 동참했다. 여기에 예수님께서 베드로를 집중해서 회심에 이르게 한 이유가 있다. 그것은 베드로의 영향력 때문이다. 베드로는 고기로 말하면 작은 고기가 아니라 큰 고기다. 인물로 말하면 작은 인물이 아니라 큰 인물이다. 큰 그릇이다. 예수님은 베드로가 따라오면 다른 제자들도 따라올 줄을 아셨다. 마치 고구마나 감자를 캘 때 하나를 캐면 나머지가 따라오는 것과 같다. 지도력이란 영향력이다. 한 사람의 지도력은 그 한 사람이 어느 정도의 사람들에게 영향을 끼칠 수 있느냐에 따라 결정된다. 그런 의미에서 보통 지도자가 있고, 큰 지도자가 있다.

예수님은 베드로가 변화되면 수많은 사람들이 변화될 수 있다는 사실을 아셨다. 그래서 예수님은 베드로에게 많은 관심을 기울이셨다.

오순절에 성령 충만을 받은 베드로가 복음을 전할 때 사람들은 마음에

찔려 "우리가 어찌 할꼬"라고 외쳤다. 그때 베드로가 그들에게 회개의 복음을 전한다. 그날 베드로의 설교를 듣고 회개하고 예수님을 믿은 사람이 삼천이나 된다.(행 2:38-41)

사람을 귀히 여기라. 사람을 얻으라. 사람들의 영혼들을 주님께로 인도하라. 한 영혼은 천하보다 귀하다. 이 세상에서 가장 위대한 일은 사람을 구원하는 일이다. 베드로가 예수님을 따라갈 때 날마다의 삶은 기적의 연속이었다. 하나님의 기적은 지금도 계속된다.

깊은 묵상으로

나는 한 사람을 얻기 위하여 얼마나 기다려주고 있는가?

내가 실패를 통해 만난 예수님은 어떤 분이신가?

내가 성공을 통해 만난 예수님은 어떤 분이신가?

04

더불어 제자들과

눅 6:12-19

왜 하나님은 나로 하여금 공동체 속으로 들어가 살게 하시는 것일까?
사랑하는 법을 배우기 위해서다. 내가 사랑하고 싶은 사람, 사랑할 수
있는 사람만을 사랑하는 것은 사랑이 아니다. 예수님의 열 두 제자 가
운데 가룟 유다가 있다는 사실을 기억하자.

더불어 제자들과

•

당신은 누군가를 위해 밤을 새서 기도한 적이 있는가? 누가는 예수님이 열두 제자를 선택하시기 전에 산에서 밤이 새도록 하나님께 기도했다는 사실을 강조한다. "이때에 예수께서 기도하시러 산으로 가사 밤이 새도록 하나님께 기도하시고 밝으매 그 제자들을 부르사 그 중에서 열둘을 택하여 사도라 칭하셨으니"(눅 6:12,13)

복음서에 보면 예수님의 기도하시는 모습을 자주 접할 수 있다. 하지만 밤이 새도록 기도하신 모습은 누가복음 6장에만 나온다. 예수님이 밤이 새도록 하나님께 기도하셨다는 사실을 누가가 기록한 것은 열두 제자의 선택이 그만큼 중요했다는 사실을 뒷받침한다. 그렇다면 예수님은 열두 제자를 선택하시는 일을 왜 그토록 중요하게 여기셨을까? 그 이유는 사람을 선택하는 것, 특별히 제자를 선택하는 것은 모두의 미래에 심대한 영향을 끼치기 때문이다.

사람을 선택하는 것은 언제나 신중해야 한다. 한 사람을 선택한다는 것은 그 사람과 더불어 새로운 미래를 선택한다는 것을 의미한다. 한 사람이 우리의 삶 속에 찾아와서 인연을 맺는다는 것은 실로 엄청난 일이다. 정현종 시인은 『방문객』이라는 시에서 한 사람이 우리 생애를 찾아오는 것이 주는 영향에 대해 다음과 같이 말한다.

사람이 온다는 건
실은 어마어마한 일이다
그는 그의 과거와 현재와
그리고 그의 미래와 함께 오기 때문이다
한 사람의 일생이 오기 때문이다

베드로의 삶 가운데 예수님이 찾아오신 것은 실로 어마어마한 일이었다. 그것은 그의 과거와 현재와 미래에까지 영원한 영향을 미치는 사건이었다. 선택은 언제나 영향을 미친다. 그 중에서도 사람을 선택하는 것은 크나큰 영향을 미친다. 예수님이 제자들을 선택하셨을 때, 그 선택은 예수님의 생애와 제자들의 생애, 그리고 수많은 사람들의 생애에 큰 영향을 미쳤다. 그렇다면 밤이 새도록 예수님은 무엇을 위해 기도하셨을까?

올바른 선택을 위하여

예수님이 하나님 아버지께 기도하신 것은 하나님 아버지와 친교하기 위

더불어 제자들과

해서다. 또한 하나님 아버지에게 지혜를 구하기 위해서다. 많은 제자들 중 열두 명을 선택하는 데 필요한 분별력을 얻기 위해서다.(눅 6:12,13)

당시 예수님을 따르는 제자들의 수는 상당히 많았음을 알 수 있다. 예수님이 열두 제자와 함께 산에서 내려오실 때 제자의 많은 무리가 기다리고 있었다고 기록하고 있다.(눅 6:17하) 누가복음 10장 17절에는 제자들 가운데 칠십 인이 전도를 하고 돌아와 예수님께 보고하는 모습이 기록되어 있다.

예수님은 많은 제자들 중에서 특별히 열두 명을 선택해서 사도로 칭하셨다. 예수님은 많은 제자들 중에서 사도라는 칭호를 부여할 제자들을 선택하는 일에 신중하셨다. 그 선택하는 일을 위해 하나님 아버지께 밤을 새워 기도하셨던 것이다.

삼위일체 하나님은 늘 함께 교제하시고, 늘 함께 동역하신다. 예수님은 하나님 아버지와 성령님과 교제하시면서 열두 명의 제자를 선택하실 일에 대해 상의하신 것이 분명하다. 예수님은 하나님의 아들이요, 예수님은 하나님이시다. 하지만 예수님은 우리를 위해 육신의 몸을 입고 오셨다. 예수님은 하나님이시면서 또한 육신을 입은 인간이셨다. 그것은 우리 각자를 위해 그리하신 것이다. 예수님이 인간의 몸을 입으신 것은 나와 같은 인간이 되심으로 인간을 경험적으로 이해하시기 위해서였다. 예수님은 또 인간과 같이 시험을 받으셨다. 인간과 같은 고난을 당하셨다.

예수님은 우리처럼 인간의 몸을 입고 생활하시면서 인간에게는 지혜가 부족한 것을 아셨다. 인간의 몸을 입으신 예수님이 기도하신 것은 기도를 통해 지혜를 얻을 수 있음을 가르쳐 주시기 위해서였다. 또한 사람을 선택하고, 제자를 선택하기 위해서는 기도로 하나님께 분별력을 얻어야 함을 가르쳐 주시기 위해서였다.

지식은 교육을 통해 얻는 것이지만 지혜는 하나님이 주신다. 우리는 기도를 통해 지혜를 얻을 수 있다. 다니엘이 어려움에 처했을 때 은밀한 것을 밝히 알 수 있는 지혜를 구했다. 하나님이 그에게 지혜를 주셨을 때 그는 지혜를 주신 하나님을 찬양했다.(단 2:20,21) 하나님은 지혜의 하나님이시다. 하나님은 지혜를 주시는 분이다. 기도할 때 하나님은 지혜를 주신다.(약 1:5) 지혜는 분별력이다. 우리는 지혜를 통해 사람을 분별하고, 때를 분별하고, 하나님의 뜻을 분별한다. 우리는 지혜를 통해 옳고그름을 분별한다. 우리는 지혜를 통해 영적인 것과 육적인 것을 분별한다. 성령님의 역사와 사탄의 역사를 분별한다. 하나님의 사람에게 중요한 것은 분별력이다. 헨리 나우웬은 분별은 하나님이 어떻게 일하시는지를 아는 영적 통찰이라고 말한다. 그는 분별력은 하나님의 부르심과 밀접한 관계가 있다는 사실을 강조한다.

> "분별은 우리가 각자의 소명과 공동 소명을 이룰 수 있도록 주님께 합당하게 살면서 하나님의 사랑과 방향에 귀를 기울이는 것이다."(헨리 나우웬, 『분별력』, 포이에마, 37쪽)

분별에서 중요한 것은 하나님의 뜻이다. 열두 제자를 선택하실 때 예수님의 주된 관심은 하나님의 뜻을 이루는 것이었다.

예수님이 많은 제자들 가운데 열두 제자를 선택하신 것은 예수님의 탁월한 분별력을 통해서 그리하신 것이다. 선택과 분별은 동행한다. 올바른 선택에는 올바른 분별이 있다. 그런데 각자가 경험하는 것처럼 올바른 선택과 올바른 분별이 쉽지 않다. 선택을 잘하는 것보다 중요한 것은 올바로 선택하는 것이다. 사람들의 눈에 멋있게 보이기 위해서 선택해서는 안 된다.

더불어 제자들과

올바른 선택은 하나님의 뜻과 연결되어 있다. 분별을 올바로 할 수 있을 때 올바로 선택할 수 있다. 분별력은 핵심을 간파하는 능력이다. 분별력은 하나님의 뜻과 우리의 소명을 연결시키는 능력이다. 우리가 하나님께 지혜를 구하는 이유는 올바로 분별하기 위해서다. 올바른 분별은 올바른 선택을 위한 것이다.

왜 열두 제자인가?

예수님은 전능하신 하나님이다. 그런데 왜 홀로 모든 일을 행하지 않으시고 열두 제자들을 선택해서 동역하셨을까? 예수님이 열두 제자를 선택하신 이유는 무엇일까? 예수님의 생애를 기록한 복음서에서 그 이유를 살펴볼 수 있다.

예수님은 친밀한 사랑의 교제를 위해서 제자들을 선택하셨다. 예수님이 제자를 선택하신 가장 중요한 이유는 그들과 함께 동행하기 위해서다. 누가복음 6장 17절은 "예수님이 그들과 함께 내려오사"라고 말씀하고 있다. 이 말씀 속에서 '함께'라는 단어가 아주 중요하다. 베드로의 제자였던 마가는 예수님이 제자들을 선택하신 첫 번째 이유로 '자기와 함께 있게 하시고'라는 사실을 강조해서 기록했다.(막 3:14)

예수님은 제자들과 함께 동행하면서 그들과 먼저 친밀한 사랑의 교제를 나누셨다. 일이 먼저가 아니라 교제가 먼저다. 일이 먼저가 아니라 관계가 먼저다. 일보다 사랑이 먼저다. 예수님이 제자들을 선택하신 후에 가장 먼저 하신 일은, 그들을 사랑하신 것이다. 예수님은 세상에서 가장 중요한 것은 사랑이며, 세상에서 가장 가치 있는 것은 사랑임을 친히 보여 주었다.

베드로의 삶을 변화시킨 것은 예수님의 사랑이었다. 사람은 사랑을 통해 변화된다. 제자들이 먼저 예수님을 사랑한 것이 아니다. 예수님이 먼저 제자들을 사랑하셨다. 우리가 하나님을 사랑한 것이 아니다. 하나님이 먼저 우리를 사랑하신 것이다. 예수님은 먼저 제자들을 사랑하신 후에 "서로 사랑하라"고 명하셨다.

예수님이 제자들에게 주신 위대한 계명인 이 말씀을 읽을 때 가장 주의를 기울여야 할 것은 "내가 너희를 사랑한 것같이"라는 말씀이다. 사랑은 어려운 것이다. 참된 사랑은 참으로 어렵다. 그런데 가능하다. 하나님이 당신에게 베풀어 주신 사랑을 깨닫고 경험할수록 하나님을 사랑하고 이웃을 사랑하는 것이 점점 가능해진다. 예수님이 제자들에게 사랑의 모범을 보여 주시지 않은 채 사랑의 계명을 주셨다면 그들은 절망했을 것이다. 하지만 예수님은 먼저 사랑의 모범을 보여 주셨다. 예수님은 먼저 하나님 아버지의 사랑을 받으셨다. 그 사랑으로 제자들을 사랑하셨다.

예수님은 또한 제자들에게 아버지의 사랑 안에 거하라고 말씀하신다. "아버지께서 나를 사랑하신 것같이 나도 너희를 사랑하였으니 나의 사랑 안에 거하라 내가 아버지의 계명을 지켜 그의 사랑 안에 거하는 것 같이 너희도 내 계명을 지키면 내 사랑 안에 거하리라"(요 15:9,10).

예수님은 제자들을 친구로 부르셨다. 그 당시 랍비들은 권위를 내세웠다. 스승으로서 위엄을 보이고, 제자들과 다르다는 것을 보여 주었다. 하지만 예수님은 달랐다. 예수님은 제자들을 친구로 삼으셨다. 그리고 하나님 아버지께 받은 모든 것을 나누어 주셨다.(요 15:13-15)

예수님은 제자들을 종이라 하지 않으셨다. 친구라 부르셨다. 그리고 사랑하는 친구들을 위해 목숨을 버리셨다. 예수님은 "사람이 친구를 위하여 자기 목숨을 버리면 이보다 더 큰 사랑이 없다"고 말씀하신 후에, 바로 친구 된 제자들을 위해 십자가에서 목숨을 내어 주셨다. 예수님이 제자들과 우리를 선택하신 이유는 사랑하기 위해서다. 우리 각자는 누군가를 사랑하려고 몸부림치기 전에 하나님이 나를 얼마나 사랑하셨는가에 대해 깊이 묵상해야 한다. 그 사랑을 먼저 충만하게 받아야 한다. 그 사랑을 누려야 한다. 그럴 때 나는 그 풍성한 사랑으로 다른 사람을 사랑할 수 있다.(요일 4:9-11)

예수님은 제자들에게 진리의 말씀을 가르치셨다. 전도하는 법을, 기도하는 법을 가르치셨다. 하지만 무엇보다 먼저 그들을 사랑하셨다.(요일 4:19) 예수님은 세 번이나 부인하고 낙심해 있는 베드로를 찾아오셔서 세 번 질문하셨다. 그 질문의 내용은 똑같았다. 예수님을 향한 사랑에 대한 질문이었다.(요 21:15)

예수님은 베드로의 잘못을 용서하셨다. 그의 허물을 덮어 주셨다. 그를 끝까지 사랑해 주셨다. 예수님의 사랑으로 변화되었던 베드로는 자신이 쓴 서신에서 사랑을 이렇게 강조한다.

"무엇보다도 뜨겁게 서로 사랑할지니 사랑은 허다한 죄를 덮느니라"(벧전 4:8)

예수님은 사명을 맡기시기 위해 제자들을 선택하셨다. 예수님이 제자들을 부르신 것, 그게 바로 소명이다. 소명(召命)이란 부르심을 받은 것을 말한다. 특별한 목적을 위해 부르심을 받은 것이 소명이다. 사명(使命)이란 보내심을 받는 것이다. 예수님은 제자들을 사도라고 칭하셨다. 사도(使徒)란 보내심을 받은 사람이다.(막 3:13,14)

예수님은 제자들을 부르시고, 부르신 그들과 함께하시고, 또 보내사 전도를 하게 하셨다. 예수님의 선택엔 목적이 있었다. 좋은 만남은 사랑의 만남이다. 동시에 좋은 만남은 거룩한 목적을 이루는 만남이다. 예수님은 제자들에게 사명을 맡겨 보내시기 위해 그들을 부르셨다. 예수님이 부활하신 후에 제자들에게 나타나셨을 때 하신 말씀을 기억하라. "예수께서 또 이르시되 너희에게 평강이 있을지어다 아버지께서 나를 보내신 것 같이 나도 너희를 보내노라"(요 20:21).

광범위한 의미에서 모든 크리스천은 부르심을 받았고, 또한 보내심을 받았다. 하지만 예수님이 많은 제자들 가운데 열두 명에게만 사도라는 칭호를 주셨음을 기억해야 한다. 그들에게 특별한 권위를 부여하심으로 놀라운 일들을 이루게 하신 것을 보게 된다. 많은 신학자들이 예수님이 열두 제자를 사도로 부르셨다는 사실에 주목한다. 그렇다면 열두 사도의 자격은 무엇일까? 레슬리 B. 플린은 그의 책 『열두 제자의 재조명』에서 사도의 자격에 대해 다음과 같이 기록하고 있다.

첫째, 사도들은 처음부터 예수님과 함께 다녔다. 예수님이 육신을 입고 이 땅에 계실 때 예수님과 친히 동행한 사람들이 열두 제자들이다. 열두 제자들은 예수님과 함께 동행했다는 사실에 거룩한 자부심을 갖고 살았다.

둘째, 사도들은 예수님께서 부활하신 후에 예수님을 만난 사람들이었다. 사도들은 예수님의 부활의 목격자들이다. 또한 예수님의 부활의 증인으로 부름을 받은 사람들이다.

셋째, 사도들은 교회 교리의 기초를 세웠다. 예수님의 열두 제자들은 예수님의 가르침을 기억하고, 복음서를 기록해서 남겼다. 또한 그들은 예수님의 가르침을 핵심으로 하는 교리의 근간을 세웠다. 우리가 자주 암송하는 사도신경은 사도들이 믿었던 교리를 의미한다. 사도들이 믿었던 교리를 압

더불어 제자들과

축한 내용이 사도신경이다.

넷째, 사도들은 교회를 세우는 기초를 확립했다. 예수님은 베드로의 신앙고백 위에 주님의 교회를 세우셨다. 예수님은 베드로와 제자들에게 천국 열쇠를 주셨다. 바울은 교회라는 신앙공동체는 사도들과 선지자들의 터 위에 세워졌다고 말씀한다. "너희는 사도들과 선지자들의 터 위에 세우심을 입은 자라 그리스도 예수께서 친히 모퉁잇돌이 되셨느니라"(엡 2:20).

다섯째, 사도들은 기적을 행하는 권능을 가졌다. 예수님이 열두 제자를 사도로 부르셨을 때 그들에게 능력과 권위를 주셨다. 예수님은 일을 맡기실 때 그 일을 감당할 수 있는 호칭과 능력과 권위를 주시는 것을 보게 된다.(레슬리 B. 플린, 『열 두 제자의 재조명』, 나침반사, 12-13쪽, 참조)

열두 제자 외에 바울을 사도라고 부른다. 그는 비록 예수님과 육신적으로 동행한 적이 없지만 특별한 부르심으로 사도가 되었던 것이다. 예수님이 다메섹 도상에서 그를 직접 부르셔서 이방인을 위한 사도로 세우신 것을 보게 된다. 그런 까닭에 바울을 '사도 바울'이라고 호칭한다. 하지만 우리가 기억해야 할 사실이 있다. 그것은 우리가 사도라는 호칭은 받지 못했다 할지라도 우리 각자 역시 그리스도의 제자로서 사명을 위해 부르심을 받고 보내심을 받았다는 사실이다.

열두 제자와 공동체

예수님은 열두 제자를 선택해서 그들을 사도로 칭하셨다. 한 명이 아니다. 열두 명이다. 열두 명은 소그룹 공동체다. "곧 베드로라고도 이름을 주신 시몬과 그의 동생 안드레와 야고보와 요한과 빌립과 바돌로매와 마태와 도마와 알패오의 아들 야고보와 셀롯이라는 시몬과 야고보의 아들 유다와 예수를 파는 자 될 가룟 유다라"(눅 6:14-16).

열두 제자의 이름은 마태복음(10:2-5), 마가복음(3:16-19), 누가복음(6:14-16), 그리고 사도행전(1:13)에 나온다. 열두 제자는 세 그룹으로 이루어져 있다.

베드로(시몬)	빌립	(작은) 야고보
안드레	바돌로매(나다나엘)	시몬(셀롯, 가나안인, 열심당)
야고보	마태(레위)	유다(다대오)
요한	도마	유다(가룟)

열두 제자 가운데 이름이 조금 혼돈되는 사람들이 있다. 그들 중에 바돌로매는 빌립과 가까웠던 나다나엘이다. 성경에서 '바'가 나오면 누구의 아들이라는 뜻이다. 바돌로매는 돌로매의 아들이라는 뜻이다. 예수님이 베드로를 "바요나 시몬아"라고 부르셨을 때 그것은 '요나의 아들 시몬'이라는 뜻이다.

마태가 예수님의 부르심을 받았을 때의 처음 이름은 레위였다. 그는 세리였다. 예수님이 그에게 마태라는 이름을 붙여 주셨다. 셀롯이라는 시몬이 나온다. 셀롯은 열심당이라는 뜻이다. 열심당은 그 당시 나라를 팔아먹는 반역자들을 죽이는 혁명주의자들이다. 그들은 과격했다. 그리고 유다라는 이름이 둘 등장한다. 그 중의 하나는 예수님을 판 가룟 유다이다. 다른 유다는 다대오라는 이름으로 불리기도 한다.

예수님은 일정한 질서를 가지고 열두 제자를 키우셨다. 예수님은 열두 제자 가운데 베드로를 수제자로 삼으셨다. 제자들의 이름이 나올 때마다

더불어 제자들과

제일 먼저 등장하는 이름이 베드로다. 예수님은 베드로의 리더십이 탁월한 것을 아셨다. 또한 예수님께서는 특별한 일이 있을 때 열두 제자 가운데 베드로와 요한과 야고보를 따로 데리고 다니셨다. 예수님은 필요할 때는 세 그룹으로 움직이게 하셨고, 때로는 두 명씩 짝을 지어 사역하게 하셨다. 세 그룹마다 지도자를 세워 그룹을 움직이게 하셨다. 예수님은 제자들을 가르칠 때 필요하면 일대일로 가르치셨다. 또한 네 명 단위의 소그룹으로 가르치셨다. 하지만 열두 명이라는 작은 공동체 안에서 그들을 키우셨다. 왜 공동체를 세워 제자들을 키우셨을까?

성삼위 하나님이 공동체이신 까닭이다. 우리는 삼위일체 하나님을 알고 믿는다. 성부 하나님, 성자 예수님, 성령 하나님은 삼위로서 함께 교제하시고, 함께 사역하신다. 서로 협력해서 창조사역과 구속사역을 이루셨다. 성삼위 하나님의 아름다운 사역에서 공동체 사역의 원리를 배워야 한다. 나는 삼위일체 하나님의 신비를 통해 공동체를 형성하는 원리를 배울 수 있었다.

그 공동체의 원리는 우선, 질서의 원리다. 하나님 아버지와 그 아들 예수님과 성령님이 같은 하나님이시만 일정한 질서를 가지고 계신다. 일정한 위치를 지키시면서 함께 동역하신다. 성부 하나님은 성자 예수님을 사랑하신다. 성자 예수님께 창조의 사역과 구속의 사역을 맡기신다. 성자 예수님은 성령 하나님을 의지해서 사역하신다. 성령 하나님을 존귀히 여기신다. 성령 하나님은 예수님을 증거하신다. 예수님이 가르치신 진리를 생각나게 하신다. 성령님은 하나님 아버지와 예수님으로부터 나오셔서 하나님의 뜻을 이루신다.

삼위일체 공동체의 원리는 또한 존중의 원리다. 서로를 존귀히 여기신다. 경쟁이 없으시다. 질투가 없으시다. 시기가 없으시다. 오직 서로를 존중하신다. 서로의 역할을 존중하며, 서로의 위치를 존중하신다.

또한 친밀한 사랑의 원리가 삼위일체 공동체의 원리다. 친밀한 사랑으로 늘 하나 됨을 지키신다. 성삼위 하나님에게는 분열이 없으시다. 늘 하나 됨으로 움직이신다. 성삼위 하나님에게는 비밀이 없으시다. 성삼위 하나님은 사랑이시다. 친밀한 교제 안에서 모든 일을 이루신다. 예수님이 제자들과 우리를 선택하신 까닭은 성삼위 하나님의 친밀한 사랑의 교제로 부르시기 위함이다. 이 은혜처럼 큰 은혜가 없다. 미천한 죄인들을 성삼위 하나님의 친교 속으로 부르신 것이다.

삼위일체 공동체는 동역과 협력의 원리이다. 성삼위 하나님은 함께 일하신다. 창조사역과 구속사역도 성삼위 하나님의 동역과 협력의 사역이다. 성삼위 하나님은 홀로 일하지 않으시고 함께 일하신다. 하나님의 나라는 동역하고 협력하는 나라이다. 하나님의 나라는 팀으로 움직이는 나라이다.

예수님은 제자들이 공동체 안에서 사랑하는 법을 배우기 원하셨다. 하나님의 가장 큰 관심은 사랑에 있다. 하나님은 사랑이시다. 예수님이 이 땅에 오신 것은 사랑 때문이다. 예수님은 배경과 기질과 성향이 다른 제자들을 선택하심으로 그들이 서로 사랑하는 법을 배우게 하셨다.

열두 명의 제자들을 연구해 보면 아주 다양한 기질과 배경을 가진 것을 볼 수 있다. 그들 중에 마태는 세리로써 로마의 권력에 빌붙어 백성들을 착취하는 직업을 가졌다. 그 당시 이스라엘 백성들이 제일 싫어하고 미워하고 정죄했던 부류였다. 셀롯 시몬은 열심당원이다. 로마를 등에 업고 백성들을 괴롭히는 사람들을 죽이는 이들이다. 로마에 끝까지 저항했던 사람들이다. 마태와 열심당 시몬은 결코 어울릴 수 없는 것처럼 보이는 만남이다. 그런데 예수님은 그 다양함 속에 일치를 이루게 하셨다.

사람은 어떻게 성장하는가? 배움을 통해 성장한다. 갈등을 통해 성장한

더불어 제자들과

다. 고난과 문제, 위기를 통해 성장한다. 예수님의 제자들은 서로 갈등하며 성장했다. 고난과 위기를 함께 극복하면서 성장했다. 예수님이 제자들에게 가르치고 싶으셨던 것은 서로를 사랑하는 것이다. 하나님이 우리에게 꼭 가르치고 싶어 하시는 것도 사랑하는 법이다. 왜냐하면 하나님은 사랑이시기 때문이다. 또한 천국이 사랑의 나라이기 때문이다. 천국을 경험한다는 것은 곧 하나님의 사랑을 경험하는 것이다. 사랑은 천국의 산소이다.

사랑하는 법을 배우기 위해서는 공동체가 필요하다. 하지만 우리가 경험하는 것처럼 공동체 안에는 사랑하기 힘든 사람들이 함께 존재한다. 함께하고 싶지 않은 사람들이 존재한다. 나에게 상처를 주는 사람들, 나를 괴롭히는 사람들이 존재한다. 도저히 이해가 안 되는 사람들이 존재한다. 나와는 너무나 다른 사람들, 코드가 잘 맞지 않는 사람들이 존재한다. 달라도 너무 다른 사람들이 존재한다.

왜 하나님은 나로 하여금 그런 공동체 속으로 들어가 살게 하시는 것일까? 사랑하는 법을 배우기 위해서다. 내가 사랑하고 싶은 사람, 사랑할 수 있는 사람만을 사랑하는 것은 사랑이 아니다. 예수님의 열두 제자 가운데 가룟 유다가 있다는 사실을 기억하자.

"예수를 파는 자 될 가룟 유다라"(눅 6:16)

예수님은 완벽한 공동체를 기대하신 것이 아니다. 예수님은 인간을 잘 아신다. 죄악 속에 살아가는 인간이 얼마나 연약하며 얼마나 쉽게 넘어지는가를 아신다. 얼마나 쉽게 갈등할 수 있는가를 아신다. 얼마나 쉽게 배신할 수 있는가를 아신다. 그런 모든 경험을 통해 제자들을 성장시키기 위해 공동체를 세우신 것이다.

예수님은 제자들이 공동체를 통해 서로 협력하여 사역하길 원하셨다. 성삼위 하나님은 협력하여 일하신다. 혼자서는 아이를 낳을 수 없다. 남자와 여자가 결합할 때 아이를 낳을 수 있다. 풍성한 열매를 맺기 위해서는 친밀한 연합이 있어야 한다. 혼자서는 결코 놀라운 일을 이룰 수 없다. 성경은 연합이 주는 놀라운 능력을 가르친다.(전 4:9-12) 새들백교회의 릭 워런 목사는 함께 협력하여 사역하는 것이 얼마나 중요한가를 강조한다.

> 혼자보다 함께 하나님을 섬길 때 더 많은 이점이 있다. 서로의 약점을 보완해 줄 수 있고, 더 효과적으로 일할 수 있으며, 우리의 능력이 배가될 수 있고, 더 큰 문제들도 물리칠 수 있다. (릭 워런, 『더불어 삶』, 국제제자훈련원, 14쪽)

하나님은 우리 각자에게 재능과 은사를 주셨다. 하지만 그 재능과 은사는 자신만을 위한 것이 아니다. 아름다운 공동체를 세우기 위한 것이다. 우리의 재능과 은사는 다른 사람과 공동체를 위해 쓰일 때 가장 강렬한 빛을 발하게 된다.

베드로는 예수님이 선택하신 열두 제자들의 공동체 안에서 성장했다. 그는 그들의 리더로서 그들을 이끌었다. 또한 베드로는 예수님을 가장 가까이 따름으로써 성장할 수 있었다. 베드로는 그의 실패를 통해 공동체의 중요성을 더욱 깊이 깨닫게 되었다. 예수님을 세 번 부인하고 낙심하여 있을 때 베드로는 제자들의 공동체로 돌아갔다. 만일 그에게 돌아갈 공동체가 없었다면 그의 회복은 더 많은 시간을 필요로 했을 것이다.

십자가 앞에서 제자들은 모두 예수님을 버리고 떠났다. 하지만 그들은 정신을 차린 후에 공동체로 함께 모였다. 예수님은 부활 후 그들이 함께 모여 있을 것을 아셨다. 막달라 마리아와 여인들이 예수님의 부활 소식을 전

더불어 제자들과

할 때 마가는 특별히 베드로와 제자들에게 가서 소식을 전하고 있는 한 청년의 이야기를 기록하고 있다.(막 16:7)

예수님은 늘 베드로에게 관심을 갖고 계시다. 그 이유는 베드로가 회복되어야 다른 제자들도 함께 회복될 수 있기 때문이다. 영향력이란 것은 이토록 중요하다. 예수님은 또한 베드로가 회복되는 과정에 공동체가 절대적으로 필요하다는 것을 아셨다. 실패하고 절망 중에 있을 때 혼자서 회복되기는 불가능에 가깝거나 무척 힘들다. 공동체 속에 있을 때, 공동체가 함께 도와줄 때 회복은 빠르다. 예수님은 우리를 공동체 안에서 성장시키시고 회복시키신다. 그래서 공동체가 중요하다.

여기서 우리는 예수님을 통해 제자들을 선택하는 데 필요한 분별하는 지혜를 배웠을 것이다. 예수님을 통해 제자들을 부르시고 또한 사명을 부여해서 보내시는 지혜를 배웠을 것이다. 예수님을 통해 공동체를 형성하는 지혜를 배웠을 것이다.

아름답고 건강한 공동체를 형성하기 위해서는 잘못된 환상을 버려야 한다. 건강한 공동체는 아무 문제나 갈등이 없는 공동체가 아니다. 건강한 공동체는 문제와 갈등 속에서 더욱 성장하고, 더욱 사랑하게 되는 공동체이다.

세상 사람들이 우리가 예수님의 제자인 것을 아는 길은 서로 사랑하는 것이다. 도저히 사랑할 수 없고, 도저히 조화를 이룰 수 없는 사람들이 모여 함께 사랑하는 것이다. 세상의 기준으로 볼 때 소외되고, 버림받고, 거절당하고, 상처 입은 사람들, 병들고 가난한 사람들이 함께 모여 아름다운 공동체를 이루는 것이다. 또한 평범한 사람들이 탁월한 제자가 되는 것이다. 그것을 볼 때 세상 사람들은 우리가 그리스도의 제자인 것을 알게 된다.

"너희가 서로 사랑하면 이로써 모든 사람이 너희가 내 제자인 줄 알리라"(요 13:35)

그렇다면 어떻게 서로 사랑할 수 있겠는가? 먼저 예수님의 사랑을 받아야 한다. 예수님의 풍성한 사랑을 받고, 그 사랑을 깨달아야 한다. 예수님의 사랑은 자신을 내어 주시는 사랑이다. 예수님이 제자들을 선택하신 이유는 그들에게 자신을 내어 주는 사랑을 베풀기 위함이다. 하나님은 독생하신 아들을 내어 주시기까지 우리를 사랑하셨다.(롬 8:32)

어떤 분은 하나님을 사랑하는 것이 잘 되지 않는다고 고백한다. 그 이유는 한 가지다. 하나님이 나를 먼저 사랑하셨고, 나를 사랑해서 독생자를 희생하셨다는 그 사랑을 깨닫지 못한 까닭이다. 하나님은 무조건적으로 나를 사랑하신다. 나를 있는 모습 그대로 받으신다. 나를 사랑하시되 나를 더욱 아름답게 만들어 가신다. 나를 사랑하실 뿐만 아니라 나를 사랑받는 존재로 만들어 가시는 것이다. 내가 이 사랑을 경험할 때 다른 사람들을 있는 모습 그대로 사랑할 뿐만 아니라 그들을 더욱 사랑스런 존재로 만들어갈 수 있다. 내가 예수님의 사랑을 깊이 경험할 때 성삼위 하나님과 같은 아름다운 공동체를 세워갈 수 있다.

우리가 신앙생활을 하는 것은 예수님 믿고, 구원 얻고, 영생 얻고, 천국에 들어가기 위한 것만은 아니다. 아름다운 예수님의 공동체를 형성하기 위한 것이다. 우리가 살고 있는 공동체 안에서 천국을 실현하기 위한 것이다. 사랑의 나라인 천국을 맛보기 위한 것이다. 그 사랑을 사업장과 직장과 학교에서 실현하도록 예수님은 우리를 부르시고 놀라운 능력과 권위를 부여하셨다. 사도들에게만 부여하신 것이 아니라 당신과 나 같은 믿는 모든 성도들에게 부여하셨다.

깊은 묵상으로

내가 경험한 하나님의 사랑은 어떤 것인가?

나는 어떠한 그리스도의 소명(부르심), 그리스도의 사명(보내심)을 받았는가?

내가 속한 공동체(가정, 교회, 직장 등)에 내가 선호하지 않는

사람(들)이 있는가? 왜 그(그들)가 공동체에 함께 있다고 생각하는가?

05 안전을 버리고 모험을

마 14:22-33

모험한다는 것은 당신이 가장 두려워하는 것에 도전한다는 것이다. 그리함으로 가장 두려워했던 순간을 가장 위대한 순간으로 바꾸는 것이다. 하나님은 모험하시는 하나님이시다.

안전을 버리고 모험을

●

제자는 태어나는 것이 아니라 만들어지는 것이다. 예수님은 제자들을 가르치실 때 이론이 아닌 삶의 현장에서 가르치셨다. 마태복음 14장에는 두 가지 놀라운 사건이 나온다. 오병이어와 바다 위를 걸으신 사건이다. 예수님은 탁월한 선생님이셨다. 예수님은 충격적이거나 놀라운 사건을 통해 제자들을 가르치셨다.

제자들이 오병이어의 사건을 통해 배운 것은 감사의 능력이었다. 예수님은 기적을 일으키시기 전에 먼저 감사기도를 드렸다. 예수님이 오병이어를 붙잡고 감사기도를 마쳤을 때 진짜 놀라운 기적이 나타났다. 감사는 이처럼 기적을 창조하는 능력이다. 감사는 작은 것을 크게, 적은 것을 많게 하는 능력이다.

정작 이 사건을 통해 예수님이 가르치신 더 놀라운 교훈이 있다. 그것은 성공의 때에 더욱 겸손하라는 것이다. 예수님이 오병이어의 기적을 일으켰을 때 사람들은 흥분했다. 그래서 예수님을 억지로 왕으로 삼고자 했다. 그때 예수님은 그들을 떠나 다시 혼자 산으로 기도하러 가셨다.(요 6:15)

예수님은 성공이 얼마나 위험한가를 아셨다. 예수님은 성공하기 위해 오신 것이 아니라 사명을 완수하기 위해 오셨다. 성공이나 기적은 사명을 완수하기 위한 도구에 불과하다. 그런데 사람들은 예수님을 성공에 도취시켜 사명을 망각하게 만들려고 했다. 그때 예수님은 혼자 산에 가서 기도하셨다.(마 14:22,23)

성공할 때 들뜨기 쉽다. 중요한 것은 들뜨는 것을 자제할 줄 아는 것이다. 우리는 성공을 위해서가 아니라 사명을 완수하기 위해 이 땅에 있는 것이다. 성공이 나쁜 것은 아니지만 성공은 잘못하면 우리를 큰 유혹에 빠뜨릴 수 있다. 성공이 자신을 망칠 수 있는 것이다. 가장 큰 유혹은 사명이 아니라 성공에 집착하는 것이다. 예수님은 성공의 순간에 다시 사명을 점검하기 위해 산 위로 올라가서 기도하셨다. 또한 오병이어의 기적으로 들떠있는 제자들을 겸손하게 만들기 위해 큰 풍랑 가운데로 인도하셨다. 마태복음 14장에는 제자들이 오병이어의 기적을 경험한 후에 큰 풍랑을 만나는 장면이 나온다. "배가 이미 육지에서 수 리나 떠나서 바람이 거스르므로 물결로 말미암아 고난을 당하더라"(마 14:24).

두 사건이 얼마나 대조적인가? 놀라운 형통과 고통스런 고난이 함께 만난 사건이다. 이 사건 속에서 제자들은 또 다른 기적을 경험하게 된다. 고난 중에 있을 때 예수님이 바다 위로 걸어오신 것이다. 그 모습을 본 베드로가 예수님께 "나를 명하사 물 위로 오라 하소서!"라고 간청한다. 놀라운 모험이다. 베드로는 잠시지만 바다 위를 걷는 모험을 한다. 이 사건 속에서 예수님이 제자들을 고난과 모험을 통해 가르치시는 것을 볼 수 있다. 특별

안전을 버리고 모험을

히 이 사건 속에서 예수님의 수제자 베드로의 모험정신이 빛을 발하는 것을 보게 된다. 그가 수제자가 될 수 있었던 것은 다른 제자들보다 모험정신, 도전정신이 탁월했기 때문임을 읽을 수 있다. 이 사건을 통해 배울 수 있는 소중한 교훈들이 있다.

모험하시는 하나님

하나님이 모험하시는 하나님이시기 때문에 하나님의 형상을 따라 지음받은 인간에게는 모험 본능이 존재한다. 폴 투르니에는 『모험으로 사는 인생』에서 하나님을 모험하시는 하나님이라고 증거한다.

> 하나님은 모험 정신에 의해 가장 활기찬 모습으로 나타난다. 하나님을 가장 위대한 모험가라고 할 수도 있으리라. ⋯ 우리 모두는 무엇인가를 창조해내는 것이 모험이라고 여긴다. ⋯ 하나님은 홀로 있는 상태와 고요함을 버리시고 물질계의 무한한 장을 여셨다. 감히 표현해 본다면 하나님은 스스로 근심의 짐을 지시고, 더구나 이 짐을 늘리신 것이다. (폴 투르니에, 『모험으로 사는 인생』, IVP, 96쪽)

하나님은 모험을 통해 근심의 짐을 지시기도 했지만 모험을 통해 놀라운 기쁨을 경험하신 것을 보게 된다. 천지를 창조하실 때 하나님은 날마다 "참 좋았다"(창 1:25)라고 말씀하신다. 모험에는 위험과 함께 큰 기쁨이 동반한다. 그런 까닭에 모험은 또 다른 모험을 낳는다. 하나님이 특별히 하나님의 형상을 따라 사람을 만드신 것은 훨씬 더 위험한 모험을 감행하신 것이다.

하나님이 천지를 창조하시고 사람을 창조하신 것은 큰 모험이었다. 가장 큰 모험은 하나님이 타락한 인간을 구원하시기 위해 독생하신 아들 예수 그리스도를 이 땅에 보내시고 십자가에 내어주신 것이다. 타락한 인간을 구원하시고, 하나님의 형상대로 회복하시기 위해 독생자를 포기하신 것이다. 구속의 사건은 하나님의 모험의 절정이다. 왜 하나님은 모험을 하시는 것일까? 폴 투르니에는 하나님의 모험 정신을 사랑에서 찾아낸다. 모험의 본능은 곧 사랑의 본능이라는 것이다.

> 성경의 위대한 계시는 하나님의 모든 모험의 의미가 사랑이라는 것이다. … 하나님은 사랑을 위해 세상을 창조하셨다. 하나님이 자기 형상대로 사람을 지으신 것은 사랑을 위해서였다. 따라서 하나님은 사람을 사랑의 짝으로 삼으셨으며, 대화하고 아들처럼 사랑할 대상을 만드셨고, 응답하고 아버지처럼 자신을 사랑해 줄 수 있도록 만드셨다. 하나님이 인간의 자유를 존중해 주시는 것도 사랑 때문이다. 그래서 주님은 인간의 실수와 불순종의 엄청난 위험을 스스로 감수하시고, 그 대가를 친히 담당하셔서 십자가의 희생을 치르신 것이다. (폴 투르니에, 『모험으로 사는 인생』, IVP, 120쪽)

선교하는 것은 모험이다. 그런데 선교를 통해 놀라운 기쁨을 경험하게 된다. 그 이유는 선교는 사랑이 담긴 모험이기 때문이다. 모험의 기쁨은 바로 사랑의 기쁨이다. 모험에는 희생이 따르고, 그 희생은 바로 사랑을 위한 것이다. 고통스런 희생을 통해 비로소 생명이 태어난다. 그런 까닭에 우리는 희생을 하면서도 기뻐하는 것이다.

"선교가 없는 교회들에게는 모험이 없다. … 모험이 없으면 선교도 없다."(마이

클 프로스트 & 엘렌 허쉬, 『모험으로 나서는 믿음』, SFC, 248쪽)

예수님이 베드로를 선택하신 것은 모험이다. 예수님의 선교를 위한 모험이다. 예수님이 세상적으로 형편없는 제자들을 선택하신 것은 큰 모험이다. 하지만 예수님은 그 모험을 즐기셨다. 예수님이 그런 모험을 감수하신 것은 사랑 때문이다. 예수님은 제자들을 고난의 현장으로 보내신다. 큰 풍랑을 만나게 하신다. 바로 거기서 베드로는 놀라운 모험을 하게 된다.

> "베드로가 대답하여 이르되 주여 만일 주님이시거든 나를 명하사 물 위로 오라 하소서 하니"(마 14:28)

예수님은 베드로에게 "오라"고 명하신다. 그때 베드로가 물 위로 걸어서 예수님께 간, 인류 역사상 유일무이하게 인간이 바다 위를 걷는 놀라운 일이 벌어진 것이다.(마 14:29)

예수님은 베드로의 모험 본능을 부추기셨다. 베드로가 바다 위를 걷고 싶어 하는 모험을 기뻐하셨다. 예수님이 베드로를 수제자로 삼으신 것은 다른 제자보다 모험 본능이 강렬한 까닭이었다.

최악의 상황을 최선의 결과로

예수님은 오병이어의 기적을 일으키신 후에 제자들에게 배를 타고 건너편으로 앞서 가게 하셨다. 제자들은 예수님의 명령을 따라 배를 타고 갈릴리 바다를 건너는 중에 풍랑을 만난 것이다.(마 14:24)

요한복음은 큰 바람이 불어 파도가 일어났다고 기록하고 있다.(요 6:18) 예수님의 말씀에 순종했는데 고난이 찾아온 것이다. 사람들은 순종만 하면 모든 문제가 잘 풀리고 고난이나 역경이 없을 것으로 생각한다. 하지만 그렇지 않다. 하나님은 순종하는 사람들에게 큰 복도 주시지만 고난과 역경도 허락하신다. 큰 복은 신비롭게도 큰 고난과 함께 찾아온다. 사람들은 고난의 신비를 잘 알 수 없다. 다만 하나님이 쓰시는 사람들에게 고난을 허락하신 이유를 성경을 통해서나마 조금 깨닫게 된다. 고난을 통해 하나님은 당신의 사람들을 만드신다.

> 나는 가장 큰 역경을 거친 사람을 하나님이 가장 크게 쓰신다고 확신한다. 싫어도 이것이 어쩔 수 없는 현실이다. 역경을 거쳐야 하나님을 제대로 섬길 수 있다. (마크 배터슨, 『극복』, 두란노, 102쪽)

예수님은 죽기까지 순종하신 주님이시다. 하지만 예수님은 가장 큰 고난을 받으신 분이다. 그래서 고난은 신비에 속한다. 예수님은 무엇을 위해 기도하셨을까? 예수님은 누구를 위해 기도하셨을까? 예수님은 제자들을 위해 중보하셨을 것이다. 또한 예수님은 기도하시면서 제자들이 고난받는 것을 보셨다. 그들의 고난이 극심해졌을 때 예수님은 급히 바다 위를 걸어서 고난 중에 있는 제자들을 구하기 위해 찾아오셨다.(마 14:25)

밤 사경은 새벽 3시에서 6시 사이를 의미한다. 가장 깜깜한 밤에 예수님이 제자들을 찾아오신다. 우리 역시 인생의 어두운 밤을 통과할 때가 있을 것이다. 그 어두운 밤은 고난의 밤이다. 아무리 노력해도 해결되지 않는 문제를 가지고 씨름하는 밤이다. 제자들은 갈릴리 바다를 누구보다 잘 안다. 베드로와 안드레, 야고보, 요한은 어부들 중에서도 가장 탁월한 어부였다.

안전을 버리고 모험을

하지만 갑자기 찾아온 풍랑에는 속수무책이었다. 고난은 그렇게 우리 각자를 찾아온다. 예수님은 제자들을 고난의 현장으로 보내셔서 놀라운 가르침을 주고 싶어 하셨다.

예수님은 우리가 고난당하는 것을 보실 때 중보해 주신다. 고난의 절정의 순간에 예수님은 급히 찾아오신다. 예수님이 얼마나 급하셨으면 평소에 잘하지 않는 일을 하셨다. 바다 위로 걸어서 제자들에게 찾아오신 것이다. 제자들은 깜깜한 밤에 바다 위를 걸어오는 예수님을 보고 유령으로 알았다. 무서워하며 소리를 질렀다. "제자들이 그가 바다 위로 걸어오심을 보고 놀라 유령이라 하며 무서워하여 소리 지르거늘"(마 14:26)

예수님이 즉시 그들을 안심시킨다. "두려워하지 말라"고 말씀하신다.(마 14:27) 하지만 우리는 인간이기에 큰 풍랑을 만나거나 고난이 찾아오면 두려워하지 않을 수 없을 것이다. 하나님은 두려워하지 말라고 자주 말씀하신다. 왜냐하면 두려움은 무력하게 만들기 때문이다. 두려움은 성도로 하여금 멈춰 서게 만들기 때문이다. 두려움은 모험하지 못하게 만들기 때문이다. 하나님은 모세가 죽은 후에 두려워하는 여호수아에게 거듭 두려워하지 말고 놀라지 말라고 말씀한다.

> "내가 네게 명령한 것이 아니냐 강하고 담대하라 두려워하지 말며 놀라지 말라 네가 어디로 가든지 네 하나님 여호와가 너와 함께 하느니라 하시니라"(수 1:9)

왜 여호수아에게 두려워하지 말라고 말씀하시는 것일까? 두려워하면 가나안 땅을 정복할 수 없기 때문이다. 두려워하면 전쟁에서 승리할 수 없기 때문이다. 두려워하면 과업을 성취할 수 없기 때문이다. 하나님은 여호수아에게 두려워하지 말고 강하고 극히 담대하라고 말씀하신다.

베드로가 다른 제자들과 다른 점은 요동치는 파도 위로 걸어오신 예수님께 자기도 바다 위를 걷도록 해 달라고 부탁한 것이다. "베드로가 대답하여 이르되 주여 만일 주님이시거든 나를 명하사 물 위로 오라 하소서 하니"(마 14:28)

배 안은 안전하다. 반면에 배 밖은 위험하다. 하지만 배 안에 있으면 바다 위를 걸을 수가 없다. 바다 위를 걷기 위해서는 모험해야 한다. 예수님은 베드로의 간구를 들어 주신다.(마 14:29)

놀라운 광경이다. 베드로가 물 위로 걸어서 예수님께로 가고 있다. 인류역사상 평범한 인간이 바다 위를 걸은 것은 처음이다. 모세는 홍해가 갈라진 후에 홍해를 건넜다. 엘리야가 그의 겉옷으로 요단강 물을 쳤을 때 물이 이리저리 갈라졌다. 그때 엘리야와 엘리사는 마른 땅 위로 건넜다.(왕하 2:8)

성경에서 예수님과 베드로를 제외하고 어느 누구도 바다 위를 걸은 사람은 없다. 베드로는 정말 대단한 모험을 시도한 것이다. 예수님이 베드로에게 이런 모험을 허락하신 것은 그가 앞으로 선교 현장에서 도전해야 할모험들 때문이다. 그가 물 위를 걸을 수 있었던 것은 예수님의 말씀에 순종했기 때문이다. 그는 무모한 모험을 한 것이 아니다. 먼저 예수님께 분명히여쭈었다.(마 14:28)

예수님은 그에게 "오라"고 말씀하셨다. 그는 예수님의 말씀에 순종해서물 위를 걸었다. 베드로는 예수님을 만난 후에 예수님의 말씀의 능력을 서서히 경험하고 있었다. 그의 장모님의 열병이 예수님의 말씀으로 떠나가는것을 보았다. 그는 밤이 새도록 고기를 잡을 수 없었지만 예수님의 말씀에의지해서 그물을 내렸을 때 두 척의 배에 가득 찰 만큼 많은 고기를 잡을 수 있었다. 믿음이란 말씀에 순종하는 것이다. 믿음이란 말씀에 순종함으로 모험하는 것이다. 믿음으로 산다는 것은 모험하며 산다는 것이다.

왜 모험이 중요할까? 우리는 모험을 통해 우리 안에 감추어진 놀라운 잠재력을 발견할 수 있기 때문이다.

> 모험은 우리가 매일 매일 삶의 난관에 적용시켜야 할 태도이다. 우리는 날마다 새로운 도전과 직면하고, 새로운 기회를 붙잡으며, 미지의 세계에 맞서 우리의 역량을 점검한다. 그 과정에서 하나님의 백성으로서 우리 자신의 독특한 잠재력을 발견하게 된다. (마이클 프로스트 & 엘렌 허쉬,『모험으로 나서는 믿음』, SFC, 42쪽)

베드로는 물 위를 걸으면서 일생일대에 결코 잊을 수 없는 경험을 하게 된다. 그 경험은 그의 전 생애를 움직이는 강력한 능력이 된다. 아름다운 추억이 된다. 힘든 일을 만날 때마다 그 난관을 돌파하는 거룩한 능력이 된다.

믿음으로 모험할 때 각자 안에 감추어진 놀라운 잠재력을 발견하게 된다. 우리 안에는 두 가지 본능이 모두 들어 있을 것이다. 하나는 안전본능이고, 다른 하나는 모험본능이다. 당신은 두 가지 본능 사이에서 씨름한다. 배 안에만 있으면 안전하다. 하지만 배 안에만 있으면 결코 바다 위를 걸을 수 없다. 바다 위를 걸어본 경험이 왜 중요할까? 바다 위를 걸어본 경험을 통해 우리는 더 놀라운 모험에 도전할 수 있기 때문이다.

베드로는 물 위를 걸으면서 그 안에 있는 잠재력만 발견한 것이 아니다. 그로 하여금 바다 위로 걸어오라고 명하신 예수님의 놀라운 능력을 발견했다. 배 밖으로 나간 베드로는 다른 사람이 되었다. 배 밖으로 나가기 전의 베드로는 배 밖으로 나가서 물 위를 걸어본 경험을 통해 전혀 다른 베드로로 변화되었다. 예수님을 향한 그의 태도, 예수님을 향한 그의 신뢰는 이전과 확연히 달라졌다. 예수님은 바다 위를 걸으실 뿐만 아니라 베드로를 바다 위로 걷도록 도와주신 전능하신 하나님이다.

모험한다는 것은 당신이 가장 두려워하는 것에 도전한다는 것이다. 그리함으로 가장 두려워했던 순간을 가장 위대한 순간으로 바꾸는 것이다. 가장 무서운 이야기를 가장 재미있는 이야기로 바꾸는 것이다. 다윗이 골리앗 앞에 섰을 때, 그는 온 이스라엘이 가장 두려워하는 존재에 도전한 것이다. 그것은 일생일대의 모험이었다. 다윗은 골리앗을 쓰러뜨리는 모험을 감수함으로 가장 두려운 순간을 가장 위대한 순간으로 바꾸었다. 온 이스라엘 사람들이 가장 무서워하는 이야기를 가장 흥미진진한 이야기로 바꾸었다.

하나님을 신뢰함으로 모험할 때 하나님은 최악의 상황을 최고의 상황으로 바꾸어 주신다. 하나님은 최악의 날을 최선의 날로 바꾸어 주신다. 우리가 믿음으로 모험할 때 하나님은 가장 위험한 사건을 가장 영광스러운 사건으로 바꾸어 주신다.

실패를 통해 배우는 것들

베드로는 물 위를 걸어가다가 바람을 보고 무서워서 물에 빠져 들어가고 말았다. 그의 승리의 기쁨은 오래 가지 못했다. 그는 물속에 빠져 들어가는 실패를 경험했다. 그는 예수님께 구원해 달라고 소리를 질렀다.(마 14:30) 예수님이 즉시 손을 내밀어 그를 붙잡아 주셨다. 예수님은 그를 붙잡

안전을 버리고 모험을

아 주면서 "왜 의심하였느냐"고 안타깝게 물으셨다.(마 14:31)

베드로가 예수님을 바라보며 물 위를 걸을 때 그의 믿음은 강했다. 하지만 그가 바람을 보고 무서워하는 순간 그의 믿음은 작아졌다. 그가 바람을 보는 순간 의심이 그를 엄습했다. 왜 베드로는 바다 위를 계속 걷지 못하고 물속에 빠져 들어갔을까? 그의 실패의 원인은 무엇일까?

예수님을 바라보지 않고 환경을 바라볼 때 믿음은 약해진다. 문제는 시각에 있다. 누구를 바라보며, 어디를 바라보느냐에 있다. 그가 바람을 바라보고, 큰 파도를 바라보는 순간 그에게 의심이 엄습해 왔다. 예수님을 바라볼 때 그는 자신을 의식하지 않았다. 하지만 그가 바람을 바라보는 순간 유한한 자신을 바라보게 되었다. 그는 스스로 바다 위를 걸을 수 없는 존재인데 바다 위를 걷고 있다고 생각하게 되었다. 예수님 의식이 아닌 자의식이 그를 물에 빠져들게 만들었다. 자신이 누구인가를 아는 것과 자신을 잘 성찰하는 것은 너무나 중요하다. 하지만 더 중요한 것이 있다. 예수님이 어떤 분이신지 그 예수님을 깊이 묵상하는 것이다.

만약 베드로가 계속해서 예수님을 바라보고, 예수님께 나아갔다면 그는 계속해서 바다 위를 걸을 수 있었을 것이다. 상황이 달라진 것이 아니다. 풍랑은 여전히 강했다. 물결도 거세었다. 그가 예수님을 바라보는 동안에는 환경이 문제가 되지 않았다. 그런데 그가 눈을 예수님한테서 떼어 사나운 폭풍으로 돌리는 순간 문제가 일어났다.

예수님은 베드로가 실패했을 때 즉시 그를 붙잡아 주셨다. 그와 함께 배 안으로 들어가셨다. 나는 그 순간 베드로가 예수님과 함께 다시 한 번 바다 위를 걸으셨다고 생각한다. 예수님은 베드로와 함께 바다 위에서 배로 올라오셨다. 물에 빠졌던 그는 다시 예수님의 손을 붙잡고 물 위로 올라와서 예수님과 함께 물 위를 걸어 배에 올라탔던 것이다.

"배에 함께 오르매 바람이 그치는지라"(마 14:32)

예수님은 베드로의 실패를 통해 교훈하신다. 예수님은 실패를 통해 시각의 중요성을 가르치신다. 예수님은 실패를 통해 믿음의 중요성을 가르치신다. 예수님은 실패를 통해 의심을 정복하는 믿음의 중요성을 가르치신다.

의심은 죄가 아니다. 누구나 의심할 수 있다. 하지만 예수님은 의심을 정복하기를 원하신다. 의심은 두려움을 낳기 때문이다. 반면에 믿음은 우리를 강하고 담대하게 만들기 때문이다. 사도 베드로는 그의 서신에서 믿음을 강조한다. "너희 믿음의 확실함은 불로 연단하여도 없어질 금보다 더 귀하여 예수 그리스도께서 나타나실 때에 칭찬과 영광과 존귀를 얻게 할 것이니라"(벧전 1:7). "성경에 기록되었으되 보라 내가 택한 보배로운 모퉁잇돌을 시온에 두노니 그를 믿는 자는 부끄러움을 당하지 아니하리라 하였으니"(벧전 2:6)

그는 신앙의 집을 건축할 때 가장 중요한 것이 믿음임을 강조하고 있다. 예수님은 베드로가 실패할 때 그를 즉시 붙잡아 주셨다. 베드로는 이 사건을 통해 예수님을 더욱 신뢰하게 되었다. 그는 예수님이 자신이 실패할 때 자신을 버리지 아니하시고, 자신을 더욱 붙잡아 주신다는 사실을 경험했다. 자신이 가장 필요할 때 곁에서 자신을 도와주신다는 사실을 경험했다.

예수님은 베드로의 약한 믿음을 책망하시기보다 안타까워하셨다. 예수님은 베드로 안에 감추어진 믿음의 무한한 가능성을 보고 기뻐하셨다. 바다 위를 걸을 수 있다는 믿음을 보고 기뻐하셨다. 비록 바람을 보고 물에 빠졌지만 예수님은 그의 믿음을, 그의 모험 정신을 소중히 여기셨다.

안전을 버리고 모험을

누가 진짜 실패자인가?

이 사건에서 진짜 실패자는 누구일까? 바로 배 안에 있던 제자들이다. 배 안에 있던 제자들은 안전했다. 물에 빠지지 않았다. 하지만 그들은 베드로처럼 바다 위를 걸어보지 못했다. 존 오트버그가 이 점을 잘 지적하고 있다.

> 베드로는 실패했다. 그러나 나는 열한 명의 더 큰 실패자가 배 안에 앉아 있었다고 생각한다. 그들은 조용히 실패했다. 남몰래 실패했다. 그들의 실패는 주목받지도, 관찰되지도, 비판받지도 않았다. … 최악의 실패는 물속으로 가라앉는 것이 아니다. 결코 배 밖으로 나가지 않는 것이다. (존 오트버그, 『단순하게 믿으라』, 두란노, 21-22쪽)

모험하는 인생을 살고 있는 마크 배터슨도 다음과 같이 도전하고 있다.

> 안전하고 편안한 배 안에 앉아 있는 자들은 베드로를 뭐라 할 자격이 없다. 나는 세상에 두 가지 종류의 사람이 있다고 생각한다. 하나는 모험가이고 다른 하나는 비판자이다. 과감히 배 밖으로 발을 내딛어 물 위를 걷는 사람이 있는가 하면, 배 안에 앉아 물 밖의 사람들을 비판만 하는 사람도 있다. 배 안에 가만히 앉아 있느니 배 밖에서 가라앉는 편이 훨씬 낫다. 우리가 죽기 전에 가장 후회할 일은 하나님이 주신 모험의 기회를 놓친 것이 될 것이다. 물 위를 걷다가 가라앉은 사람은 최소한 후회는 하지 않는다. (마크 배터슨, 『극복』, 두란노, 161쪽)

우리는 지속적으로 모험에 도전해야 한다. 비록 실패를 경험한다고 할지라도 말이다. 믿음으로 산다는 것은 철저히 모험으로 산다는 것을 의미한다. 모험으로 산다는 것은 모험하시는 하나님을 의지하며 산다는 것을 의미한다. 헬렌 켈러는 삼중고의 고통 속에 놀라운 업적을 남겼다. 그녀의 삶은 모험의 연속이었다. 모든 사람이 불가능하다고 생각하는 일에 도전하고 또 도전했다. 그녀는 우리에게 모험하는 삶을 살도록 도전한다.

"안전이란 대체로 우상과 같다. 본질적으로 안전은 존재하지 않으며, 인간의 후손들은 모두 안전을 경험하지 못한다. 위험을 피하려는 것은 정면으로 위험과 맞서는 것보다 안전하지 못하다. 인생은 대단한 모험이거나 아니면 아무것도 아니다."(헬렌 켈러, 『신앙의 권유(Let Us Have Faith)』)

실패를 두려워해서 아무 것도 하지 않는다면 비록 실패는 하지 않더라도 실패자가 되고 만다. 실패했다고 실패자가 되는 것은 결코 아니다. 실패를 통해 배우고, 실패를 통해 성장할 수 있다면 우리는 결코 실패자가 아니다. 실패는 우리를 성숙하게 만든다. 실패는 우리를 지혜롭게 만든다. 더욱더 나은 태도와 방법으로 새롭게 도전하게 만든다. 실패를 딛고 일어서는 것이 인생이다.

모험하는 인생을 살기 위해서는 믿음으로 작은 첫 발자국을 내딛는 것부터 시작해야 한다. 베드로가 바다 위를 걸을 수 있었던 것은 그의 발을 먼저 물에 적셨기 때문이다. 바다 위를 걷기 위해서는 먼저 작은 한 걸음을 바다 위로 내디뎌야 한다. 작은 시도, 작은 모험을 소홀히 여기지 않아야 한다. 다윗이 골리앗을 쓰러뜨릴 수 있었던 것은 그가 양들을 지키기 위해 어느 날 물맷돌을 들어 처음 연습을 시도한 데 있었다.

안전을 버리고 모험을

모험하는 인생을 살기 위해서는 소망을 품어야 한다. 소망이 있을 때 우리는 모험하게 된다. 베드로는 바다 위를 걷고 싶은 소망을 품었다. 약한 나를 강하게 만드는 것은 소망이다. 소망이 나를 강하게 한다. 소망이 나를 움직이게 한다. 소망이 모든 시련을 극복하게 만든다. 지친 몸을 다시 일으켜 세워 일터로 나가게 만드는 힘은 소망이다.

> 미켈란젤로가 시스티나 성당의 천장화를 그릴 때, 너무 힘들어 그만두려고 했다. 시스티나 성당을 땅거미가 완전히 덮으면, 미켈란젤로는 지치고 쑤신 몸을 이끌고 회의에 차서 사다리를 밟고 발판에서 내려왔다. 쓸쓸한 저녁을 먹은 후 고달픈 몸으로 시를 지었다. 마지막 행은 이러했다. "나는 화가도 아니다." 그러나 해가 다시 떠오르면 미켈란젤로는 침상에서 일어나 다시 발판으로 올라가서, 창조주에 대한 장엄한 환상에 하루 종일 다시금 몰두했다. 그가 다시 사다리를 올라가도록 만드는 것은 무엇인가? 소망이다.(존 오트버그, 『단순하게 믿으라』, 두란노, 154-155쪽)

소망을 품으라. 소망의 하나님을 바라보라. 하나님은 소망의 하나님이시다. 모든 소망을 하나님께 두라. 그때 우리는 비로소 승리할 수 있다.

베드로가 바다 위를 걷는 모험을 할 수 있었던 것은 예수님을 향한 믿음이 있었기 때문이다. 예수님이 그가 간구하는 것을 응답해 주실 거라는 소망이 있었기 때문이다. 믿음과 소망과 함께 강력하게 움직였던 것은 사랑이다.

모험하는 인생을 살기 위해서는 강렬한 사랑을 품어야 한다. 베드로는 자신이 고난 중에 있을 때 예수님이 급히 바다 위로 걸어오셔서 자신을 비롯한 제자들을 구원해 주시는 사랑을 느꼈다. 그는 바다 위를 걸을 수 있다고 믿어주시는 예수님의 사랑 때문에 모험할 수 있었다. 그에게 중요한 것은 성공도 실패도 아니었다. 그에게 중요한 것은 사랑이었다. 성공도 실패도 잠깐이다. 하지만 사랑은 영원하다. 성공과 실패보다 더 소중한 것은 사랑이다.

예수님이 베드로와 함께 배에 오르자 배 안에 있던 제자들이 예수님께 절하며 놀라운 신앙을 고백한다. "배에 있는 사람들이 예수께 절하며 이르되 진실로 하나님의 아들이로소이다 하더라"(마 14:33).

마태가 이 사건을 통해 하고 싶은 이야기는 무엇일까? 그것은 베드로의 이야기가 아니라 예수님의 이야기다. 예수님이 어떤 분이신가를 보여 주기 위해 마태는 이 이야기를 기록했다. 그가 증거하는 예수님은 어떤 분인가? 예수님은 바다 위를 걸어오시는 하나님이시다. 예수님은 모든 만물을 통치하시는 자존하신 하나님이시다. 제자들이 유령인 줄 알고 두려워할 때 예수님이 하신 말씀은 아주 중요하다. "예수께서 즉시 이르시되 안심하라 나니 두려워하지 말라"(마 14:27).

예수님이 말씀하신 '나니'라는 표현은 원어에 '에고 에이미'로 나와 있다. 영어로는 'I am'이라는 표현이다. 이 표현은 모세가 가시떨기나무에서 하나님을 만났을 때 "하나님, 당신의 이름은 무엇입니까?"라고 여쭈었을 때 주신 이름이다. "나는 스스로 있는 자이니라(I am who I am)"(출 3:14).

이 이름은 한마디로 요약하면 "나다"이다. "나는 스스로 존재하는 하나님이다"라는 뜻이다. 예수님이 제자들에게 "나니, 즉 나다"라고 말씀하셨을 때 그것은 충격적인 표현이었다. 예수님이 그들에게 "나는 유령이 아니다. 나는 자존하는 하나님이다"라고 말씀하신 것이기 때문이다. 바로 이 속에 복음이 담겨 있다. 고난 중에 찾아오시는 예수님은 하나님이시다. 곧 그 분은 하나님의 아들이시다. 제자들이 예수님께 고백한 것을 보라. "진실로 하나님의 아들이로소이다"(마 14:33).

예수님은 제자들이 경배할 때 그 경배를 사양하거나 물리치지 않으셨다. 예수님은 경배를 받으시기에 합당하신 분이다. 예수님은 바다를 만드시고, 파도를 다스리시고, 바람을 잠잠케 하시는 분이기 때문이다. 예수님은 우리의 구원자이시기 때문이다. 예수님은 베드로가 물속에 빠져 있을 때 그를 물속에서 건져내셨다. 우리는 하나님의 능력을 어디서 경험할 수 있겠는가? 배 안에서가 아니다. 풍랑이는 바다 속에서다.

깊은 묵상으로

나의 삶의 목적은 성공인가 사명인가?

나에게 예기치 않은 고난이 찾아온 적이 있는가?
왜 그랬다고 생각하는가?

나의 인생에 닥치는 모험은 어떤 것인가? 나는 그러한
모험에 어떻게 반응하는가?

06

질문과 칭찬

마 16:13-20

찬양과 칭찬은 비슷하다. 그 대상에 따라 찬양이라고도 칭찬이라고도 부른다. 사람은 칭찬하고, 하나님은 찬양한다. 우리가 하나님을 찬양하는 것은 사실은 하나님을 칭찬해 드리는 것이다.

질문과 칭찬

•

    하나님이 지금 나에게 질문을 하신다면 무엇을 물으실까? 반대로 내가 하나님께 질문을 한다면 무엇을 여쭐까?

    마태복음 16장엔 예수님이 제자들과 질문을 주고받는 내용이 담겨 있다. 예수님은 질문을 통해 제자들을 가르치신다. "예수께서 빌립보 가이사랴 지방에 이르러 제자들에게 물어 이르시되 사람들이 인자를 누구라 하느냐"(마 16:13).

    제자들의 대답을 들으신 예수님께서 이제 "너희는 나를 누구라 하느냐"고 물으신다.(마 16:15) 이 질문에 시몬 베드로가 놀라운 대답을 한다.

> "시몬 베드로가 대답하여 이르되 주는 그리스도시요 살아 계신 하나님의 아들이시니이다"(마 16:16)

베드로의 대답을 들으신 예수님이 너무 기뻐하신다. "예수께서 대답하여 이르시되 바요나 시몬아 네가 복이 있도다 이를 네게 알게 한 이는 혈육이 아니요 하늘에 계신 내 아버지시니라"(마 16:17).

예수님은 질문하신 뒤 베드로가 그 질문에 잘 대답하는 것을 보고는 너무 기뻐하신다. 예수님과 베드로가 주고받는 질문과 대답 속에서 소중한 교훈을 배우게 된다.

하나님은 질문을 좋아하신다

하나님은 해답을 주시기보다 질문하시는 것을 더 좋아하신다. 성경을 읽어보면 하나님의 질문하시는 언어들을 접할 수 있다. 아담아, 네가 어디 있느냐, 네 아우가 어디 있느냐, 누가 우리를 위해 갈꼬, 네가 어찌하여 여기 있느냐, 네 이름이 무엇이냐, 여호와께 능치 못할 일이 있겠느냐, 여호와의 손이 짧아졌느냐, 누가 강도 만난 자의 이웃이 되겠느냐….

하나님이 고난 속에서 고통 중에 있는 욥에게 찾아오셔서 질문하신다. 하나님이 폭풍우 가운데서 욥에게 물으신다. "그 때에 여호와께서 폭풍우 가운데에서 욥에게 일러 말씀하시되 너는 대장부처럼 허리를 묶고 내가 네게 묻겠으니 내게 대답할지니라"(욥 40:6,7).

하나님이 질문하시는 이유는 무엇일까? 생각하게 만들기 위해서다. 하나님은 인간을 생각하는 존재로 만드셨다. 질문은 생각하게 만든다. 질문은 우리의 지성을 자극한다. 질문은 잠자는 지성을 깨운다. 잠자는 지성을 깨워 생각하게 만든다. 우리의 지성은 질문을 통해 성장하고 확장된다. 생각할 수 있다는 것은 위대한 일이다.

모든 위대한 일들이 생각을 통해 시작된다. 작은 생각의 씨앗이 놀라운 미래를 창조한다. 무엇을 생각하고, 어떻게 생각하고, 생각을 어떻게 발전시키고 확장시키느냐에 따라 모든 것이 달라진다. 질문이 중요한 까닭은 질문을 통해 우리의 생각이 깊어지기 때문이다. 우리의 생각이 확장되기 때문이다. 질문을 통해 하나의 생각에 집중할 수 있기 때문이다. 집중된 생각은 놀라운 능력을 발휘한다.

자녀들과 제자들을 훌륭하게 키우기 위해서는 질문하고 질문받는 것을 좋아해야 한다. 또한 그들이 질문할 때 책망하지 말아야 한다. 질문할 때마다 칭찬해 주어야 한다. 질문을 계속하게 만드는 길은 질문할 때마다 "아주 좋은 질문이에요"라고 칭찬해 주는 것이다. 유대인들은 자녀들이 학교에 다녀오면 무엇을 배웠느냐고 묻지 않고, 무슨 질문을 했는지 묻는다고 한다. 우리는 자녀들이 질문하는 것이 귀찮으니까 자꾸 질문을 못하게 하는 경향이 있지 않은가. 그것은 바람직한 교육법이 아니다. 성경적인 교육법은 질문을 통해 생각하게 하는 것이다.

왜 하나님은 질문하시는 것일까? 당신의 생각을 알고 싶으신 까닭이다. 생각 속에 그 사람이 어떤 사람인가가 담겨 있다. "대저 그 마음의 생각이 어떠하면 그 위인도 그러한즉 그가 네게 먹고 마시라 할지라도 그의 마음은 너와 함께 하지 아니함이라"(잠 23:7). 사람의 변화라는 것은 마음의 생각이 변화된다는 뜻이다. 생각은 보이지 않지만 실재한다. 생각의 씨앗이 곧 현실이 된다. 한두 번의 생각이 현실이 되는 것은 아니다. 하지만 어떤 생각에 초점을 맞추어 반복해서 생각하면 놀라운 능력으로 나타난다. 생각이 언어가 되고, 언어가 행동을 창조해 낸다.

하나님은 우리에게 질문하신다. 하나님이 우리에게 질문하시는 이유는 우리 각자가 얼마나 성장했는지 알고 싶으시기 때문이다. 무엇보다 내가 하나님에 대해 어떤 생각을 가지고 있는지 알고 싶으신 것이다. 우리의 인생은 우리가 누구인가를 아는 것보다 우리가 믿는 하나님이 어떤 분이신가를 아는 것에 의해 결정된다. 하나님이 기뻐하시며, 하나님이 존귀케 사용하신 인물들은 한결같이 하나님에 대한 놀라운 지식을 소유했다.

기생 라합의 인생을 복되게 한 것은 그녀가 소유했던 하나님에 대한 지식 때문이다. 라합은 하나님께서 출애굽 사건을 통해 하신 일을 알고 있었다. 하나님이 위로는 하늘의 하나님이시며, 아래로는 땅의 하나님이심을 알았다.(수 2:10,11) 기생 라합은 하나님을 아는 지식 때문에 모험할 수 있는 용기를 가질 수 있었다. 목숨을 걸고 정탐꾼들을 살려 줄 수 있었다. 그녀는 하나님을 아는 지식 때문에 여리고 성이 멸망할 때 구원을 받았다. 그녀는 하나님을 아는 지식 때문에 예수님의 족보에 자신의 이름이 들어가는 영광을 누릴 수 있었다.

예수님이 제자들과 베드로에게 하신 질문은 성자 예수님에 관한 것이었다. 곧 성부, 성자, 성령 하나님 가운데 성자 예수님에 관한 질문이었다. 예수님은 광범위한 질문으로 시작해 점점 범위를 좁혀 질문하셨다. "사람들이 나를 누구라 하느냐?"라는 질문에서 "너희는 나를 누구라 하느냐?"라는 질문으로 그 범위를 좁히셨다. 그 질문에 답한 사람은 베드로였다. 베드로는 질문도 잘하고, 대답도 잘했다. 항상 앞장서서 무엇인가를 질문하고, 대답하고, 행동했다.

> "시몬 베드로가 대답하여 이르되 주는 그리스도시요 살아 계신 하나님의 아들이시니이다"(마 16:16)

하나님을 아는 지식

베드로가 예수님의 질문에 답했을 때 예수님은 무척 기뻐하셨다. 그리고 그를 향한 칭찬을 아끼지 않으셨다. 여기서 우리는 예수님이 언제 기뻐하시고, 무엇 때문에 기뻐하시는가를 살펴보는 것이 중요하다. 예수님은 베드로가 가진 당신에 대한 지식을 보면서 기뻐하고 칭찬하셨다.(마 16:17)

예수님이 베드로에게 "바요나 시몬아 네가 복이 있도다"라고 말씀하신다. 여기서 예수님은 베드로를 시몬이라고 부르신다. 예수님이 시몬이라는 이름을 사용하실 때 조금 더 친근한 느낌을 갖게 된다. 예수님이 베드로에게 "네가 복이 있도다"라는 말을 사용하실 때가 언제인지 주목해 보라. 예수님이 베드로에게뿐만 아니라 제자들에게 "너희에게 복이 있다"라고 표현하실 때를 주목해 보라. 왜냐하면 예수님이 아무 때나 그런 표현을 쓰지 않으시기 때문이다. 여기서 예수님이 베드로에게 복을 빌어 주시면서 하신 말씀을 잘 보라. "이를 네게 알게 한 이는 혈육이 아니요 하늘에 계신 내 아버지시니라"(마 16:17하).

베드로가 깨닫게 된 예수님에 대한 지식은 하늘에 계신 예수님의 아버지께로부터 왔다는 것이다. 이 사실이 왜 중요할까? 지금 예수님은 베드로에게서 거듭남의 표징을 찾으신 것이다. 예수님은 그를 찾아온 니고데모에게 거듭나야 한다고 말씀하셨다. "예수께서 대답하시되 진실로 진실로 네게 이르노니 사람이 물과 성령으로 나지 아니하면 하나님의 나라에 들어갈 수 없느니라"(요 3:5).

물과 성령으로 거듭나지 않으면 하나님의 나라를 볼 수도, 들어갈 수도 없다고 말씀하셨다. 우리는 두 번 태어나야 한다. 한 번은 부모님을 통해 태어난다. 혈육을 통해 태어나는 것이다. 이것은 육으로 태어나는 것이다.

다른 한 번은 성령님을 통해 태어난다. 영으로 태어나는 것이다. 하나님으로부터 태어나는 것이다. 육으로 난 것은 육이다. 이것은 혈육으로 태어나는 것이다. 영으로 난 것은 영이다. 이것은 성령님을 통해 거듭나는 것이다.

그렇다면 우리는 어떻게 거듭날 수 있을까? 어떻게 새롭게 태어날 수 있을까? 예수님을 믿고 예수님을 우리 각자의 마음에 영접할 때 말씀과 성령으로 거듭나게 된다. "영접하는 자 곧 그 이름을 믿는 자들에게는 하나님의 자녀가 되는 권세를 주셨으니 이는 혈통으로나 육정으로나 사람의 뜻으로 나지 아니하고 오직 하나님께로부터 난 자들이니라"(요 1:12,13).

오직 하나님께로부터 다시 태어난 경험을 하는 것이 거듭남의 은혜이다. 거듭나기 전에 우리는 육의 사람이었다. 그래서 육적인 것에 관심이 많다. 그런 사람은 육적인 것은 잘 이해한다. 하지만 영적인 것에는 관심이 없고, 잘 이해하지 못한다. 반면에 우리가 거듭나게 되면 성령님이 각자 안에 거하시게 된다. 그때 성령님을 통해 영적인 것을 깨닫게 된다. 무엇보다 하나님이 어떤 분이신가를 깨닫게 된다. 베드로는 거듭난 까닭에 성령님을 통해 예수님이 어떤 분이신가를 알 수 있었던 것이다.

성령님이 함께 하지 않으시면 신령한 세계를 알 수 없다. 하나님의 깊은 것을 알 수 없다. 반면에 성령님이 함께 하실 때 신령한 세계를 깨달을 수 있다. 하나님의 깊은 것을 깨달아 알 수 있다.

> "오직 하나님이 성령으로 이것을 우리에게 보이셨으니 성령은 모든 것 곧 하나님의 깊은 것까지도 통달하시느니라 사람의 일을 사람의 속에 있는 영 외에 누가 알리요 이와 같이 하나님의 일도 하나님의 영 외에는 아무도 알지 못하느니라"(고전 2:10,11)

질문과 칭찬

성경은 영적인 세계이다. 하나님이 누구신가를 아는 것도 영적인 일이다. 영적인 일은 영적으로 분별할 수 있다.(고전 2:13,14) 오직 성령님을 통해 분별할 수 있다. 예수님은 베드로가 거듭남의 열매를 드러내었을 때 참으로 기뻐하셨다. 이 거듭남의 비밀을 아는 사람들은 가족과 자녀들을 위해 기도할 때 거듭남을 위해 기도한다. 허드슨 테일러의 어머니는 사랑하는 아들의 거듭남을 위해 기도했다. 그녀가 기도할 때 하나님은 허드슨 테일러의 마음을 움직이셨다. 그 순간, 허드슨 테일러는 거듭남의 은혜를 받게 된다. 그날 이후로 그는 신령한 세계에 대한 관심을 갖게 된다. 하나님의 가장 큰 관심은 우리가 하나님을 아는 것이다.

하나님은 온 세상이 당신을 아는 지식으로 충만하길 원하신다. "내 거룩한 산 모든 곳에서 해 됨도 없고 상함도 없을 것이니 이는 물이 바다를 덮음 같이 여호와를 아는 지식이 세상에 충만할 것임이니라"(사 11:9).

우리가 영적으로 성장하는 첩경은 예수님을 믿고 예수님을 아는 것이다. 예수님을 알지 못하고서는 성장할 수가 없다. 예수님을 아는 것만큼 우리는 성장하게 된다.

예수님을 아는 것은 하나님의 은혜이다. 하나님이 우리 각자에게 하나님이 어떤 분이신가를 계시해 주실 때라야 비로소 우리는 하나님을 알 수 있다. 그것이 하나님의 은혜다. 그래서 베드로는 그의 서신에서 이렇게 기록하고 있다. "오직 우리 주 곧 구주 예수 그리스도의 은혜와 그를 아는 지식에서 자라 가라 영광이 이제와 영원한 날까지 그에게 있을지어다"(벧후 3:18).

하나님은 당신을 아는 지식을 당신을 갈망하는 사람에게 더해 주신다. 바울은 예수님을 알기를 갈망했다. 그는 예수님을 알기 위해 다른 모든 것들을 배설물로 여길 정도로 예수님을 아는 지식을 갈망했다.(빌 3:7,8)

찬송은 예수님을 춤추게 한다

예수님은 베드로가 예수님에 대한 신앙고백을 했을 때 즉각 칭찬해 주셨다. 이 칭찬은 베드로의 성장에 지대한 영향을 끼친다. 우리는 베드로를 통해 왜 칭찬이 중요하며, 언제 그리고 어떻게 칭찬해야 하는지를 배울 수 있다. 자녀를 키우고, 사람을 키울 때 칭찬은 사랑의 언어이며, 사랑의 예술이 된다. 칭찬의 비밀과 칭찬의 능력을 알게 되면 우리는 더욱 더 칭찬을 잘하게 된다.

예수님은 칭찬을 통해 그리스도를 아는 지식의 소중함을 가르치신다. 베드로가 예수님에 대한 신앙고백을 했을 때 예수님은 그를 칭찬해 주셨다. 그는 예수님의 칭찬을 받으면서 예수님이 무엇 때문에 칭찬하는가를 깨달았다. 그가 깨달은 것은 예수님에 대한 지식의 중요성이다. 그가 고백한 예수님에 대한 지식을 살펴보자. "시몬 베드로가 대답하여 이르되 주는 그리스도시요 살아 계신 하나님의 아들이시니이다"(마 16:16).

예수님은 그리스도시다. 그리스도란 '기름부음을 받은 자'라는 뜻이다. 히브리어로는 메시아다. 메시아가 헬라어로 번역될 때 그리스도라고 번역된 것이다. 구약에서 기름부음을 받는 세 종류의 사람이 있었다. 왕과 선지자와 제사장이다. 하나님은 왕과 선지자와 제사장에게 기름을 부으라고 명하셨다. 기름부음을 받은 자는 하나님과 그의 백성들 사이에서 하나님의 말씀을 전하는 사람이다. 하나님과 백성들 사이에서 중보하는 사람이다. 하나님을 대신해서 백성들을 섬기는 사람이다. 기름부음을 받은 자는 다리를 놓는 역할을 하는 사람이다. 가장 쉽게 이해하면 구원자다. 곤궁에 처한 백성들을 하나님의 도움을 받아 구원하는 사람이다. 그런 의미에서 구세주다.

예수님이 오셨지만 사람들은 여전히 메시아, 즉 그리스도를 기다리고 있었다. 그런데 안드레가 예수님을 만났을 때 그는 예수님이 그리스도이신 것을 깨달았다. 그래서 그의 형 베드로에게 가서 그리스도를 만났다고 말한다.(요 1:41)

구약에서 기름부음을 받은 자 가운데 왕과 선지자와 제사장의 역할을 모두 한 사람은 없었다. 하지만 예수님은 왕이시며, 선지자이시며, 또한 대제사장이 되신다. 그러므로 참으로 그리스도가 되신다.

우리가 구원을 받을 수 있는 길은 예수님을 그리스도라고 고백하는 것뿐이다. 사도들은 예수님이 그리스도라고 담대히 전했다. "뜻을 풀어 그리스도가 해를 받고 죽은 자 가운데서 다시 살아나야 할 것을 증언하고 이르되 내가 너희에게 전하는 이 예수가 곧 그리스도라 하니"(행 17:3)

예수님은 살아계신 하나님의 아들이시다. 베드로는 예수님을 그리스도시요, 살아 계신 하나님의 아들이라고 고백했다. 이 고백은 정말로 놀라운 것이다. 이 고백은 예수님이 하나님이라는 고백이다. 하나님의 아들은 곧 하나님이시다. 사자가 새끼를 낳으면 사자이고, 사람의 아들은 사람인 것처럼, 하나님의 아들은 하나님이시다. 하나님 아버지의 가장 큰 관심은 사람들이 예수님이 그리스도이신 것과 하나님의 아들이심을 믿는 것이다. 그것이 요한복음과 성경 전체가 기록된 목적이다.

"오직 이것을 기록함은 너희로 예수께서 하나님의 아들 그리스도이심을 믿게 하려 함이요 또 너희로 믿고 그 이름을 힘입어 생명을 얻게 하려 함이니라"(요 20:31)

예수님은 칭찬을 통해 잘 알고 있는 것을 더욱 잘 알도록 도와주신다.

칭찬은 놀라운 능력이다. 우리 각자는 칭찬을 통해 자신이 무엇을 잘 알고 있는가를 깨닫게 된다. 또한 칭찬을 통해 자신이 잘 알고 있는 것을 더욱 잘 알게 된다. 더 많이, 더 깊이 알게 된다. 때로는 그 분야의 지식에 통달하게 된다. 베드로는 예수님을 통해 자신이 예수님에 대한 지식을 올바로 알고 있다는 것을 깨닫게 된다. 그 후에 그는 더욱 예수님을 깊이 알아가게 된다.

베드로의 신앙고백을 들으신 후, 예수님은 놀라운 약속을 하신다. "또 내가 네게 이르노니 너는 베드로라 내가 이 반석 위에 내 교회를 세우리니 음부의 권세가 이기지 못하리라"(마 16:18).

베드로는 이 말씀을 듣고 예수님이 반석이심을 깨닫는다. 자신의 이름이 반석이지만 예수님이야말로 거대한 반석이심을 깨닫는다. 교회의 기초가 반석 되신 예수님임을 깨닫는다. 그가 쓴 베드로서신에 보면 예수님이 말씀하신 반석이 베드로 자신이 아니라 예수님이심을 분명히 알 수 있다.

> "사람에게는 버린 바가 되었으나 하나님께는 택하심을 입은 보배로운 산 돌 (the living stone)이신 예수께 나아가 너희도 산 돌같이 신령한 집으로 세워지고 예수 그리스도로 말미암아 하나님이 기쁘게 받으실 신령한 제사를 드릴 거룩한 제사장이 될지니라"(벧전 2:4,5)

그는 자신이 산 돌이 아니라 예수님만이 산 돌이라고 증거한다. 예수님만이 택함을 받으신 보배로운 모퉁잇돌이심을 증거한다. 또한 모퉁이의 머릿돌이 되심을 증거한다. 바울은 예수님이 반석이심을 강조한다. "다 같은 신령한 음료를 마셨으니 이는 그들을 따르는 신령한 반석으로부터 마셨으매 그 반석은 곧 그리스도시라"(고전 10:4).

질문과 칭찬

예수님이 교회를 세우시는 반석이시다. 교회는 반석 되시는 예수님 위에 세워졌다. 예수님만이 교회의 기초가 되신다.

베드로는 예수님께 받은 칭찬을 결코 잊을 수 없었다. 예수님의 칭찬을 통해 그는 눈이 열리는 걸 경험했다. 칭찬을 받으면 깨달음이 임하고, 눈이 열린다. 칭찬은 아부와 다르다. 칭찬은 잘하는 것을 잘한다고 말해주는 것이다. 아부는 나쁜 동기를 가지고 잘하지도 않는 것을 잘하는 것처럼 띄워주는 것이다.

탁월한 칭찬은 집중된 관심과 관찰을 통해 주어진다. 누군가를 칭찬하는 것은 쉽지 않다. 그것도 감동을 주고, 변화를 일으키는 칭찬을 주는 것은 어려운 일이다. 탁월한 칭찬을 위해서는 칭찬하는 대상에 대해 집중된 관심을 가져야 한다. 잘 관찰해야 한다. 그때 우리는 칭찬하고 싶은 대상이 잘하는 것을 발견할 수 있다. 칭찬은 거짓말이 아니다. 잘하는 것을 발견해서 잘한다고 말해 주는 것이 칭찬이다.

칭찬을 받으면 달라지는 것

그렇다면 칭찬을 받으면 어떤 일이 벌어질까? 칭찬을 통해 자신이 무엇을 잘 알고 있는지를 인식할 수 있다. 칭찬을 통해 자신이 무엇을 잘하는지를 알 수 있다. 칭찬을 통해 자신의 장점이 무엇인지를 알 수 있다.

사람들은 늘 자신 없이 살아간다. 대부분의 사람들은 열등의식 속에 살아간다. 자신이 무엇을 잘하는지, 무엇을 잘할 수 있는지 모른다. 그런 까닭에 칭찬을 들으면 당황해한다. 실제 자신 같지 않기 때문이다. 우리 각자에겐 진심어린 칭찬이 필요하다. 누군가의 칭찬을 통해 나의 진면모를 발견할 수 있기 때문이다. 또한 내 안에 있는 무한한 잠재력을 발견할 수 있기 때문이다.

우리는 자신이 하는 일에 늘 자신없어 하는 경향이 있다. 때로는 아주 탁월한 인물들도 그런 생각 속에 살아가는 것을 볼 수 있다. 그런 까닭에 모든 사람은 칭찬과 격려를 필요로 한다. 우리는 늘 자신이 없기 때문에 어떤 결과가 쉽게 나오지 않으면 그만두고 싶어한다. 하지만 자신이 신뢰할 만한 사람으로부터 칭찬을 듣게 되면 자신이 하고 있는 일을 지속하게 된다. 어떤 일이든지 지속하는 것이 중요하다. 우리가 하는 일을 지속하기 위해서는 칭찬이 필요하다.

'1만 시간의 법칙'에 대해 들어 보았을 것이다. 한 가지를 집중해서 10년을 하거나 1만 시간을 행하게 되면 탁월함의 경지에 이른다는 것이다. 이 법칙을 알지만 이 법칙을 삶 속에 적용하는 것은 쉽지 않다. 어떻게 1만 시간 동안 하던 일을 지속해서 할 수 있을까? 그것은 칭찬 때문이다. 1만 시간 동안 반복해서 어떤 일을 지속하려면 반드시 칭찬이 필요하다. 또한 자신이 하고 있는 일에 의미를 부여할 줄 알아야 한다. 그럴 때 중요하다고 생각하는 것을 지속할 수 있다.

칭찬은 기계가 계속 잘 돌아가도록 기름을 쳐 주는 것과 같다. 물론 다른 사람의 칭찬에 지나치게 의존해서는 안 된다. 칭찬이 없다고 아무 것도 하지 못하는 사람이 되어서는 안 된다. 우리는 칭찬을 따라 사는 것이 아니라 사명을 따라 살아야 한다. 가장 중요한 칭찬은 하나님으로부터 온다. 그렇다고 해서 칭찬을 무시하거나 칭찬을 과소평가해서는 안 된다. 칭찬을 과소평가하는 사람은 인간이 얼마나 연약한 존재이며, 인간이 얼마나 인정과 칭찬, 격려와 위로가 필요한 존재임을 모르는 사람이다.

가끔 칭찬받을 만한 사람이 별로 없다고 말하는 분들을 만난다. 그렇

질문과 칭찬

지 않다. 칭찬할 만한 것이 보이지 않는 것이 아니라 사랑이 없거나 식은 것이다. 사랑하면 칭찬할 만한 것이 보인다. 작은 미소 하나, 눈웃음 하나, 걸어가는 모습까지도 다 사랑스러워 보인다. 사랑할수록 많이 보인다. 남이 볼 수 없는 것까지 보인다. 예수님은 베드로를 사랑했고, 베드로는 예수님을 사랑했다. 그런 까닭에 예수님은 베드로를 칭찬했고, 베드로는 예수님을 찬양했다.

칭찬할 때 중요한 것은 적합한 타이밍이다. 적합한 표현이다. "경우에 합당한 말은 아로새긴 은 쟁반에 금 사과니라"(잠 25:11).

칭찬은 사석과 공석에서 모두 해 줄 때 큰 효과가 있다. 어떤 사람은 개인적으로 있을 때는 칭찬을 해주는데 사람들이 많이 모인 자리에서는 잘 해주지 않는다. 또한 어떤 사람은 개인적으로 만날 때 칭찬을 해주지 않다가 공적인 자리에서는 잘 해준다. 그렇게 되면 혼돈을 가져온다. 가능하면 사적인 자리와 공적인 자리에서 일관성 있게 칭찬해 주는 것이 좋다.

칭찬할 때는 결과보다 과정에 초점을 맞추는 것이 지혜롭다. 칭찬할 때는 성과보다 성품에 초점을 맞추는 것이 지혜롭다. 인정과 칭찬은 조금 차이가 있다.

> 인정(recognition)이 주로 성과나 목표 달성에 초점을 맞춘다면, 칭찬 (appreciation)은 개인의 가치에 초점을 맞춘다. … 인정이 그 사람이 한 일에 초점을 맞추는 반면, 칭찬은 그 사람의 존재에 초점을 두는 것이다. (게리 채프만·폴 화이트, 『5가지 칭찬의 언어』, 생명의말씀사, 125쪽)

한두 번의 칭찬보다 지속적인 칭찬이 더욱 효과적이다.

단 한 번의 격려로 세상이 변화되거나 동료의 삶이 달라지지는 않는다. 하지만 오랫동안 지속적으로 칭찬과 격려를 의미 있는 방법으로 전한다면 그 효과는 대단할 것이다. (게리 채프만·폴 화이트, 『5가지 칭찬의 언어』, 생명의 말씀사, 200쪽)

베드로가 예수님에 대해 신앙고백을 했을 때 사실은 예수님을 칭찬해 드린 것이다. 찬양과 칭찬은 비슷하다. 그 대상에 따라 찬양이라고도 칭찬이라고도 부른다. 사람은 칭찬하고, 하나님은 찬양한다. 우리가 하나님을 찬양하는 것은 사실은 하나님을 칭찬해 드리는 것이다.

찬양이란 하나님이 누구시며, 하나님이 행하신 일을 인정해 드리는 것이다. 찬양이란 하나님이 우리를 위해 행하신 일에 감사드리는 것이다. 찬양이란 하나님이 어떤 분이신지에 대해 구체적으로 칭찬해 드리는 것이다.

하나님이 가장 기뻐하시는 것은 하나님을 하나님으로 알아드리는 것이다. 하나님이 가장 슬퍼하시는 것은 자신을 몰라주는 것이다. 하나님의 가장 큰 분노는 우상을 만들어 놓고, 그것을 천지를 창조하시고, 우주를 통치하시는 하나님이라고 부르는 것이다. 하나님은 그를 존중하는 사람을 존중해 주신다. 그를 멸시하는 사람을 경멸하신다. 예수님은 자기를 몰라주는 사람들이나 멸시하는 사람들에게 자신을 알리기를 원치 않으신다.(마 16:20)

예수님은 자신을 존중하는 사람들에게 자신을 드러내 주신다. 그를 찬양하는 사람들에게 자신을 계시해 주신다. 베드로가 '예수님은 그리스도시요 살아계신 하나님의 아들'이라고 고백했을 때 그것은 예수님을 찬양하는 행위였다. 그때 예수님은 베드로에게 놀라운 선물을 허락해 주셨다. 그것은 베드로를 통해 예수님을 믿는 모든 사람에게 주신 선물이었다. 첫째는

질문과 칭찬

교회, 둘째는 천국열쇠였다.(마 16:18,19)

이 두 가지 선물은 정말 복된 선물이다. 예수님이 어떤 분이신가를 인정해 드릴 때 놀라운 선물이 덤으로 주어졌다. 여기서 놀라운 원리들을 계속해서 배우게 된다. 칭찬을 받으면 더 좋은 것을 내어 준다는 것이다. 이것이 칭찬의 능력이다. 사람은 칭찬을 받으면 더 좋은 것을 내어 준다. 칭찬을 받으면 더 많은 것을 내어 준다. 반면에 비난을 받으면 나쁜 것을 내어 준다. 계속해서 멸시를 받으면 나쁜 것을 더 많이 내어 준다. 사람은 비난과 멸시로 변화되지 않는다. 더욱 나빠지게 만들 뿐이다. 칭찬을 받는다는 것은 존중을 받는다는 것이다. 그 가치를 인정받는다는 뜻이다. 그 잠재력을 인정받는다는 것이다. 칭찬은 영혼의 산소며, 따뜻한 언어다. 칭찬은 사람을 세우고 키우는 언어다. 켄 블랜차드는 "칭찬은 고래도 춤추게 한다"고 말한다.

하나님은 찬양을 받으시면 놀라운 복을 부어 주시고, 놀라운 능력으로 보답해 주신다. 예수님이 누구에게 능력을 행하셨는지를 복음서에서 살펴보라. 한결같이 예수님께 나아와서 예수님이 다윗의 자손임을 고백했던 사람들이다. 예수님이 그리스도이심을 믿고 고백했던 사람들이다. 예수님이 능히 그들의 병을 고쳐주실 수 있다고 믿었던 사람들이다. 예수님이 왕이시며, 선지자시며, 제사장이심을 믿었던 사람들이다.

칭찬과 찬양은 좋은 것을 끌어오는 능력이다. 칭찬과 찬양은 더 크고 놀라운 복을 끌어오는 능력이다. 사람은 칭찬하고 하나님은 찬양한다. 예수님은 베드로가 놀라운 신앙고백을 했을 때 그를 칭찬해 주셨다. 그에게 그동안 한 번도 말씀하지 않으셨던 비밀을 알려 주셨다. 그것은 교회의 비밀, 천국 열쇠의 비밀, 십자가의 비밀이다.

마태가 이 사건을 통해 증거하고 싶은 것은 예수님이다. 예수님이 살아계신 하나님의 아들, 교회의 주인이심을 증거하고 있다. 예수님이 천국 열쇠를 가지시고, 또한 그 천국 열쇠를 믿는 사람들에게 주시는 분임을 증거하고 있다.

예수님을 인류의 모범이 되는 스승이나 성자라고 생각하는 분들이 있다. 하지만 그것은 예수님을 너무나 모르고 하는 말이다. 예수님은 그리스도시다. 하나님이시다. 인간의 찬양과 경배를 받으시기에 합당하신 분이다. 예수님은 우리의 구세주시다. 우리의 죄와 인생의 문제를 해결해 주시는 전능하신 하나님이시다. 예수님은 우리 각자로부터 그러한 칭찬을 기다리고 계신다.

깊은 묵상으로

하나님이 지금 나에게 질문하신다면 뭐라고 물으실 것 같은가?

내가 지금 하나님께 질문한다면 뭐라고 질문하겠는가?

하나님에 대해 내가 아는 것은 어떤 것들인가?

07

책망 받은 후

마 16:21-25

사랑으로 책망한다는 것은 함께 책임진다는 것을 의미한다. 하나님은
특별히 사랑하는 사람을 책망하신다. 그러므로 하나님의 책망을 받을
때 그것을 사랑으로 여기는 것이 지혜다.

책망 받은 후

●

　우리 각자가 모든 관심을 기울여 집중하는 일은 무엇인가? 예수님의 생애를 연구해 보면 예수님은 탁월한 전략가이심을 알 수 있다. 나는 리더십에 대해 공부를 하면서 전략에 관한 책을 많이 읽었다. 전략이란 집중이다. 가장 중요한 것에 집중하고, 가장 핵심적인 역량에 집중하는 것이 바로 전략의 비밀이다.

　예수님의 전략은 집중에 있다. 집중하기 위해서는 우선순위를 정해야 한다. 중요한 것에 지속적으로 집중하는 것, 그것이 중요하다. 많은 사람들은 산만하게 살아간다. 바쁘게 움직이는데 성과가 별로 없다. 많은 일을 하는데 두드러지게 드러나는 열매가 없다. 그 이유는 집중하지 않기 때문이다. 집중하는 법을 모르기 때문이다. 집중은 하지만 지속적으로 집중하는 법을 모르기 때문이다.

예수님은 세상의 모든 문제를 해결하기 위해 오신 것이 아니다. 세상의 가장 핵심적인 문제를 해결하기 위해 오신 것이다. 그것은 죄와 사망과 사탄이다. 그 뿌리는 죄에 있다. 그래서 예수님이 십자가를 지신 것이다. 십자가에서 피흘려 죽으심으로 우리의 죄를 사해 주셨다.

예수님은 십자가의 죽으심과 부활에 집중하셨다. 예수님의 생애는 바로 십자가와 부활에 초점을 맞춘 생애였다. 예수님은 그 일을 위해 오셨다. 복음 안에는 예수님의 십자가와 부활, 승천과 성령 강림, 재림이 담겨 있다. 그 복음을 온 세상에 전파하기 위해 열두 제자를 선택하셨다. 예수님은 그들을 3년 동안 집중해서 키우셨다. 가이사랴 빌립보 지방에서 예수님이 제자들에게 "너희는 나를 누구라 하느냐?"라고 질문을 하셨을 때는 제자들과 함께 시간을 보낸 지 3년째 되던 때이다. 예수님은 베드로의 신앙고백을 듣고서 처음으로 교회를 세우실 것을 언급하신다. 또한 천국 열쇠를 선물로 주신다. 그리고 비로소 십자가에 대해 말씀하신다.

> "이 때로부터 예수 그리스도께서 자기가 예루살렘에 올라가 장로들과 대제사장들과 서기관들에게 많은 고난을 받고 죽임을 당하고 제 삼일에 살아나야 할 것을 제자들에게 비로소 나타내시니"(마 16:21)

예수님은 제자들과 사람들에게 정보를 나눌 때도 아주 전략적이시다. 아무에게나, 아무 때나 소중한 정보를 나누시지 않는다. 그가 신뢰할 수 있는 소수에게 그리고 때가 충분히 찼을 때 소중한 정보를 나누셨다. 예수님은 제자들을 만나 처음부터 십자가에 대해 말씀하지 않으셨다. 만약 그랬다면 제자들은 일찍 주님을 떠났을지 모른다. 예수님은 제자들과 충분히 시간을 가진 뒤에 비로소 십자가의 비밀을 제자들에게 나타내셨다. 그런데 베드로의 반응이 의외였다. 예수님이 많은 고난을 받고 죽임을 당하고 제삼일에 살아나야 할 것을 말씀할 때 베드로는 예수님을 붙들고 고난의 길을 가지 못하게 한다. 이때 예수님이 베드로를 책망하신다. "사탄아 내 뒤로 물러가라 너는 나를 넘어지게 하는 자로다"(마 16:23). 베드로는 예수님의 책망을 통해 놀라운 깨달음을 얻는다.

우리는 이 사건을 통해 예수님이 누구를 책망하시고, 왜 책망하시고, 무엇을 책망하시고, 어떻게 책망하시고, 언제 책망하셨는지를 배울 것이다. 책망은 제자를 양육하는 데 필요하다. 핵심은 무엇을 책망하고, 무엇을 책망하지 않아야 하는 것을 배우는 것이다.

칭찬과 책망 사이에서

칭찬은 참 좋은 것이다. 칭찬은 나를 세우고, 나에게 힘을 더해 준다. 칭찬은 내가 잘하는 것을 깨닫게 해 준다. 어려운 일을 지속할 수 있도록 도와준다. 우리는 결코 칭찬의 능력과 중요성을 과소평가해서는 안 된다. 하지만 칭찬에는 위험이 따른다. 칭찬은 우리를 교만하게 할 수 있다. 그래서 잠언은 칭찬으로 사람을 단련한다고 말씀한다. "도가니로 은을, 풀무로 금을, 칭찬으로 사람을 단련하느니라"(잠 27:21).

칭찬을 받을 때 어떻게 반응하느냐가 우리가 어떤 사람인가를 말해 준다. 성숙한 사람은 칭찬을 받을 때 그 칭찬에 대해 감사하지만 그 칭찬을 오래 묵상하지는 않는다. 또한 칭찬을 받을 때 그 영광을 하나님께 돌린다. 왜냐하면 그가 칭찬을 받을 수 있는 것은 하나님의 은혜 때문이라고 믿기 때문이다. 어떤 것도 하나님의 도우심 없이는 이룰 수 없다는 것을 알기 때문이다. 성숙한 사람은 스스로 칭찬하는 것을 삼가라고 가르쳐 준다. 잠언은 지혜로운 사람은 스스로 칭찬하지 않는다고 말씀한다. "타인이 너를 칭찬하게 하고 네 입으로는 하지 말며 외인이 너를 칭찬하게 하고 네 입술로는 하지 말지니라"(잠 27:2).

하나님은 모든 사람에게 칭찬을 받으려고 하는 것은 위험하다고 말씀하신다. 하나님의 말씀대로 살게 되면 반드시 공격을 받는다. 하나님의 사랑을 받으면 시기를 받는다. 요셉이 아버지의 사랑을 받고 하나님의 사랑을 받았을 때 형제들로부터는 미움을 받았다. 예수님은 하나님 아버지께 칭찬을 받으셨다. 예수님을 존중하고 신뢰하는 사람들에게 칭찬을 받으셨다. 하지만 모든 사람에게 칭찬을 받지는 않으셨다.

우리는 그리스도인이다. 그런 까닭에 칭찬을 받는 차원도 조금은 달라야 한다. 세상적인 기준으로, 세상적인 가치관으로 칭찬을 받으려는 것보다 하나님의 말씀을 따라 칭찬을 받는 것이 좋다. 칭찬을 받을 때 무엇 때문에 칭찬을 받는지 생각해 봐야 한다. 예수님이 베드로에게 해주신 칭찬은 아주 좋은 칭찬이었다. 베드로가 예수님을 아는 지식, 즉 하나님을 아는 지식 가운데 성장하고 있음을 보여 주신 까닭이다.

마태복음 16장의 사건에서 베드로는 예수님의 칭찬을 받은 후에 곧 바로 큰 실수를 범한다. 예수님은 바로 그 자리에서 그를 책망하신다. 우리는 늘 깨어 있어야 한다. 칭찬을 받으면 감사를 표하라. 하지만 너무 그 칭찬을 묵상하지 말고, 하나님께 감사하라. 그리고 거듭 겸손히 자신이 있어야 할 자리에 있도록 하라. 사도 바울은 아주 소중한 권면을 남겼다. "그런즉 선 줄로 생각하는 자는 넘어질까 조심하라"(고전 10:12).

베드로는 예수님께 칭찬을 받은 후에 즉시 예수님이 십자가로 가는 길을 막았다. "베드로가 예수를 붙들고 항변하여 이르되 주여 그리 마옵소서 이 일이 결코 주께 미치지 아니하리이다"(마 16:22).

베드로는 예수님이 많은 고난을 받고 죽임을 당하신다는 것을 허락할 수가 없었다. 베드로의 사랑은 귀했지만 그 사랑은 하나님의 생각과는 다른 사랑이었다. 예수님은 즉시 그를 책망하셨다. "예수께서 돌이키시며 베드로에게 이르시되 사탄아 내 뒤로 물러가라 너는 나를 넘어지게 하는 자로다 네가 하나님의 일을 생각하지 아니하고 도리어 사람의 일을 생각하는도다 하시고"(마 16:23)

예수님은 베드로를 책망하신다. 베드로를 향해 "사탄아 내 뒤로 물러가라"고 말씀하신다. 칭찬이란 잘하는 것을 잘한다고 말하는 것이다. 그렇다면 책망이란 무엇일까? 책망이란 잘못한 것을 잘못했다고 말하는 것이다. 책망은 잘못된 길로 가는 사람을 바로잡아 올바른 길로 가도록 도와주는 것이다.

책망할 때는 하나님의 말씀에 근거해야 한다. 하나님의 말씀 속에 하나님의 생각이 담겨 있다. 하나님의 말씀 속에 하나님의 뜻이 담겨 있다. 하나님의 말씀 속에 하나님의 일이 담겨 있다. 예수님은 베드로에게 하나님의 일을 생각하지 않고 사람의 일을 생각한다고 책망하셨다. 예수님이 오신 가장 중요한 이유는 하나님의 뜻을 이루기 위해서다. 하나님의 뜻은 예수님이 십자가를 지심으로 인류를 구원하는 것이다.

책망을 통해 사람의 일보다 하나님의 일을 따를 수 있게 된다. 책망을 통해 나의 뜻과 생각을 내려놓고 하나님의 뜻과 생각을 추구할 수 있게 된다. 베드로는 짧은 순간에 가장 놀라운 칭찬과 가장 무서운 책망을 받는다. 그는 하나님 아버지께서 보내주신 성령님의 감동을 받아 예수님이 그리스도시며, 하나님의 아들이라고 증거했다. 그런데 바로 그 다음 순간에 사탄의 공격을 받아 예수님이 그리스도로서 걸어가야 할 십자가의 길을 막고 있다. 그는 이 사건을 통해 방심하면 언제든지 사탄의 공격과 미혹을 받을 수 있다는 사실을 깨닫는다. 그래서 그의 서신에서 늘 근신하고, 늘 깨어 있으라고 권면하고 있다.

> "근신하라 깨어라 너희 대적 마귀가 우는 사자 같이 두루 다니며 삼킬 자를 찾나니"(벧전 5:8)

책망은 성숙을

예수님은 제자들을 훈련하실 때 칭찬과 책망을 적절하게 조화를 이루게 하신다. 왜냐하면 사람에게는 칭찬과 책망이 모두 필요한 것을 아시기 때문이다. 예수님은 옥합을 깨뜨린 여인의 아름다운 섬김을 칭찬하셨다. 예수님은 선한 사마리아인의 비유를 통해 선행의 아름다움을 칭찬하셨다. 예수님은 가난한 과부가 드린 두 렙돈 헌금을 칭찬하셨다. 예수님은 달란트 비유를 통해 작은 일에 충성된 일꾼을 칭찬하셨다. 또한 예수님은 사랑하는 제자들이 잘못된 생각을 하거나, 잘못된 동기를 가지고 살아갈 때 그들을 책망하셨다.

야고보와 요한은 예수님의 나라가 임하실 때 그들을 예수님의 좌편과 우편에 앉게 해 달라고 부탁했다. 그때 예수님께서 그들의 잘못된 동기와 방향을 책망하시면서 올바른 가르침을 주셨다. 참된 제자의 삶은 섬김에 있다는 것이다.

> "예수께서 불러다가 이르시되 이방인의 집권자들이 그들을 임의로 주관하고

그 고관들이 그들에게 권세를 부리는 줄을 너희가 알거니와 너희 중에는 그렇지 않을지니 너희 중에 누구든지 크고자 하는 자는 너희를 섬기는 자가 되고 너희 중에 누구든지 으뜸이 되고자 하는 자는 모든 사람의 종이 되어야 하리라"(막 10:42-44)

예수님께서는 인자가 온 것은 섬기기 위해서라고 말씀하신다. 자기 목숨을 많은 사람의 대속물로 주러 왔다고 말씀하신다.(막 10:45) 우리는 칭찬과 책망의 적절한 조화를 통해 제자가 만들어짐을 깨달아야 한다. 나의 경험을 토대로 칭찬과 책망이 어떻게 사람을 양육하는 데 도움이 되는가를 정리해 봤다.

▶ 사람은 칭찬을 통해 성장하고, 책망을 통해 성숙케 된다.

▶ 사람은 칭찬을 받을 때 잘 자라게 되고, 책망을 통해 잘못된 것을 바로 잡게 된다.

▶ 사람은 칭찬을 통해 뻗어 나가게 되고, 책망을 통해 말씀에 깊이 뿌리를 내리게 된다.

▶ 사람은 칭찬을 통해 자신의 장점을 알게 되고, 책망을 통해 약점을 깨닫게 된다.

▶ 사람은 칭찬을 통해 역량을 쌓게 되고, 책망을 통해 깊이 있는 성품을 배양하게 된다.

▶ 사람은 칭찬을 통해 좋은 관계를 맺게 되고, 책망을 통해 내면을 성찰하게 된다.

▶ 사람은 칭찬을 통해 총명해지고, 책망을 통해 깊이 있는 사람이 된다.

예수님이 베드로를 책망하신 이유는 베드로를 더욱 성숙한 제자로 키우기 위해서였다. 아담의 원죄를 품고 태어난 인간은 본성이 악하다. 우리 인간은 하나님을 떠나 각기 제 길로 간다. 마땅히 걸어가야 할 길을 걷지 않는다. 우리가 거듭나야 하는 이유는 거듭나지 않으면 하나님의 성품을 우리 심성에 품지 못하기 때문이다. 거듭날 때만 하나님의 성품을 품는 자가 될 수 있다.

거듭난 후에도 각자에게 회개가 필요한 까닭은 우리 안에 여전히 남아 있는 육과 옛 사람 때문이다. 성도는 한 순간 천사가 되었다가 다른 한 순간 악마가 될 수도 있는 존재다. 한 순간 성령님의 감동을 받다가 한 순간 사탄의 미혹을 받을 수 있는 존재다. 그런 까닭에 잘못된 길로 갈 때 깨우쳐 돌이키도록 도와주는 사람이 반드시 필요하다. 우리가 성경을 읽는 이유는 잘못된 길로 갈 때 깨닫고 돌이키기 위해서다. "모든 성경은 하나님의 감동으로 된 것으로 교훈과 책망과 바르게 함과 의로 교육하기에 유익하니."(딤후 3:16)

성경은 나에게 교훈을 준다. 성경은 내가 잘못된 길로 갈 때 책망해서 바른 길로 가도록 도와준다. 또한 성경은 나를 의로 교육해 준다. 그리함으로 나는 성숙하게 된다. 그리함으로 모든 선한 일을 행할 능력을 구비하게 된다.(딤후 3:17)

예수님이 왜 베드로를 책망하셨으며, 무엇을 책망하셨는가를 주목해 보

라. 예수님은 베드로에게 자신이 고난을 받고 죽임을 당할 것을 말씀하셨다. 또한 제 삼일에 다시 살아나실 것을 말씀하셨다. "이 때로부터 예수 그리스도께서 자기가 예루살렘에 올라가 장로들과 대제사장들과 서기관들에게 많은 고난을 받고 죽임을 당하고 제삼일에 살아나야 할 것을 제자들에게 비로소 나타내시니"(마 16:21).

그런데 베드로는 예수님이 고난 당하는 것을 허락할 수 없다며 오히려 예수님을 책망했다. 영어 성경에 보면 베드로가 예수님을 붙들고 항변했다는 말씀을 예수님을 한쪽에 세우고 예수님을 책망(rebuke)했다고 번역했다. 베드로는 예수님이 십자가에서 고난을 받는 것을 막았다. 사랑처럼 보이지만 베드로의 사랑은 맹목적인 사랑이었다. "베드로가 예수를 붙들고 항변하여 이르되 주여 그리 마옵소서 이 일이 결코 주께 미치지 아니하리이다"(마 16:22).

그런 베드로를 예수님은 책망하신다. 예수님을 넘어지게 만들었다고 책망하신다. 하나님의 일을 생각하지 않고 사람의 일을 생각한다고 책망하신다. "예수께서 돌이키시며 베드로에게 이르시되 사탄아 내 뒤로 물러가라 너는 나를 넘어지게 하는 자로다 네가 하나님의 일을 생각하지 아니하고 도리어 사람의 일을 생각하는도다 하시고"(마 16:23)

이 말씀을 하신 후에 십자가에 대해 말씀하신다. "이에 예수께서 제자들에게 이르시되 누구든지 나를 따라오려거든 자기를 부인하고 자기 십자가를 지고 나를 따를 것이니라"(마 16:24).

예수님은 제자들에게 각자 자기 십자가를 지라는 말씀을 이 사건 이전에 주신 적이 있다. 예수님이 제자도를 가르치실 때 주신 말씀이다. "또 자기 십자가를 지고 나를 따르지 않는 자도 내게 합당하지 아니하니라"(마 10:38).

하지만 마태복음 16장은 그 배경이 조금 다르다. 비로소 자신이 많은 고난을 받고, 자신이 십자가를 지실 것을 말씀하신 것이다. 그런데 베드로가 예수님이 걸어가셔야 할 고난의 길, 십자가의 길을 막았던 것이다. 그때 예수님은 베드로를 책망하심으로 더욱 깊은 깨달음을 얻게 하신다. 그가 쓴 베드로전서와 후서는 고난에 대한 깊은 깨달음을 통해 우리를 깨우쳐 줄 것이다. 깨달음을 얻는 자만이 다른 사람을 깨우칠 수 있다. 여기서 예수님은 책망을 통해 베드로와 제자들 그리고 우리들에게 십자가의 중요성을 가르쳐 주신다. 예수님이 베드로를 칭찬하시면서 주신 선물이 교회와 천국 열쇠다. 하지만 십자가가 없이는 교회도 없고, 천국 열쇠도 능력을 발휘할 수 없다.

십자가가 없이는

예수님이 십자가에서 흘린 피로 교회가 세워졌다. 십자가 없이는 교회도 없다. 예수님은 베드로의 신앙고백을 들으시고, 처음으로 주님의 교회를 세우실 것을 언급하신다. 그리고 음부의 권세가 결코 교회를 이기지 못할 것이라고 말씀한다. "또 내가 네게 이르노니 너는 베드로라 내가 이 반석 위에 내 교회를 세우리니 음부의 권세가 이기지 못하리라"(마 16:18).

예수님이 교회를 세우시기 위해서는 반드시 십자가에서 피를 흘리셔야 한다. 왜냐하면 하나님은 예수님의 피를 통해 교회를 세우셨기 때문이다. "여러분은 자기를 위하여 또는 온 양 떼를 위하여 삼가라 성령이 그들 가운데 여러분을 감독자로 삼고 하나님이 자기 피로 사신 교회를 보살피게 하셨느니라"(행 20:28).

또한 예수님의 피가 옛 뱀 곧 마귀라고도 하는 사탄을 물리쳤다. 요한계시록 12장에 큰 용, 옛 뱀, 온 천하를 꾀는 자가 하늘에서 내어 쫓기는 모습이 나온다.(계 12:9) 그리고 이어서 그리스도의 권세가 나타난 것을 선포한다. 어린 양의 피가 사탄을 이겼다고 선포한다. "내가 또 들으니 하늘에 큰 음성이 있어 이르되 이제 우리 하나님의 구원과 능력과 나라와 또 그의 그리스도의 권세가 나타났으니 우리 형제들을 참소하던 자 곧 우리 하나님 앞에서 밤낮 참소하던 자가 쫓겨났고 또 우리 형제들이 어린 양의 피와 자기들이 증언하는 말씀으로써 그를 이겼으니 그들은 죽기까지 자기들의 생명을 아끼지 아니하였도다"(계 12:10,11).

예수님의 피가 옛 뱀, 곧 음부의 권세를 잠시 잡은 자를 물리친다. 또한 십자가에서 죽으시고 부활하신 그리스도의 권세가 옛 뱀의 머리를 친다. 그런 까닭에 음부의 권세와 사탄의 세력이 그리스도의 교회를 이길 수가 없다. 또한 예수님이 십자가에 죽으시고 부활하시고 승천하신 후에 오순절 성령 강림이 있었다. 초대 교회는 오순절 성령 강림과 함께 시작되었다. 예수님은 십자가에서 보혈만 흘려주신 것이 아니다. 성령님의 생수도 함께 부어 주신 것이다. 그런 까닭에 십자가가 없이는 교회가 세워질 수 없다.

예수님의 십자가를 통해 천국 열쇠는 그 능력을 나타낸다. 십자가가 없이는 천국 열쇠도 그 능력을 발휘할 수 없다. 예수님이 교회를 세우시겠다는 말씀과 함께 선물로 주신 것이 천국 열쇠다. 천국 열쇠는 단수가 아니라 복수다. 천국 열쇠들을 주신 것이다. 이 천국 열쇠는 매고 푸는 열쇠다. 하나는 매는 열쇠요, 또 다른 하나는 푸는 열쇠다. "내가 천국 열쇠를 네게 주리니 네가 땅에서 무엇이든지 매면 하늘에서도 매일 것이요 네가 땅에서 무엇이든지 풀면 하늘에서도 풀리라 하시고"(마 16:19)

이 천국 열쇠가 무엇일까? 학자마다 의견이 다르지만 나는 성경을 묵상하는 중에 천국 열쇠의 의미를 몇 가지로 깨달을 수 있었다.

첫째, 천국 열쇠는 죄인을 구원하는 복음의 열쇠다. 매고 푸는 모든 일은 복음에 달려 있다. 많은 사람들이 죄와 사망과 사탄의 노예가 되어 있다. 그들에게 매어 있는 것을 풀어 주어야 한다. 그들을 괴롭히는 사탄의 존재를 매어야 한다. 그리고 노예가 되어 살아가는 수많은 사람들을 복음의 열쇠로 풀어 주어야 한다. 특별히 사도 베드로는 복음의 문을 열어주는 역할을 한다. 예수님께서 승천하시기 전에 성령님이 임하시면 능력을 받고 예루살렘과 온 유대와 사마리아와 땅끝까지 내 증인이 되리라고 말씀하셨다.(행 1:8)

베드로는 오순절 마가의 다락방에서 성령 충만을 받은 후에 예루살렘과 온 유대와 사마리아에 복음을 전한다. 그리고 땅끝 사람이라고 할 수 있는 로마 군인인 백부장 고넬료에게 복음을 전한다. 그렇다면 이 복음이 무엇인가? 복음은 곧 그리스도이시다. 예수님의 십자가와 죽으심, 부활과 승천, 성령 강림 그리고 예수님의 다시 오심이 복음의 내용이다.

만약에 십자가가 없다면 복음은 유효하지 않다. 예수님이 십자가에 죽으심으로 그 피로 우리는 용서를 받는다. 용서를 받음으로 우리는 자유케 된다. 예수님이 십자가에 죽으심으로 성령님이 각자에게 충만히 임하게 된다. 반석이신 예수님이 십자가에서 깨어지심으로 우리에게 생수가 부어진다. 말씀의 생수, 보혈의 생수, 그리고 성령님의 생수가 부어진다. 그런 까닭에 예수님은 십자가에서 반드시 죽으셔야만 했다.

둘째, 천국 열쇠는 기도의 열쇠다. 매고 푸는 놀라운 일은 기도를 통해 이루어진다. 마태복음 16장 19절의 말씀과 마태복음 18장 18,19절의 말씀은 연결되어 있다. 이 말씀을 잘 연결시켜 묵상할 때 우리는 천국 열쇠가

책망 받은 후

기도의 열쇠임을 깨닫는다. "진실로 너희에게 이르노니 무엇이든지 너희가 땅에서 매면 하늘에서도 매일 것이요 무엇이든지 땅에서 풀면 하늘에서도 풀리리라 진실로 다시 너희에게 이르노니 너희 중의 두 사람이 땅에서 합심하여 무엇이든지 구하면 하늘에 계신 내 아버지께서 그들을 위하여 이루게 하시리라"(마 18:18,19).

하나님이 우리에게 주신 기도의 열쇠는 천국문을 여는 열쇠이다. 기도할 때 정말 놀라운 일들이 벌어진다. 우리의 기도를 통해 사탄과 흑암과 음부의 권세 아래 있는 자들이 풀려나게 된다.

셋째, 천국 열쇠는 예수 그리스도의 이름의 열쇠다. 예수님의 이름이 천국 열쇠다. 예수님은 성도에게 주님의 이름을 주셨다. 예수님의 이름의 권세는 놀라운 권세다. 우리는 힘이 없다. 우리는 연약하다. 하지만 예수님은 하늘과 땅의 모든 권세를 가지신 분이다. 예수님이 그의 이름을 우리에게 주셨다. 그 이름의 권세를 우리에게 주셨다. 예수님의 이름을 부를 때 구원을 받는다.(행 4:12) 예수님의 이름으로 기도 응답을 받는다.(요 14:13) 예수님의 이름으로 놀라운 기적들이 일어난다.(막 16:17,18) 오순절 성령 충만을 경험한 베드로와 요한은 성전에 기도하러 갔다가 태어날 때부터 한 번도 걸어보지 못한 사람을 예수님의 이름으로 걷게 한다. 그것은 정말 놀라운 기적이었다.(행 3:6-8)

예수님의 이름의 능력과 권세는 정말 놀라운 것이다. 하지만 예수님이 십자가에서 죽지 않으신다면 그리고 다시 부활하지 않으신다면 그 이름의 능력은 크게 드러나지 못했을 것이다. 사도 바울은 하나님이 언제 어떻게 예수님의 이름과 그 이름의 권세를 높이셨는지를 잘 증거해 준다.

"사람의 모양으로 나타나사 자기를 낮추시고 죽기까지 복종하셨으니 곧 십자가에 죽으심이라 이러므로 하나님이 그를 지극히 높여 모든 이름 위에 뛰어난 이름을 주사 하늘에 있는 자들과 땅에 있는 자들과 땅 아래에 있는 자들로 모든 무릎을 예수의 이름에 꿇게 하시고"(빌 2:8-10)

이 말씀의 연결점을 잘 살펴보라. 예수님이 자기를 낮추시고 죽기까지 복종하셨다. 곧 십자가에 죽으셨다. 이러므로 하나님이 그를 지극히 높여 모든 이름 위에 뛰어난 이름을 주셨다. 하늘에 있는 자들과 땅에 있는 모든 자들과 땅 아래에 있는 모든 자들이 예수님의 이름 앞에 무릎을 꿇게 하셨다. 그 놀라운 이름은 순종을 통해 주어진 이름이다. 십자가에 죽으심으로 주어진 이름이다. 고난을 통과하심으로 주어진 이름이다.

책망 이전에

예수님의 십자가는 하나님의 비밀이다. 십자가는 하나님의 가장 소중한 일이다. 십자가는 하나님의 생각이다. 하나님의 뜻이다. 그런데 베드로는 예수님의 십자가의 길을 막으려고 했던 것이다. 베드로는 예수님의 책망을 통해 십자가와 고난의 비밀을 깊이 깨닫는다. 베드로전서에 15번이나 '고난'이라는 단어를 사용해서 성도들에게 편지를 썼다. 그가 받은 책망을 통해 고난에 대한 깊은 깨달음을 얻은 것이 분명하다. 베드로는 십자가의 고난과 그 영광을 보고 경험했다. "이를 위하여 너희가 부르심을 받았으니 그리스도도 너희를 위하여 고난을 받으사 너희에게 본을 끼쳐 그 자취를 따라오게 하려 하셨느니라"(벧전 2:21).

예수님은 베드로를 책망하기까지 깊은 우정을 쌓으셨다. 베드로를 향

책망 받은 후

한 예수님의 책망은 깊은 사랑에서 우러나온 것이었다. 그런 까닭에 베드로는 상처를 받지 않았다. 우리는 아무에게나 책망하지는 않을 것이다. 아무 관계도 없는 사람에게 책망하지 않을 것이다. 우리가 책망하는 대상은 우리와 깊은 관계가 있는 사람이다. 예수님은 베드로가 책망을 잘 받을 수 있도록 먼저 관계를 형성하셨다. 예수님은 3년이란 세월 동안 베드로와 동행하시면서 그와 깊은 교제를 나누셨다. 스승이 아닌 친구로 우정을 쌓으셨다.

> "사람이 친구를 위하여 자기 목숨을 버리면 이보다 더 큰 사랑이 없나니 너희는 내가 명하는 대로 행하면 곧 나의 친구라 이제부터는 너희를 종이라 하지 아니하리니 종은 주인이 하는 것을 알지 못함이라 너희를 친구라 하였노니 내가 내 아버지께 들은 것을 다 너희에게 알게 하였음이라"(요 15:13-15)

책망하기 전에 좋은 관계를 형성하는 것이 중요하다. 참된 친구이기에 사랑으로 책망하는 것이 가능하다.

> 친구란 서로의 최선을 끌어내준다. 격려가 최선을 끌어내기도 하지만, 때로는 진실을 말해 주는 것이 최선일 때도 있다. … 올바르지 않은 방향으로 나아갈 때, 친구라면 이를 알리고 바로잡아 준다. 감정에 눈멀어 앞을 보지 못할 때 친구라면 이를 지적해준다. … 상대방이 자신의 말에 귀를 기울이게 하려면 먼저 믿을 만한 인간관계를 쌓아야 한다. … 진실을 알리지 않으면, 진정한 친구가 아닌 셈이다. (존 맥스웰, 『어떻게 360도 리더가 되는가』, 넥서스BIZ, 253쪽)

사랑과 지혜로 책망하는 것과 함께 책망을 받는 자세도 중요하다. 지혜로운 사람과 성숙한 사람은 책망을 소중히 여긴다. 책망을 받을 때 그 책망을 고귀하게 받는다. 물론 모든 사람의 책망이나 비난에 너무 민감할 필요는 없다. 어떤 사람은 생각 없이 책망하고, 무너뜨리기 위해 책망한다. 아무 때나 책망하기도 한다. 그런 사람의 책망은 조심해야 한다. 그런 사람의 책망을 듣고 낙심하지 않도록 해야 한다. 모든 책망이 다 좋은 것은 아니다. 그러므로 책망 받을 때도 잘 분별해야 한다.

사랑으로 책망한다는 것은 함께 책임진다는 것을 의미한다. 하나님은 특별히 사랑하는 사람을 책망하신다. 그러므로 하나님의 책망을 받을 때 그것을 사랑으로 여기는 것이 지혜다.

> "하나님께서 마치 자녀들에게 하시듯이 여러분에게 격려하신 말씀을 잊었습니까? 아들아, 너는 주님의 견책을 가볍게 여기지 말며 꾸짖으실 때에 낙심하지도 마라. 주님께서는 사랑하시는 자를 견책하시고 아들로 여기시는 자에게 매를 드신다."(히 12:5,6, 공동번역)

책망을 받을 때 성숙케 된다는 사실을 기억하라. 책망이 우리를 더욱 깊이 있는 사람이 되게 한다는 사실을 기억하라. 책망이 우리를 더욱 거룩케 하고, 더욱 지혜롭게 한다는 사실을 기억하라. 책망을 받는 것은 괴로운 일이지만 그 과정을 통해 우리는 올바른 길을 향해 정진하게 된다. 책망은 쓴 나물과 같고, 쓴 약과 같다. 맛은 쓰지만 우리에게 정말 좋은 약처럼 도움이 되는 게 바로 책망이다.

> "무슨 견책이든지 그 당장에는 즐겁기보다는 오히려 괴로운 것입니다. 그러나

이러한 견책으로 훈련을 받은 사람은 마침내 평화의 열매를 맺어 올바르게 살아가게 됩니다"(히 12:11, 공동번역)

베드로는 예수님의 책망을 잘 받았다. 그리함으로 예수님의 수제자가 되었다. 예수님은 베드로를 책망할 때 그의 인격에 손상을 주지 않으셨다. 그의 잘못된 언어와 잘못된 행동, 잘못된 태도에 대해 책망하셨지 그의 존재를 책망하신 것이 아니다. 예수님은 그를 버리신 것이 아니다. 그에게 소망이 없다고 말씀하신 게 아니다. 예수님은 사랑으로 책망하셨다. 책망 이전이나 책망 후나 변함없이 베드로를 깊이 사랑하셨다. 사람들은 책망할 때 아주 극단적인 표현을 쓸 때가 많다. 늘 이것을 조심해야 한다. 책망할 때는 특히 지나간 것을 들추어내어서는 안 된다. "항상"이란 표현이나 "늘 그래"라는 표현을 삼가야 한다. 책망할 때는 지금 바로 잡으려는 행동만 언급해야 한다.

책망한 후에는 또한 관계를 더욱 돈독히 할 수 있어야 한다. 예수님은 책망하신 후에 소중한 교훈을 가르쳐 주셨다. 그것은 자기부인의 지혜이다. 그것은 고난을 통한 영광이다. 죽음을 통한 새로운 태어남이다. 역설의 진리다. "누구든지 제 목숨을 구원하고자 하면 잃을 것이요 누구든지 나를 위하여 제 목숨을 잃으면 찾으리라"(마 16:25).

깊은 묵상으로

나는 칭찬받을 때 겸손해지는가?

내가 누군가로부터 책망을 받을 때는 언제였는가? 책망 전과 후
나는 어떻게 달라졌는가?

남을 책망할 때 책망 전이나 후나 변함없이 그를 사랑으로 대하고 있는가?

책망 받은 후

08

신비를 경험하고

마 17:1-8

예수님은 하늘에서 들은 음성을 통해 사탄의 유혹을 물리치셨다. 베드로와 야고보와 요한은 변화산의 경험을 통해 고난을 잘 이겨냈다. 하나님께서 우리 각자에게 신비로운 경험을 허락해 주신 것은 고난을 잘 견디게 하기 위함이다.

신비를 경험하고

•

베드로는 예수님에 대한 신앙고백을 한 후에 칭찬을 받았다. 칭찬을 받은 경험은 즐거운 경험이다. 그런데 베드로는 예수님이 장차 많은 고난을 받고 죽으신 후에 삼일 만에 다시 살아나실 것에 대해 말씀할 때 예수님의 고난의 길을 막았다. 십자가의 길을 막았다. 그때 예수님은 베드로를 책망하셨다. 책망을 받은 것은 아픈 경험이다. 바닥에 떨어지는 경험이다. 책망을 받은 경험은 마치 버림받는 것과 같은 경험이다. 하지만 예수님의 책망은 그를 버리기 위함이 아니었다. 그를 깨우치기 위함이었다.

예수님은 베드로를 책망하신 후에 그를 데리고 높은 산에 올라가신다. 그 높은 산에서 신비로운 경험을 하게 하신다. 그리함으로 그를 향한 한결같은 사랑을 보여 주신다. 높은 산에 올라가실 때 베드로와 함께 야고보와 요한도 데리고 가신다.

이 높은 산을 마이클 그린은 헐몬 산(Mount Hermon)이었을 거라고 말한다. 이 산은 베드로가 신앙고백을 했던 가이사랴 빌립보와는 아주 가까운 지역에 있는 산이다. 그 높이가 2814미터나 되었다(마이클 그린, 『마태복음 강해』, IVP, 266,267쪽 참조). 헐몬 산은 '거룩한 산'이란 뜻을 지니고 있다. 이 헐몬 산은 밤 동안에 엄청난 양의 이슬이 내리는 곳이다. 물이 귀한 이스라엘 땅에 헐몬 산에서 내리는 이슬은 그 지역을 풍요롭게 하는 데 필수였다. 시편 133편에 나오는 형제 연합의 복이 헐몬의 이슬로 묘사되고 있는 것은 그런 이유에서다. "헐몬의 이슬이 시온의 산들에 내림 같도다 거기서 여호와께서 복을 명령하셨나니 곧 영생이로다"(시 133:3).

예수님이 베드로와 야고보와 요한을 데리고 높은 산에 올라가신 것은 그들이 아름다운 연합을 이루고 하나님의 복 받기를 원하셨기 때문인 것 같다. 예수님이 산에 데리고 가셨던 세 명의 제자 가운데 야고보는 일찍 순교를 당했다. 하지만 베드로와 요한은 아름다운 연합을 이루어 예수님이 맡기신 놀라운 일을 함께 감당했다. 예수님은 베드로를 높은 산에 데려가심으로 그를 향한 당신의 사랑을 다시 한 번 보여 주신다. 마태복음 17장에서 우리가 경험하는 예수님은 어떤 분인가? 우리가 만나는 베드로는 어떤 사람이며, 그 놀라운 경험을 통해 그는 어떻게 변화되었을까?

기도와 변화

마태복음은 예수님이 베드로와 야고보와 그 형제 요한을 데리고 따로 높은 산에 올라가셨다고 기록하고 있다. 누가복음은 예수님이 기도하시러 산에 올라가셨다고 말한다. "… 예수께서 베드로와 요한과 야고보를 데리

신비를 경험하고

고 기도하시러 산에 올라가사"(눅 9:28)

또한 예수님이 기도하실 때 용모가 변화되었다고 기록하고 있다. "기도하실 때에 용모가 변화되고 그 옷이 희어져 광채가 나더라"(눅 9:29). 예수님은 높은 산에서 하나님 아버지와 깊은 교제를 나누셨다. 하나님 아버지와 깊은 교제를 나누시는 중에 예수님의 형상이 변화되었던 것이다. "그들 앞에서 변형되사 그 얼굴이 해 같이 빛나며 옷이 빛과 같이 희어졌더라"(마 17:2).

예수님은 하나님이시다. 그런데 인간을 구원하시기 위해 인간의 몸을 입고 이 땅에 오신 것이다. 그래서 예수님 안에는 완전한 신성과 완전한 인성이 조화를 이루고 계셨다. 예수님은 제자들과 동행하신 3년 동안 신성의 영광을 가끔 보여 주셨지만 주로 그들의 눈에는 예수님의 인성만 보였다. 그런데 예수님의 신성의 영광이 지금 나타난 것이다. 변형(變形)이란 변화(變化)와 형상(刑象)이라는 두 단어가 합성된 것이다. 변형이란 단어는 헬라어로 완전히 다른 차원으로 변화된 것을 의미한다.

> 예수님의 변화는 단순히 외모만의 변화가 아니었다. 그것은 다른 형태로의 완전한 변화다. 세상에서, 예수께서는 한 사람으로, 또한 순회설교자가 된 나사렛 출신의 가난한 목수로 여겨졌다. 그러나 변모 때에 예수님의 몸은 그 분이 세상에 오시기 이전에 지니셨으며(요 17:5; 빌 2:6), 또 그 분의 나라를 세우기 위해 영광 중에 다시 오실 때에 지니실(계 1:14, 15) 영광스러운 광채로 변형되셨다. (브루스 B. 바톤 외 3인 공저, 『마태복음』, 성서유니온, 521쪽)

예수님은 베드로의 신앙고백을 들으신 후에 십자가의 고난과 부활, 장차 보여 주실 영광스런 모습에 대해 말씀하신다. 그 영광스러운 모습은 예수님의 재림 때의 모습이다.

> "인자가 아버지의 영광으로 그 천사들과 함께 오리니 그 때에 각 사람이 행한
> 대로 갚으리라 진실로 너희에게 이르노니 여기 서 있는 사람 중에 죽기 전에
> 인자가 그 왕권을 가지고 오는 것을 볼 자들도 있느니라"(마 16:27,28)

예수님은 곧 십자가에 죽임을 당할 것이지만 장차 부활하실 것이며, 또
한 재림의 때에는 영광스런 모습으로 오셔서 왕권을 가지고 통치하실 것을
말씀하셨다. 마태복음 17장의 변화산 사건은 장차 이 땅에 아버지의 영광
으로 임하실 예수님 모습의 예고편과도 같다. 그 영광을 잠시 보여 주신 것
이다. 이 놀라운 자리에 함께 했던 사도 요한은 나중에 밧모섬에서 장차 오
실 예수님의 영광스런 모습을 보았다. 그리고 그가 경험했던 변화산의 경험
을 다시 한 번 확인할 수 있었다.

> "촛대 사이에 인자 같은 이가 발에 끌리는 옷을 입고 가슴에 금띠를 띠고 그
> 의 머리와 털의 희기가 흰 양털 같고 눈 같으며 그의 눈은 불꽃같고 그의 발
> 은 풀무 불에 단련한 빛난 주석 같고 그의 음성은 많은 물소리와 같으며"(계
> 1:13-15)

예수님의 얼굴의 광채와 옷이 빛과 같이 희어졌던 모습을 그는 밧모
섬에서 받은 계시를 통해 확인할 수 있었다. 예수님은 제자들에게 기도하
는 모습을 보여 주시고, 기도를 가르치시기 위해 높은 산에 올라가셨다. 그
런데 베드로와 야고보와 요한은 예수님처럼 기도한 것이 아니라 깊이 졸
았다. 그러다 깨어나서 예수님의 영광과 모세와 엘리야를 보고 놀랐다.(눅

신비를 경험하고

9:32)

비록 베드로와 그의 친구들이 깊이 졸다가 깨었지만 기도를 통해 변형되신 예수님의 모습을 보면서 기도의 능력을 깨달은 것은 분명하다. 기도란 하나님과 깊은 교제를 나누는 것이다. 기도란 하나님의 영광을 바라보는 중에 영광스런 하나님의 광채를 힘입는 것이다. 그런 까닭에 기도하면 변화를 경험하게 된다. 모세가 40일 동안 시내 산에서 하나님을 만나 기도하고 십계명을 받아 내려왔을 때 그의 얼굴에 광채가 났다. 그래서 그의 얼굴을 수건으로 가렸던 것이다.(출 34:35)

하나님의 사람들은 하나님을 만나 기도할 때 그 얼굴에 광채가 나는 것을 경험하게 된다. 인간은 스스로 빛을 발하는 존재가 아니다. 오직 하나님의 얼굴에서 나오는 빛을 받아 그 빛을 반사하는 반사체에 불과하다. 그런 까닭에 기도하는 중에 하나님의 얼굴을 뵈올 때 하나님의 얼굴빛의 영광을 우리도 받게 되는 것이다. 사람도 기도하는 중에 하나님의 영광의 광채를 받아 누린다면, 영광의 본체가 되시는 예수님이 영광을 드러내신 것은 너무나 당연한 일이다.

경험과 변화

예수님은 경험을 통해 제자들을 양육하셨고, 제자들은 경험을 통해 놀라운 변화를 체험했다. 성경은 경험의 중요성을 강조한다. "너희는 여호와의 선하심을 맛보아 알지어다 그에게 피하는 자는 복이 있도다"(시 34:8). 하나님의 선하심을 아는 것은 중요하다. 그런데 다윗은 하나님의 선하심을 아는 것만이 아니라 그의 선하심을 맛보아 알라고 권면하고 있다. 맛을 본다는 것은 직접 경험한다는 것을 의미한다. 하나님을 경험하는 것은 신비로운 체험이다. 하나님은 신비로우신 분이다. 하나님은 신비에 속한다. 인간은 하나님에 대해 결코 모든 것을 알 수가 없다. 온전히 알 수가 없다. 인간은 유한하다. 반면에 하나님은 무한하시다. 유한한 존재가 무한하신 하나님을 온전히 알 수 없는 건 당연한 것이다.

하나님을 우리가 알고 경험한다는 것은 하나님의 전적인 은혜로 가능하다. 하나님이 보여 주신 것만큼, 하나님이 경험하도록 도와주시는 것만큼 하나님을 알고 경험할 수 있다. 당신은 그냥 아는 것과 경험을 통해 아는 것이 큰 차이를 만들어낸다는 사실을 알고 있을 것이다. 피아노를 책으로만 배울 수는 없다. 반드시 피아노를 직접 연주하면서 배워야 한다. 수영을 배울 때도 책으로만 배울 수 없다. 물속에 들어가 물을 경험함으로 수영을 배울 수 있다.

히브리어로 '안다'는 것은 경험한다는 것을 의미한다. 히브리어로 '야다'는 곧 경험적으로 아는 것을 의미한다. 부부가 서로 친밀한 관계 속에서 아는 것을 의미한다. 예수님은 영생은 관계 속에서 경험적으로 아는 것임을 강조하신다. "영생은 곧 유일하신 참 하나님과 그가 보내신 자 예수 그리스도를 아는 것이니이다"(요 17:3).

우리가 특별하게 맛본 것이나 경험한 것은 기억 속에서 쉽게 사라지지 않는다. 우리가 알고 있는 것, 그것을 경험할 때 그 경험을 통해 확신에 이르게 된다. 특별히 하나님을 아는 것은 하나님과의 관계 속에서 경험된다.

하나님을 아는 것은 어떤 프로그램이나 방법을 통해 얻어지는 것이 아닙니다. 그것은 어떤 한 인격체와의 관계입니다. 그것은 하나님과의 친밀한 사랑의 관계입니다. 이 관계를 통해서 하나님께서는 자신의 뜻을 밝히고 또한 당신을

신비를 경험하고

자신이 이미 하고 계신 역사 가운데로 초청하십니다. 당신이 순종할 때, 하나님은 그 분만이 하실 수 있는 어떤 일을 당신을 사용하셔서 이루십니다. 그때 당신은 당신을 통해서 일하시는 하나님을 경험함으로 그 분을 좀더 친밀하게 만날 수 있습니다. (헨리 블랙가비 & 클로드 킹, 『하나님을 경험하는 삶』, 요단출판사, 19-20쪽)

예수님은 제자들을 데리고 높은 산에 올라가셔서 친밀한 사랑을 나누신다. 그 친밀한 사랑을 나누는 중에 놀라운 경험을 하게 하신다. 그리함으로 그들을 통해 이루실 놀라운 일들을 미리 계시해 주신다. 예수님은 베드로와 야고보와 요한에게 놀라운 예수님의 영광을 보게 하신다. 또한 하나님의 음성을 듣게 하신다. 베드로는 예수님만 본 것이 아니라 모세와 엘리야를 함께 보았다. "그 때에 모세와 엘리야가 예수와 더불어 말하는 것이 그들에게 보이거늘"(마 17:3)

모세와 엘리야는 대단한 인물들이다. 그들은 모두 산과 관련이 있는 사람들이다. 모세는 호렙 산에서 하나님의 영광을 보았다. 호렙 산은 시내 산이라고도 부른다. 엘리야는 갈멜 산에서 하나님의 영광을 경험했다. 그 산에서 하나님께서 하늘에서 불을 내려 주시고, 하늘에서 비를 내려 주시는 것을 경험했다. 모세는 율법을 기록한 사람이다. 엘리야는 선지자를 대표한 사람이다. 모세는 느보 산에서 죽었다.(신 34:1) 하지만 그의 죽음은 신비로웠다. 그가 묻힌 곳을 아는 사람이 없다.(신 34:5,6) 엘리야는 죽음을 보지 않고 불수레와 불말과 함께 회오리 바람을 타고 하늘로 올라간 사람이다.(왕하 2:11) 그런데 모세와 엘리야가 지금 영광 중에 예수님과 만나서 대화를 나누고 있다. 그 대화의 내용이 누가복음에 기록되어 있다. "문득 두 사람이 예수와 함께 말하니 이는 모세와 엘리야라 영광중에 나타나서 장

차 예수께서 예루살렘에서 별세하실 것을 말할새"(눅 9:30,31)

예수님은 장차 별세하실 것을 그들과 더불어 말씀하셨다. 별세는 십자가의 죽음을 의미한다. 그런데 이 별세라는 단어가 놀랍다. 별세라는 단어는 헬라어로 '엑소더스'다. 곧 출애굽이란 단어와 같은 뜻을 가지고 있다. 모세가 바로의 압제 아래 있던 하나님의 백성을 구원해서 애굽에서 건져낸 것처럼, 예수님은 십자가에서 죄의 노예가 되어 사탄의 권세 아래 있는 인류를 건져내셨다.

첫 번째 출애굽은 모세를 통해 이루어졌다. 출애굽 할 때 유월절 어린양의 피를 흘려야만 했다. 어린양의 피를 통해 출애굽은 이루어졌다. 그리고 유월절로부터 오십 일이 지난 오순절에 율법이 주어졌다.

두 번째 출애굽은 예수님을 통해 이루어졌다. 예수님은 유월절 어린양으로 십자가에서 피흘려 죽으심으로 인류를 구원하셨다. 유월절 후 오순절에 하나님 아버지는 예수님을 통해 성령님을 부어 주심으로 인류를 자유케 하셨다.

예수님은 모세와 엘리야와 더불어 별세에 대해, 십자가의 죽음에 대해서, 곧 많은 고난을 받으실 것에 대해 말씀하고 계셨던 것이다. 예수님은 영광 중에 더욱 깊은 영광, 즉 십자가의 영광을 말씀하셨다. 그 모습을 본 베드로가 흥분해서 말한다. "베드로가 예수께 여쭈어 이르되 주여 우리가 여기 있는 것이 좋사오니 만일 주께서 원하시면 내가 여기서 초막 셋을 짓되 하나는 주님을 위하여, 하나는 모세를 위하여, 하나는 엘리야를 위하여 하리이다"(마 17:4).

베드로는 무엇이든 빠르게 반응한다. 이번에는 예수님이 모세와 엘리야와 더불어 대화하는 것을 보고 즉각 초막 셋을 짓겠다고 얘기한다. 그때 구름 속에서 하나님의 음성이 들려온다. "말할 때에 홀연히 빛난 구름이 그들을 덮으며 구름 속에서 소리가 나서 이르시되 이는 내 사랑하는 아들이요 내 기뻐하는 자니 너희는 그의 말을 들으라 하시는지라"(마 17:5).

여기서 우리는 아주 소중한 영적 진리를 배우게 된다.

신비로운 경험을 통해 큰 확신에 이르게 된다. 신앙생활은 신비롭다. 보이지 않는 예수님을 믿고, 그 분을 사랑하는 것이다. 보이지 않는 예수님을 만나서 교제하는 것이 신앙생활이다. 신앙생활은 이론으로 하는 것이 아니라 관계를 통해 이루어진다. 그런 면에서 놀라운 영적 경험을 하게 되면 우리의 신앙은 더욱 깊어지게 되는 것이다. 신비로운 영적 경험을 하게 되면 의심은 사라지고 큰 확신에 이르게 된다. 복음이 말로만이 아닌 능력과 성령과 큰 확신으로 어우러질 때 역동적인 신앙생활을 할 수 있다.

> "이는 우리 복음이 너희에게 말로만 이른 것이 아니라 또한 능력과 성령과 큰 확신으로 된 것임이라 우리가 너희 가운데서 너희를 위하여 어떤 사람이 된 것은 너희가 아는 바와 같으니라"(살전 1:5)

베드로는 예수님과 3년 동안 동행하는 가운데 변화산상의 경험을 가장 놀라운 경험으로 기억하고 있다. "우리 주 예수 그리스도의 능력과 강림하심을 너희에게 알게 한 것이 교묘히 만든 이야기를 따른 것이 아니요 우리는 그의 크신 위엄을 친히 본 자라"(벧후 1:16).

신비로운 경험은 장차 겪게 될 고난을 잘 견딜 힘을 제공해 준다. 하나님은 예수님께 두 번에 걸쳐 직접 음성을 들려주신다. 첫 번째 음성은 예수님이 세례 요한에게 세례를 받으시고 요단 강에서 올라오실 때 들려주신다. "하늘로부터 소리가 있어 말씀하시되 이는 내 사랑하는 아들이요 내 기뻐하는 자라 하시니라"(마 3:17).

하나님이 친히 예수님을 향해 "이는 내 사랑하는 아들이요 내 기뻐하는 자라"고 불러 주신다. 그런데 이 음성을 들으신 후에 예수님은 광야에서 40일 동안 금식하시면서 사단에게 시험을 받으신다. 마태복음 4장에 보면 놀라운 표현이 나온다. "그 때에 예수께서 성령에게 이끌리어 마귀에게 시험을 받으러 광야로 가사"(마 4:1)

예수님은 성령 충만을 받으시고, 하나님의 음성을 들으신 후에 마귀에게 시험을 받으러 가셨다. 예수님은 세 번에 걸친 마귀의 시험을 모두 이기신다. 마태복음 4장에서 마귀가 유혹할 때마다 사용했던 말이 있다. "네가 만일 하나님의 아들이어든"(마 4:3)

마귀는 예수님의 정체성을 가지고 공격한다. 예수님의 정체성을 흔들면서 유혹한다. 하지만 예수님은 전혀 흔들리지 않으신다. 그 이유는 마태복음 3장에 나온다. 예수님은 하나님의 음성을 통해 자신이 분명 하나님의 사랑하는 아들이요 하나님의 기뻐하는 자라는 음성을 들으셨기 때문이다.

예수님이 하늘에서 들은 두 번째 음성이 바로 마태복음 17장에 나온다. 똑같은 하나님의 음성이다. "이는 내 사랑하는 아들이요, 내 기뻐하는 자니"(마 17:5)

누가복음에는 하늘에서 들려온 음성 중에 예수님이 하나님의 택함을 받았다는 사실이 기록되어 있다. "구름 속에서 소리가 나서 이르되 이는 나의 아들 곧 택함을 받은 자니 너희는 그의 말을 들으라 하고"(눅 9:35)

이 음성을 들으신 후에 예수님은 십자가를 향해 나아가신다. 예수님이 십자가를 지실 때 마귀는 사람들의 입을 빌어 예수님의 정체성을 공격한다. 예수님이 하나님의 아들이라는 정체성을 가지고 흔들어댄다. 하나님의 아들이면 십자가에서 내려오라는 것이다. 하나님의 택하심을 입은 자, 그리스도라면 십자가에서 내려오라는 것이다. 자신을 스스로 구원하라는 것이

신비를 경험하고

다. "백성은 서서 구경하는데 관리들은 비웃어 이르되 저가 남을 구원하였으니 만일 하나님이 택하신 자 그리스도이면 자신도 구원할지어다 하고"(눅 23:35)

예수님은 하늘에서 들은 음성을 통해 사탄의 유혹을 물리치셨다. 또한 십자가의 고난을 잘 견디셨다. 하나님께서 우리 각자에게 신비로운 경험을 허락해 주신 것은 고난을 잘 견디게 하기 위함이다.

> 하나님께서 이런 영적 체험을 하게 하시는 가장 중요한 이유는 고난을 기쁘게 감당하게 하기 위해서입니다. 이 영적인 체험을 하면 어떤 고난과 억울함과 매맞음과 위험이 있을지라도 쉽게 극복하고 나갈 수 있는 힘을 얻습니다.
> (하용조, 『참된 신앙고백』, 두란노, 217쪽)

베드로와 야고보와 요한은 변화산의 경험을 통해 고난을 잘 이겨냈다. 야고보는 제일 먼저 순교를 당한다. 베드로는 십자가를 거꾸로 지고 순교를 당한다. 사도 요한은 살아 있는 순교자로서 요한복음, 요한일서와 요한이서, 요한삼서 그리고 요한계시록을 기록한다.

신비로운 경험은 오직 예수님께 초점을 맞춘 경험이어야 한다. 변화산 상의 경험은 오직 예수님께 초점을 맞추도록 도와준다. 베드로는 예수님과 모세와 엘리야를 보고 너무 놀랐다. 그때 하늘에서 들려온 음성은 모세와 엘리야가 아닌 오직 예수님의 말을 들으라는 것이었다. "말할 때에 홀연히 빛난 구름이 그들을 덮으며 구름 속에서 소리가 나서 이르시되 이는 내 사랑하는 아들이요 내 기뻐하는 자니 너희는 그의 말을 들으라 하시는지라"(마 17:5).

모세와 엘리야는 사라지고 오직 예수님만 남았다. 우리가 바라봐야 할 대상은 오직 예수님이다. "제자들이 눈을 들고 보매 오직 예수 외에는 아무도 보이지 아니하더라"(마 17:8). "오직 예수만 보이더라"(눅 9:36).

모세는 율법을 기록한 사람이다. 그래서 모세 하면 율법을 의미한다. 엘리야는 선지자를 대표한다. 그래서 엘리야 하면 선지자를 의미한다. 예수님 당시에 구약성경은 율법과 선지자로 불렸다. 모세와 엘리야는 구약을 대표한 사람들이다. 예수님은 구약을 폐하러 오신 것이 아니라 완성하러 오셨다. "내가 율법이나 선지자를 폐하러 온 줄로 생각하지 말라 폐하러 온 것이 아니요 완전하게 하려 함이라"(마 5:17).

신약을 읽을 때 율법과 선지자가 나오면 그것은 구약을 가리키는 것이다. 모세와 선지자라는 말도 마찬가지다.(눅 16:29) 그렇다면 구약성경이 기록된 목적은 무엇일까? 예수님을 증거하기 위해서다. "너희가 성경에서 영생을 얻는 줄 생각하고 성경을 연구하거니와 이 성경이 곧 내게 대하여 증언하는 것이니라"(요 5:39).

변화산상의 사건을 통해 제자들은 이제 율법과 선지자가 증거한 예수님이 이 땅에 오셨고, 그 예수님이 영광을 받으실 때가 되었음을 깨닫는다. 물론 그 당시에는 모든 것을 깨닫지 못하지만 점점 세월이 가면서 그들의 경험이 그것을 깨닫게 한 것이다. 자신들의 경험이 오직 복음의 영광을 드러내기 위한 것임을 깨달은 것이다.

여기서 우리가 배울 수 있는 것은 신비로운 체험은 오직 예수님께 초점을 맞추어야 한다는 것이다. 신비로운 체험은 예수님을 믿는 사람에게만 있는 것은 아니다. 귀신을 좇아가는 사람도 신비로운 체험을 한다. 귀신이 일으키는 기적도 있다. 예수님과 관계없이도 얼마든지 예수님의 이름으로 기적을 행할 수 있다.(마 7:22,23)

신비를 경험하고

신비체험의 목적

어떻게 신비로운 체험을 하는 사람들이 말하는 신비체험과 기적을 일으키는 사람들의 기적이 진짜 하나님께로부터 온 것인지를 알 수 있을까? 바로 그들의 열매를 통해 알 수 있다.(마 7:20) 그렇다면 하나님께로부터 온 신비로운 체험과 그렇지 않은 체험을 알 수 있는 열매는 무엇일까? 신비로운 체험이 예수님과 그 말씀에 근거한 것이면 하나님께로부터 온 것이다. 반면에 신비로운 체험을 통해 예수님보다 자신을 드러내거나 사람들을 미혹해서 자신의 유익을 취한다면 그것은 하나님께로부터 온 것이 아니다. 하나님의 사람들은 자신들의 체험을 절대화하지 않는다. 자신들의 체험이 성경적인지를 늘 점검한다. 또한 자신들의 체험을 통해 오직 예수님을 높이고, 복음을 증거하는 데 초점을 맞춘다.

> 신비는 중요하지만 신비주의는 이단이 된다는 사실입니다. 기독교에 신비가 없으면 더 이상 기독교가 아닙니다. 그것은 과학이고 이성일 뿐입니다. 기독교는 신비입니다. 그러나 신비주의로 빠지면 이단이 됩니다. 신비가 우리의 신앙을 더 강하게 만들어 줄 수는 있지만 그것이 우리 신앙의 내용은 아닙니다. 그러므로 신비를 따라 신앙생활하면 안 됩니다. 신앙은 성경에 따라서, 말씀에 따라서 이루어지는 것입니다. (하용조, 『참된 신앙고백』, 두란노, 217-218쪽)

변화산에서 임한 예수님에 대한 하나님의 음성은 성경에 기초한 것이다. 구약성경에서 장차 오실 예수님에 대한 예언으로 주어진 말씀을 통해 하나님이 들려주신 음성이다. "내가 여호와의 명령을 전하노라 여호와께서 이르시되 너는 내 아들이라 오늘 내가 너를 낳았도다"(시 2:7).

예수님은 하나님의 사랑하시는 아들이다. 예수님은 하나님의 택함을 받은 분이다. 하나님은 모세를 통해 장차 이 땅에 오실 예수님의 말을 들으라고 말씀하셨다. "너는 내 아들이라"(시 2:7). "내가 택한 사람을 보라"(사 42:1). "너희는 그의 말을 들을지니라"(신 18:15).

하늘에서 들려온 음성은 하나님의 말씀에 근거한 예수님에 대한 음성이었다. 또한 이제 구약 시대가 가고 예수님의 시대가 임했음을 이 말씀을 통해 알리고 계신 것이다.(히 1:1,2)

당신은 어떤 사람이 굉장한 체험을 했다고 할지라도 현혹되면 안 된다. 설사 그가 하나님의 음성을 들었다고 해도 현혹되면 안 된다. 먼저, 도대체 무슨 음성을 들었는지 그에게 물어보라. 그리고 그 음성을 하나님의 말씀에 근거해서 분별하라. 대단한 기적을 행한다고 현혹되지 말라. 그런 기적을 통해 자신을 드러낸다면 그것은 가짜다. 세례 요한은 성령 충만했지만 한 번도 기적을 일으키지 않았다. 오직 예수님만 증거했다. 자신의 증거를 통해 오직 예수님만을 믿게 했다.

> "많은 사람이 왔다가 말하되 요한은 아무 표적도 행하지 아니하였으나 요한
> 이 이 사람을 가리켜 말한 것은 다 참이라 하더라 그리하여 거기서 많은 사람
> 이 예수를 믿으니라"(요 10:41,42)

사도 바울은 삼층천에 다녀온 놀라운 체험을 했다. 하지만 그 체험을 강조하지 않았다. 자신의 체험을 이야기할 때도 다른 누군가의 체험으로 이야기한다.(고후 12:3-5) 그는 그리스도를 위하여 그의 약한 것들을 자랑한다. 오직 예수님과 그의 복음을 전하는 일에 집중한다. "그러므로 내가 그

리스도를 위하여 약한 것들과 능욕과 궁핍과 박해와 곤고를 기뻐하노니 이는 내가 약한 그 때에 강함이라"(고후12:10).

사도 바울의 모든 관심은 오직 그리스도뿐이었다. 오직 십자가뿐이었다. 십자가에 못박히신 예수 그리스도뿐이었다. 그래서 바울은 진짜 사도이다. "내가 너희 중에서 예수 그리스도와 그가 십자가에 못 박히신 것 외에는 아무 것도 알지 아니하기로 작정하였음이라"(고전 2:2).

베드로는 처음엔 변화산의 경험에 대해 그 깊은 뜻을 알지 못했다. 하지만 그는 점점 더 변화산의 경험이 예수님의 고난의 영광을 위한 준비였음을 깨닫는다. 처음에 그는 고난을 싫어했다. 예수님이 예루살렘에서 십자가에 못박혀 죽으시는 것을 반대했다. 그는 나중에서야 깨닫는다. 예수님의 영광은 십자가를 통해야만 드러나는 영광이요, 그 영광이야말로 참된 영광임을 말이다. 고난을 통해 더욱 큰 영광에 들어가게 됨을 깨닫는 것이다. "너희 중 장로들에게 권하노니 나는 함께 장로 된 자요 그리스도의 고난의 증인이요 나타날 영광에 참여할 자니라"(벧전 5:1).

예수님의 영광의 비밀은 십자가와 부활에 있다. 제자들은 그 비밀을 나중에 깨닫는다. 그들은 십자가 없는 영광을 바랐다. 하지만 주님은 거듭 별세, 즉 십자가의 죽음을 말씀하셨다. 십자가에서 죽으시고 부활하시기 위해 예루살렘을 향해 나아가야 함을 말씀하셨다. 성경의 주제는 예수님의 영광이다. 예수님의 복음의 영광이다. 그 영광을 보면 변화된다. 그런 까닭에 사탄은 그 영광을 보지 못하게 한다. "그 중에 이 세상의 신이 믿지 아니하는 자들의 마음을 혼미하게 하여 그리스도의 영광의 복음의 광채가 비치지 못하게 함이니 그리스도는 하나님의 형상이니라"(고후 4:4).

하나님은 지금도 하나님의 말씀을 통해 예수님의 영광을 보여 주시고, 하나님의 사랑스런 음성을 들려주신다. 그것이 우리가 들어야 할 음성이다.

우리는 예수님을 통해 하나님의 자녀가 되었다. 예수님을 통해 예수님의 아버지가 우리의 아버지가 되었다. 우리는 하나님의 택함을 받은 보배로운 자녀가 되었다. 그런 까닭에 예수님이 들으신 그 음성을 날마다 들어야 한다. 또한 우리 각자는 하나님의 사랑받은 자로 살아가야 한다. 어떻게 사는 것이 하나님의 사랑받은 자로 사는 것일까? 그것은 용서받은 자로 살아가는 것이다. 상처를 치유받은 자로 살아가는 것이다. 축복받은 자로 살아가는 것이다.

또한 크리스천은 사랑하는 사람이 되어야 한다. 사랑을 받았기에 사랑하는 사람이 되어야 한다. 용서받았기에 용서하는 사람, 상처를 치유받았기에 상처를 치유하는 사람이 되어야 마땅한 것이다. 축복을 받았기에 축복을 나누는 사람이 되어야 하는 것이다.

우리에게는 신비로운 경험이 필요하다. 하나님은 신비로운 경험을 통해 예수님을 더욱 깊이 알기 원하신다. 신비로운 경험을 통해 마귀의 유혹을 물리치길 원하신다. 신비로운 경험을 통해 고난을 잘 견디길 원하신다. 신비로운 경험을 통해 고난 저 너머에 있는 영광을 바라보길 원하신다. 신비로운 경험을 통해 사명을 잘 감당하길 원하신다. 신비로운 경험을 통해 성경에 나타난 하나님의 뜻을 더욱 잘 분별하길 원하신다. 신비로운 경험을 통해 그리스도의 비밀을 더욱 깊이 깨닫기를 원하신다. 신비로운 경험을 통해 성경에 나타난 하나님의 영광을 보길 원하신다. 신비로운 경험을 통해 예수님의 복음을 잘 전하길 원하신다. 하나님은 우리가 신비로운 경험을 통해 예수님을 더욱 바라보고, 그 형상을 닮아가길 원하신다.

깊은 묵상으로

예수님에 대해 내가 경험을 통해 아는 것들은 무엇인가?

신비로운 신앙경험을 통해 고난을 극복한 적은 언제인가?

나나 주위 사람의 신비로운 체험은 예수님께 초점이 맞춰져 있는가?

09

실패 그 너머

눅 22:31-34, 54-62

가장 무서운 사람은 실패를 경험하지 않은 사람이다. 실패한 사람만이
실패한 사람을 이해할 수 있다. 실패를 경험한 사람만이 실패한 사람을
위로할 수 있다. 베드로는 실패로부터 회복된 후에 실패한 형제들을 굳
게 세우라는 사명을 받았다.

실패, 그 너머

●

당신은 실패해 본 적이 있는가? 실패는 당신 존재 깊숙이 스며들어 때로는 평생 동안 당신을 괴롭힐 수 있다. 실패에 대한 기억은 아프다. 기억하고 싶지 않지만 문득 떠올라 당신을 부끄럽게 만든다. 얼마나 많은 사람이 실패 때문에 무너지고, 실패 때문에 좌절하는지 모른다. 하지만 실패의 경험이 없는 사람은 없다. 중요한 것은 실패를 어떻게 이해하고, 실패에 어떻게 반응하느냐다.

베드로는 실패한 제자였다. 예수님은 베드로를 키우실 때 그가 실패할 것을 아셨다. 그의 모든 제자들이 실패를 경험할 것을 아셨다. 하지만 예수님은 그 실패를 도구 삼아 제자들을 원숙하게 만들고자 하셨다. 실패가 곧 실패자를 말하는 것은 아니다. 실패에 잘 반응하면 실패를 통해 더욱 원숙해질 수 있다.

하나의 생명이 태어나면 세 가지 단계를 거친다고 한다. 성장과 성숙과 원숙의 단계다. 성장(成長)의 단계는 점점 커지는 것을 의미한다. 작은 것에서 큰 것으로 자라는 것을 의미한다. 아기들이 자라는 것을 보면 놀랍다. 하루가 다르게 커가는 것을 보게 된다. 그것이 성장이다.

성숙(成熟)의 단계는 몸과 마음이 자라서 어른스럽게 되는 걸 의미한다. 성숙은 열매를 맺는 단계다. 열매가 아름다워지고, 맛이 있어지는 단계다. 성장은 짧은 시간에 이루어질 수 있지만 성숙은 평생에 걸쳐 이루어진다. 성숙은 남을 배려할 줄 알고 자신의 소중한 것을 나눌 줄 아는 단계다.

원숙(圓熟)의 단계는 온전히 무르익는 단계다. 재생산에 이르는 단계다. 원숙은 깊음의 단계다. 원숙은 멀리 볼 줄 아는 단계다. 전체를 보고 깊이 볼 줄 아는 단계다. 열매를 매년 맺을 수 있는 큰 나무가 되는 단계다. 큰 나무가 되어 그늘이 되어주는 단계다. 관용을 베풀 줄 아는 단계다. 인생의 사계절을 아는 단계다. 큰 나무는 인생의 사계절을 모두 안다. 보통 씨앗은 싹이 나고 꽃이 피고 열매를 맺는 것으로 끝난다. 하지만 과실나무는 사계절 전체를 안다. 봄에 싹이 나고 꽃이 피는 것을 안다. 열매를 맺고 그 열매를 나눌 줄 안다. 가을에 낙엽이 떨어지고, 그 낙엽이 다시 거름이 되는 것을 안다. 겨울이 되면 모든 옷을 벗고 조용히 뿌리를 가꾸어야 됨을 안다. 원숙의 단계는 사람이 태어나서 어떻게 자라고 성숙해지고 원숙해지는지를 안다. 결국 이 세상을 떠나 영원한 세계로 들어가는 것도 안다.

원숙한 사람은 모든 과정을 알고, 그 과정을 소중히 여긴다. 예수님은 제자들이 성장을 통해 성숙에 이르기를 원하셨다. 또한 성숙을 넘어 원숙에 이르기를 원하셨다. 특별히 지도자는 원숙에 이르러야 한다. 원숙에 이를 때 무게가 있다. 깊은 깨달음이 있다. 쉽게 요동하지 않는다. 말을 가볍게 하지 않는다. 당장 벌어지는 상황 때문에 초조해 하지 않는다. 당장 벌어

실패, 그 너머

지는 상황은 과정에 불과하기 때문이다.

예수님은 33세의 나이였지만 원숙하셨다. 베드로가 실패할 것을 아셨다. 다른 모든 제자들마저 실패할 것을 아셨다. 그리고 그 과정을 통해 그들 또한 원숙함에 이를 줄 아셨다. 실패를 경험한 자만이 실패한 사람을 도울 수 있기에 실패의 경험은 값진 것이다. 특별히 사람을 얻고, 사람을 키우는 사람에게 있어 실패의 경험은 아주 가치있는 것이다. 문제는 그 실패의 전모를 올바로 알고, 올바로 해석하고, 올바로 반응하는 것이다.

실패, 그 너머

베드로의 생애 가운데 아주 중요한 사건들이 있다. 그 사건들을 연결하면 그의 생애가 된다. 그 사건 중 하나가 예수님을 세 번 부인한 것이다. 쓰라린 사건이다. 그가 통곡했던 사건이다. 그가 처절하게 무너졌던 사건이다. 실패도 그 종류에 따라 충격의 정도가 다르다. 예수님은 베드로와 그의 제자들이 실패할 것을 아셨다. 그런 까닭에 중보기도를 드려 주셨다. 특별히 누가복음은 베드로의 실패에 초점을 맞추고 있다. 예수님은 실패의 원인을 다각적으로 이해하신다.

예수님은 실패 배후에 사탄의 공격이 있음을 아신다. 성경은 아담을 범죄케 한 옛 뱀에 대해 기록하고 있다. 예수님은 베드로를 쓰러뜨리기 위해 사탄이 음모를 꾸미고 있는 것을 보셨다. "시몬아, 시몬아, 보라 사탄이 너희를 밀 까부르듯 하려고 요구하였으나"(눅 22:31)

영적 지도자와 자녀를 키우는 부모는 반드시 이 세상에 역사하고 있는 사탄의 존재를 이해해야 한다. 사탄은 실재하는 존재다. 예수님을 믿는 당신이 사탄의 존재를 두려워할 필요는 없다. 당신 안에 예수님이 거하고 계시기 때문이다. 당신 안에 계신 예수님은 사탄의 머리를 치신 분이다. "자녀들아 너희는 하나님께 속하였고 또 그들을 이기었나니 이는 너희 안에 계신 이가 세상에 있는 자보다 크심이라"(요일 4:4).

하지만 사탄의 존재를 우습게 여겨서도 안 된다. 마치 존재하지 않는 것처럼 대해서도 안 된다. 사탄은 첫 번째 아담을 유혹해서 쓰러뜨렸다. 사탄은 두 번째 아담으로 오신 예수님을 광야에서 유혹했다. 하지만 예수님은 사탄의 유혹을 모두 물리치셨다. 성경은 사탄을 꾀는 자, 참소하는 자, 범죄케 하는 자, 거짓말쟁이라고 말한다. 사탄은 악한 자이다. 사탄은 더러운 영이다. 음란한 영, 도둑질하고 죽이고 멸망시키는 영이다. "큰 용이 내쫓기니 옛 뱀 곧 마귀라고도 하고 사탄이라고도 하며 온 천하를 꾀는 자라 그가 땅으로 내쫓기니 그의 사자들도 그와 함께 내쫓기니라"(계 12:9).

예수님은 사탄의 역사를 아셨다. 시몬을 쓰러뜨리려는 사탄의 공격을 미리 보셨다. 그런 까닭에 그를 위해 중보기도를 드리셨다. 중보기도가 중요한 것은 중보기도를 통해 사탄의 세력을 약화시키고, 무력화할 수 있기 때문이다. 중보기도를 드릴 때 성령님의 역사가 강력하게 나타난다. 사탄은 자꾸만 우리의 연약한 부분을 공략하려고 한다. 우리의 약점을 공격하려고 한다. 반면에 성령님은 우리의 연약함을 도와주시고, 약점을 보완해 주신다. 예수님이 중보기도를 하실 때 성령님께서 강한 능력으로 함께 하신다.

"이와 같이 성령도 우리의 연약함을 도우시나니 우리는 마땅히 기도할 바를 알지 못하나 오직 성령이 말할 수 없는 탄식으로 우리를 위하여 친히 간구하시느니라"(롬 8:26)

실패, 그 너머

성령님은 사탄과 정반대로 우리를 도와주신다. 우리를 보호해 주신다. 성령님은 우리에게 능력을 주신다. 사탄을 물리칠 수 있는 분별력을 주신다. 성령님은 우리를 변호해 주신다. 우리를 위로해 주신다. 우리를 도와주시고, 세워 주신다. 우리에게 넘치는 생명을 공급해 주신다. 우리의 영혼에 빛을 비추어 주신다. 예수님은 베드로를 중보해 주심으로 성령님의 도우심을 받도록 도와주셨다.

예수님은 실패 배후에 약해진 믿음이 있음을 아신다. 예수님은 베드로의 믿음이 떨어지지 않도록 중보기도 해 주셨다. 사탄은 믿음이 약해질 때 공격한다. 그 약한 틈을 타서 공격해 들어온다. 사탄은 믿음이 약해질 때 의심의 영으로, 불순종의 영으로 역사한다. 거역과 원망, 불만과 불평의 영으로 역사한다. 두려움과 혼돈과 불안을 조장한다. 믿음이 약해질 때 비겁하게 된다. 예수님은 베드로가 예수님을 세 번 부인할 때, 그 이유가 믿음이 약해진 까닭임을 아셨다.(눅 22:32상)

예수님은 제자들을 키우실 때 믿음에 대해 아주 많이 강조하셨다. 예수님은 베드로와 요한과 야고보를 데리고 높은 산에 올라가서서 변형되신 후에 땅으로 내려오셨다. 그때 흉악한 귀신들린 아들을 데리고 예수님의 제자들에게 온 아버지가 있었다. 제자들은 그 귀신을 쫓아내지 못했다. 그때 예수님은 제자들을 보시면서 그들의 믿음이 없음을 안타까워하셨다.

> "예수께서 대답하여 이르시되 믿음이 없고 패역한 세대여 내가 얼마나 너희와 함께 있으며 얼마나 너희에게 참으리요 그를 이리로 데려오라 하시니라"(마 17:17)

이 사건이 있은 후에 제자들이 조용히 예수님께 나아와서 여쭈었다. "우리는 어찌하여 쫓아내지 못하였나이까"(마 17:19하). 그때 예수님께서는 그들의 믿음이 작은 까닭이라고 설명해 주셨다.(마 17:20) "믿음이 겨자씨 한 알만큼만 있어도 이 산을 명하여 여기서 저기로 옮겨지라 하면 옮겨질 것"이라고 말씀하신다. 이 산은 아마 제자들과 예수님이 함께 다녀오신 높은 산, 헐몬 산일 가능성이 크다. 그래서 믿음이 겨자씨 한 알만큼만 있어도 저 높은 산을 옮길 수 있다고 말씀하신 것이다. 그렇다면 어떻게 믿음이 성장할 수 있을까? 그것은 하나님의 말씀을 들을 때다.

> "그러므로 믿음은 들음에서 나며 들음은 그리스도의 말씀으로 말미암았느니라"(롬 10:17)

또한 믿음은 말씀에 순종할 때 성장한다. 말씀에 순종할 때 더욱 그 믿음의 근육이 견고해진다. 말씀과 함께 중요한 것이 기도다. 말씀을 붙잡고 기도할 때 믿음은 더욱 강렬해진다. 믿음으로 기도하며 그 기도가 응답되는 것을 경험할 때 믿음이 성장한다. 변화산에서 내려와 목도한 사건을 마가도 기록했다. 마가는 베드로의 제자다. 마가는 "우리는 왜 귀신을 쫓아내지 못했습니까"라는 질문에 대한 답으로 기도를 제시하고 있다.

> "이르시되 기도 외에 다른 것으로는 이런 종류가 나갈 수 없느니라 하시니라"(막 9:29)

예수님은 실패 후에 회복의 역사가 있을 것을 아신다. 예수님은 탁월하실 뿐만 아니라 원숙한 그리스도시다. 예수님은 멀리 보신다. 베드로가 실패한 것만 보신 것이 아니라 그가 회개할 것도 보신다. 잘못된 길로 갔다가

실패, 그 너머

돌이킬 것도 아신다. "…너는 돌이킨 후에"(눅 22:32하)

예수님은 멀리 보신다. 산 너머 산을 보신다. 꿈 너머 꿈을 꾸신다. 실패만 보신 것이 아니라 실패 너머 회복을 보신다. 넘어지는 것만 보시는 것이 아니라 굳세게 일어서 걸어가는 것도 보신다. 눈물만 보신 것이 아니라 기쁨도 보신다. 고난만 보신 것이 아니라 영광도 보신다. 상처만 보신 것이 아니라 상처를 통해 만들어지는 진주도 보신다.

예수님의 구속의 드라마는 회복의 드라마다. 예수님은 사탄의 유혹에 넘어진 아담의 죄로 말미암아 타락한 인류를 회복하시기 위해 이 땅에 오셨다. 잃어버린 하나님의 형상을 회복하시기 위해 오셨다. 저주를 축복으로, 질병을 건강으로, 악인을 의인으로, 약한 자를 강한 자로 회복하시기 위해 오셨다. 가난을 부요함으로 회복하시기 위해 오셨다. 슬픔을 바꾸어 기쁨이 되게 하려고 오셨다. 억눌린 자를 자유케 하려고 오셨다. 예수님이 베드로를 위해 중보기도를 드리신 것은 그의 회복을 위함이었다.

예수님은 실패로부터 회복한 후에 감당해야 할 사명이 있음을 아신다. 실패는 슬픈 경험이다. 하지만 하나님은 우리의 실패를 선용하신다. 하나님은 우리를 회복시키신 후에 실패한 사람들을 도와주길 원하신다. 예수님은 베드로에게 놀라운 사명을 부여하신다. "…너는 돌이킨 후에 네 형제를 굳게 하라"(눅 22:32하).

가장 무서운 사람은 실패를 경험하지 않은 사람이다. 이런 사람은 실패한 사람들을 무시한다. 실패한 사람들을 경멸하고 조롱한다. 실패한 사람들을 이해하지 못한다. 실패한 사람만이 실패한 사람을 이해할 수 있다. 실패한 사람이 실패한 사람의 아픈 마음을, 수치심을 이해할 수 있다. 그 죄책감과 좌절감을 이해할 수 있다. 실패를 경험한 사람만이 실패한 사람을 위로할 수 있다. 위로는 같은 고통을 받아본 사람이 가장 잘할 수 있다. 그런 까닭에 베드로는 실패로부터 회복된 후에 실패한 형제들을 굳게 세우라는 사명을 받았던 것이다.

실패를 통해 배우는 것

실패하는 데는 반드시 원인이 있다. 실패의 원인을 깨닫지 못하면 실패를 반복하게 된다. 실패는 필요하지만 반복하는 것은 좋지 않다. 실패에 잘 반응하고 선용하면 실패가 우리에게 유익이 된다. 하지만 실패를 반복하게 되면 실패에 익숙해진다. 나중엔 실패의 늪에 빠지게 된다. 그때 스스로 실패자라는 생각 속에 살게 된다. 실패했다고 실패자가 되는 것은 아니다. 하지만 스스로 실패자라고 생각하며 산다면 그것은 결코 좋은 일이 아니다. 우리는 베드로의 실패를 통해 실패의 원인을 깨달을 수 있어야 한다.

자기를 지나치게 믿는 과신(過信)이 실패의 원인이다. 예수님이 베드로가 사탄의 공격을 받을 것에 대해 말씀할 때 그는 너무 자신에 찬 말로 반응을 보인다. 조금 표현이 과하다. "그가 말하되 주여 내가 주와 함께 옥에도, 죽는 데에도 가기를 각오하였나이다."(눅 22:33)

마태복음에서 베드로는 모든 제자들이 다 예수님을 버려도 자신은 주님을 버리지 않겠다고 고백한다. "베드로가 대답하여 이르되 모두 주를 버릴지라도 나는 결코 버리지 않겠나이다."(마 26:33)

예수님은 베드로의 확신에 찬 고백을 들으신 후에 놀라운 말씀을 하신다. 그의 과신과는 정반대로 그가 예수님을 세 번이나 부인할 것을 말씀하신다. "예수께서 이르시되 내가 진실로 네게 이르노니 오늘 밤 닭 울기 전에 네가 세 번 나를 부인하리라"(마 26:34).

하지만 베드로는 이 말씀 앞에 더욱 단호하게 "주님과 함께 죽을지언정 예수님을 결코 부인하지 않을 것"이라고 장담한다. 베드로만 그렇게 고백한 것이 아니다. 나중에는 모든 제자들이 다 베드로를 따라 고백한다.(마 26:35)

과신은 아주 위험하다. 자신을 신뢰해서는 안 된다. 오직 하나님을 신뢰해야 한다. 자신이 잘하고 있다고 생각하는 것은 위험하다. 늘 겸손히 자신의 약함을 돌아보고 인정할 수 있어야 한다.

기도해야 할 때 기도하지 못한 것이 실패의 원인이다. 이 사건 후 십자가를 지시기 전 예수님은 겟세마네 동산으로 기도하러 가신다. 제자들도 함께 데리고 가신다. 누가는 누가복음을 기록할 때 기도를 아주 강조한다. 그가 쓴 사도행전에서도 기도를 아주 중요하게 기록하고 있다. 겟세마네 동산에서 예수님께서 제자들에게 먼저 하신 말씀은 유혹에 빠지지 않게 기도하라는 말씀이었다. "그곳에 이르러 그들에게 이르시되 유혹에 빠지지 않게 기도하라 하시고"(눅 22:40)

이 말씀을 하시고 예수님은 정말 간절히 기도하신다. 어떻게나 간절히 기도하셨던지 천사가 와서 힘을 더해 주었을 정도다.(눅 22:43) 예수님이 십자가를 지시기 전에 드린 기도는 정말 간절한 기도였다. 누가는 예수님이 기도하시며 흘린 땀이 핏방울같이 되었다고 기록했다.(눅 22:44) 기도하신 후 예수님이 제자들에게 나아가셨을 때 그들은 잠들어 있었다. 예수님은 그들을 향해 다시 한번 시험에 들지 않게 기도하라고 말씀하신다.(눅 22:45,46)

마태복음에서 예수님은 제자들이 자는 것을 보고 특별히 베드로에게 말씀하신다. "제자들에게 오사 그 자는 것을 보시고 베드로에게 말씀하시되 너희가 나와 함께 한 시간도 이렇게 깨어 있을 수 없더냐 시험에 들

지 않게 깨어 기도하라 마음에는 원이로되 육신이 약하도다 하시고"(마 26:40,41)

우리가 신앙생활에서 실패하는 원인 중 하나는 기도가 약해지기 때문이다. 기도할 때 우리는 분별력을 얻는다. 기도할 때 우리는 사탄의 유혹을 물리칠 수 있는 능력을 얻는다. 사탄과의 싸움은 능력 대결이다. 사탄과의 싸움에서 이길 수 있는 강력한 능력은 기도에서 나온다. 연료가 없으면 차를 움직일 수 없다. 연료는 차를 움직이는 능력을 공급해 준다. 기도하지 않으면 우리의 영적 생활을 움직이는 능력은 고갈되고 만다. 기도할 때 위로부터 부어주시는 하나님의 능력을 공급받을 수 있다.

> 기도 없이는 그리스도인의 삶을 제대로 살 수 없다. 기도는 능력이다. 기도를 많이 할수록 능력은 늘어난다. 세계적인 자동차 경주대회에서 이런 일이 일어났다. 한 선수가 1등으로 달리고 있었다. 마지막 한 바퀴를 남겨놓은 상태에서 그는 연료 탱크를 점검하지 않고 그 마지막 한 바퀴를 달리는 모험을 감행했다. 하지만 안타깝게도 그의 차는 결승선을 몇 백 미터 남겨놓고 연료 부족으로 멈추고 말았다. 긴 거리를 2등으로 달려오던 다른 선수가 그를 지나쳐 1등으로 결승선을 통과하는 것을 보았을 때 그는 통한의 눈물을 삼켜야 했다. 그리스도인들이 연료 보충을 위해 멈추어야 할 곳은 바로 기도의 장소이다. 기도는 영적인 엔진에 연료를 보충하는 것에 비유될 수 있다. (레오나드 레이 븐힐, 『무릎 부흥』, 규장, 57, 58쪽)

기도는 영적 전쟁의 강력한 도구다. 기도할 때 하나님은 능력을 위에서부터 부어주신다. 기도는 강력한 능력을 받게 되는 은총의 도구다. 기도할 때 자신의 능력이 아니라 하나님의 능력을 의지하게 된다. 기도할 때 자신

실패, 그 너머

을 신뢰하는 것이 아니라 하나님을 신뢰하게 된다.

예수님을 멀리 따라간 것이 실패의 원인이다. 신앙생활은 예수님을 가까이 따라가는 것이다. 베드로는 예수님이 십자가를 지시기 위해 끌려가실 때 멀찍이 따라갔다. 그 대단했던 용맹은 한 순간에 사라졌다. "예수를 잡아끌고 대제사장의 집으로 들어갈새 베드로가 멀찍이 따라가니라"(눅 22:54).

상황은 급박했다. 감히 예수님을 가까이 따라가다가는 함께 체포될 수 있었다. 하지만 베드로가 정말 예수님을 가까이 따라갔다면 예수님을 세 번 부인할 필요가 없었을 것이다. 우리는 예수님을 가까이 따라가고 있는가? 우리 각자는 예수님을 모시고, 예수님은 우리 안에 들어오신 것이 사실일 것이다. 하지만 예수님을 가까이하는 데 부담을 느낄 때가 많을 것이다. 출애굽 사건 후에 광야에서 하나님을 온전히 따랐던 사람은 오직 갈렙과 여호수아 두 사람뿐이었다. 성경은 그들이 하나님을 온전히 따른 것을 칭찬하고 있다. "그러나 그나스 사람 여분네의 아들 갈렙과 눈의 아들 여호수아는 여호와를 온전히 따랐느니라 하시고"(민 32:12). "그러나 내 종 갈렙은 그 마음이 그들과 달라서 나를 온전히 따랐은즉 그가 갔던 땅으로 내가 그를 인도하여 들이리니 그의 자손이 그 땅을 차지하리라"(민 14:24).

어떻게 하나님을 가까이 할 수 있을까? 말씀을 가까이 함으로 하나님을 가까이 할 수 있다. 말씀과의 거리가 하나님과의 거리를 결정한다. 기도를 통해 하나님을 가까이 하라. 우리는 말씀과 기도를 통해 하나님 안에 거할 수 있다. 하나님의 교회를 통해 하나님을 가까이 하라. 하나님의 교회는 하나님 아버지의 집이다. 구약에는 하나님의 성전에서 생수의 강이 흘러 나왔다. 신약에는 교회에서 생수의 강이 흘러나온다. 교회는 예수님의 몸이다. 그러므로 주님의 교회를 가까이 하라. 스마트폰보다 말씀을 가까이 하

라. 스마트폰을 통해 수많은 사람들과 접촉하는 것은 좋지만 더 중요한 것은 기도를 통해 하나님과 접촉하는 것이다. 하나님과 연결되는 것이다. 스마트폰을 통해 수많은 사람들과 대화를 나눌 수 있지만 더 중요한 것은 하나님과 대화를 나누는 것이다. 스마트폰과 친밀한 교제를 갖기보다 하나님과 친밀한 교제를 갖도록 하라. 스마트폰을 볼 때 주님을 생각하라. 스마트폰 안에 성경앱을 설치하고 말씀을 가까이 하라.

작은 것을 소홀히 하는 것이 실패의 원인이다. 베드로를 실패하게 만든 것은 위협적인 로마 군인이 아니었다. 한 여종이었다. 베드로는 연약한 여종 앞에서 먼저 무너졌다.(눅 22:55-57) 한 여종 앞에서 무너진 후에는 더 쉽게 무너졌다. 이것이 유혹의 신비다. 한번 유혹을 이겨내면 우리는 더욱 강해져서 다음 유혹을 쉽게 물리칠 수 있다. 반면에 한번 유혹에 무너지면 그 다음은 쉽게 다른 유혹 앞에 무너지고 만다. 베드로는 한 여종 앞에서 예수님을 부인한 후에는 더욱 강렬하게 예수님을 부인한다. 그는 스스로 저주하며 맹세까지 하며 예수님을 부인한다. "그가 저주하며 맹세하여 이르되 나는 그 사람을 알지 못하노라 하니 곧 닭이 울더라"(마 26:74).

베드로의 이야기는 곧 나의 이야기다. 나는 얼마나 자주 넘어지는가? 큰 소리를 친 후에 또 얼마나 넘어지는가? 그러므로 우리는 과신하지 말아야 한다. 과신은 방심을 낳는다. 우리는 기도를 소홀히 해서는 안 된다. 기도를 소홀히 하면 사탄이 틈을 탄다. 작은 것을 우습게 여기지 말아야 한다. 우리가 넘어지는 것은 큰 일 때문이 아니다. 작은 유혹에 넘어가는 것이다. 그러므로 우리는 늘 깨어 있어야 한다.

어떻게 실패를 극복할 것인가?

베드로는 예수님을 가까이 따르는 데 실패했다. 그토록 사랑하는 예수님을 세 번이나 부인했다. 그토록 예수님을 위해 목숨까지 내놓겠다고 큰 소리를 쳤던 그가 무너졌다. 그것도 예수님이 직접 보는 앞에서. "주께서 돌이켜 베드로를 보시니…"(눅 22:61상)

베드로가 예수님을 세 번 부인할 때 예수님은 돌이켜 보셨다. 영어 성경에 보면 예수님이 그를 똑바로(straight) 보셨다고 되어 있다. 나는 이 말씀을 묵상할 때마다 예수님이 베드로를 바라보셨던 눈빛과 표정을 떠올려 본다. 그 눈빛은 어떤 눈빛이었을까? 예수님의 표정은 어떤 표정이었을까? 나는 그 눈빛은 정녕 긍휼의 눈빛이었을 것이라고 생각한다. 그 표정은 정녕 따뜻한 표정이었을 것이라고 생각한다. 그렇지 않았다면 베드로는 결코 돌이킬 수 없었을 것이다. 그렇다면 베드로는 어떻게 실패를 극복할 수 있었을까?

회개함으로 실패를 극복했다. 베드로는 예수님의 눈빛을 차마 볼 수 없었다. 하지만 예수님의 눈빛과 마주쳤을 때 그는 예수님의 말씀을 생각했다. "주께서 돌이켜 베드로를 보시니 베드로가 주의 말씀 곧 오늘 닭 울기 전에 네가 세 번 나를 부인하리라 하심이 생각나서"(눅 22:61)

베드로는 통곡함으로 회개했다. "밖에 나가서 심히 통곡하니라"(눅 22:62). 다른 제자들도 예수님이 십자가를 지시기 위해 체포당한 날 다 도망가고 말았다. 하지만 베드로의 통곡 소리가 가장 컸다. 후회와 회개는 다르다. 예수님을 은 30에 팔았던 가룟 유다는 후회했지만 돌이키지는 않았다. 그는 후회했지만 예수님께로 나아오지 않았다. 하지만 베드로는 후회만 한 것이 아니다. 그는 심히 통곡했다. 그는 결국 돌이켜 예수님께 나아갔다. 실패했을 때 후회만 해선 안 된다. 후회는 인간만이 할 수 있다. 하지만 후회만 가지고는 안 된다. 회개해야 한다. 회개란 돌이키는 것이다. 회개란 잘못된 길에서 돌이키는 것이다. 예수님은 베드로가 회개할 것을 아셨다. 예수님은 미리 그가 돌이킬 것을 말씀해 주셨다. "너는 돌이킨 후에 네 형제를 굳게 하라"(눅 22:32하).

돌이킨 것은 하나님의 은혜다. 그가 예수님의 말씀을 생각했다는 것은 성령님이 도와주신 까닭이다. 성령님은 예수님이 하신 말씀을 생각나도록 도와주신다.

> "보혜사 곧 아버지께서 내 이름으로 보내실 성령 그가 너희에게 모든 것을 가르치고 내가 너희에게 말한 모든 것을 생각나게 하리라"(요 14:26)

믿음의 공동체를 떠나지 않음으로 실패를 극복했다. 베드로는 실패했을 때 공동체로 돌아갔다. 예수님의 제자들은 모두 실패했다. 하지만 그들은 함께 모여 있었다. 우리의 믿음은 연약하다. 특히 혼자 있을 때 더욱 연약하다. 장작불은 함께 있을 때 타오르지만 장작을 따로 떼어 놓으면 쉽게 꺼져버린다. 믿음도 마찬가지다. 혼자 있으면 약해질 수 있다. 반면에 함께 있으면 강해진다. 예수님과 함께 있을 때 나의 믿음은 강해진다. 믿음의 공동체 속에 있을 때 믿음은 더욱 강해진다.

예수님이 가장 염려하셨던 것은 베드로의 믿음이 약해지는 것이었다. 예수님이 그를 위해 중보기도를 드리실 때 그의 믿음이 약해지지 않기를 위해 기도하셨다. 베드로는 나중에 믿음이 약해지는 것이 얼마나 위험한가를 깨달았다. 그는 사탄의 공격이 얼마나 치열한가를 깨달았다. 그는 오직 깨어 있는 믿음이 승리를 가져온다는 사실을 깨달았다. 베드로는 그의 서

169

신에서 다음과 같이 기록하고 있다. "근신하라 깨어라 너희 대적 마귀가 우는 사자 같이 두루 다니며 삼킬 자를 찾나니 너희는 믿음을 굳건하게 하여 그를 대적하라 이는 세상에 있는 너희 형제들도 동일한 고난을 당하는 줄을 앎이라"(벧전 5:8,9).

예수님의 긍휼에 찬 사랑을 통해 실패를 극복했다. 예수님은 베드로가 실패할 것을 아셨다. 기도할 때 그의 육신이 연약하여 깨어 있지 못함을 아시고 안타까워하셨다. 예수님은 베드로를 정죄하지 않으셨다. 다만 그의 연약함을 긍휼히 여기시고 안타까워하셨다. 예수님의 긍휼은 늘 베드로와 함께 했다. 예수님의 사랑 가운데 가장 큰 사랑은 긍휼히 여기시는 사랑이다. 죄인을 긍휼히 여기시는 사랑이다. 베드로는 그의 서신에서 긍휼이 많으신 하나님 아버지를 찬양하고 있다.

> "우리 주 예수 그리스도의 아버지 하나님을 찬송하리로다 그의 많으신 긍휼대로 예수 그리스도를 죽은 자 가운데서 부활하게 하심으로 말미암아 우리를 거듭나게 하사 산 소망이 있게 하시며"(벧전 1:3)

베드로는 전에는 긍휼을 얻지 못했지만 이제는 긍휼을 얻은 자라고 기록하고 있다.(벧전 2:10) 우리가 구원을 받은 것은 오직 긍휼이 풍성하신 하나님의 사랑 때문이다.(엡 2:4)

실패했을 때 하나님의 긍휼을 기억하라. 긍휼히 여기시는 사랑을 기억하라. 긍휼은 불쌍히 여기시는 사랑이다. 긍휼은 인간의 연약함을 이해해 주시는 사랑이다. 긍휼은 실패할 수밖에 없는 약함을 이해해 주시는 사랑이다. 사랑하면 정죄하지 않는다. 사랑하면 긍휼히 여긴다. 우리는 연약하다. 그래서 우리는 하나님의 긍휼이 필요하다.

하나님은 우리의 실패와 고난과 고통을 낭비하지 않으신다. 예수님은 베드로의 실패를 낭비하지 않으셨다. 베드로는 실패를 통해 많은 것을 깨달았다. 우리는 성공보다 실패를 통해 더 많은 것을 배운다. 실패를 통해 더욱 성숙한 인간이 된다. 실패는 우리를 겸손하게 만든다. 실패는 우리가 넘어질 수밖에 없는 연약한 존재임을 깨닫도록 도와준다. 실패는 육의 힘을 의지하지 않도록 도와준다. 실패의 경험은 과신과 방심이 얼마나 위험한가를 깨닫게 해 준다. 실패는 우리의 배후에 사탄의 역사가 있다는 것을 깨닫게 해 준다. 또한 실패는 우리의 배후에 사탄의 역사보다 더 강력한 하나님의 손길이 함께 하신다는 것을 깨닫게 해 준다.

실패는 우리 각자가 누구를 믿고 의지해야 할 것인지를 가르쳐 준다. 실패는 믿음의 중요성을 강렬하게 깨닫도록 도와준다. 또한 실패했을 때 가장 필요한 것은 긍휼임을 깨닫도록 도와준다. 실패는 끝이 아니다. 실패는 정지 표시가 아니다. 실패는 방향전환 표시다. 실패는 다시 일어서라는 신호다. 실패는 다른 생각, 다른 언어, 다른 태도, 다른 마음으로 시도해 보라는 사인이다.

베드로는 실패를 통해 복음을 더욱 깊이 깨달았다. 예수님의 복음은 긍휼의 복음이다. 실패한 자를 다시 회복시켜 주는 복음이다. 예수님의 복음은 사랑의 복음이다. 실패했다고 끝난 것이 아니다. 예수님이 끝났다고 말씀하기 전까지는 끝난 것이 아니다. 예수님은 결코 나를 포기하지 않으신다. 예수님의 사랑은 한결같다. 예수님은 쓰러진 사람을 회복시키시는 분이다. 예수님은 무너진 사람을 재건해 주시는 분이다.

"누가 정죄하리요 죽으실 뿐 아니라 다시 살아나신 이는 그리스도 예수시니 그는 하나님 우편에 계신 자요 우리를 위하여 간구하시는 자시니라"(롬 8:34)

깊은 묵상으로

나는 나 자신을 어떻게 보는가? 과신(過信)하고 있는 부분은 없는가?

나의 신앙생활은 실패하고 있는가 성공하고 있는가?

그 실패(또는 성공)의 원인은 뭐라고 생각하는가?

실패를 통해 내가 깨닫는 것은 무엇인가?

10

죄책에서 회복으로

요 21:15-23

치유된 과거는 신비롭게도 다시 기억이 난다 할지라도 그 기억에 얽매이지 않게 된다. 마치 독이 빠진 뱀처럼, 우리에게 더 이상 영향을 끼치지 않는다. 그 과거는 더 이상 내 발목을 붙잡는 과거가 아니라 용서 받은 과거요, 치유 받은 과거이기 때문이다.

죄책에서 회복으로

•

베드로는 예수님을 세 번 부인한 후에 심히 통곡했다. 그가 통곡했다는 것은 마태도 기록하고, 누가도 기록했다. "밖에 나가서 심히 통곡하니라"(마 26:75; 눅 22:62).

베드로는 어부였다. 몸집이 큰 어부였을 것이라고 상상할 수 있다. 그는 예수님의 제자들 가운데 수제자였다. 그는 예수님을 세 번이나 부인했다. 그것도 예수님이 보는 앞에서 부인한 것이다. 그가 세 번째 예수님을 부인했을 때 예수님이 그를 돌이켜 바라보셨다.(눅 22:61) 베드로가 예수님의 눈빛을 바라보는 순간, 베드로는 예수님의 말씀이 생각났고 그 순간 밖으로 나가 심히 통곡했다.

남자는 잘 울지 않는다. 울긴 하지만 사람들 앞에서 잘 울지 않는다. 하지만 남자가 울 때 놀라운 일이 벌어진다. 눈물을 흘릴 줄 안다는 것은 중요하다. 감정이 살아 있다는 것이다. 베드로의 눈물은 회개의 눈물이었다. 하지만 그 눈물이 그를 회복시키는 전주곡이었다. 이병욱 의사선생님은 많은 환자를 치유하면서 『울어야 삽니다』라는 책을 썼다.

> 많이 울고 크게 우는 환자들이 회복과 치유가 빠르다는 사실을 수없이 경험했습니다. 웃음치료와 눈물치료를 병행하는 가운데, 눈물치료가 환자들에게 더욱 효과적이라는 사실을 체험했습니다. … 육신이 빨리 치유되고 질병의 고통이 훨씬 줄어듭니다. (이병욱, 『울어야 삽니다』, 중앙M&B, 6,7쪽)

예수님은 베드로의 눈물을 좋아하셨다. 그의 통곡에 귀를 기울이셨다. 예수님도 눈물을 흘리셨다.(요 11:35) 예수님도 때로는 심한 통곡과 눈물로 기도를 드리셨다.(히 5:7) 예수님은 베드로의 눈물을 사랑하셨다. 베드로는 죄책감과 수치심 때문에 눈물을 흘렸다. 예수님은 고통 중에 있는 베드로를 찾아오셔서 그를 치유하시고 회복시키셨다. 그리고 다시 사명을 맡기셨다. 그 이야기가 요한복음 21장이다. 배신으로 상처 입은 베드로를 예수님은 어떻게 치유하고 회복시키셨을까?

회복의 길은 문제를 직시함으로

예수님은 베드로의 문제가 무엇인지를 알고 계셨다. 그것은 죄책감과 수치심이었다. 사람은 죄를 지으면 죄책감을 느낀다. 그것은 지극히 당연한 것이다. 또한 부끄러워한다. 그러기에 인간이다. 동시에 부끄러운 것을 감추려고 하는 것이 또한 인간이다. 아담과 하와가 선악과를 따먹었을 때 그들

죄책에서 회복으로

은 벗은 줄을 알았다. 그들은 수치를 감추기 위해 무화과나무 잎을 엮어 치마로 삼았다. 죄를 범한 아담과 하와가 한 일은 하나님의 낯을 피하여 동산 나무에 숨는 거였다.(창 3:7,8) 사람은 죄를 짓거나 상처를 받으면 움츠리게 된다. 또한 숨게 된다. 그런 아담을 하나님이 부르셨다. 그리고 아주 중요한 질문을 던지셨다.

"네가 어디 있느냐"(창 3:9하)

이 질문은 그가 어디에 있는지를 몰라서 던지신 질문이 아니다. 그것은 장소를 묻는 질문보다 더 깊은 질문이다. 아담은 죄를 지은 후에 스스로 하나님을 피했다. 하나님의 질문에 그가 응답한다. "내가 벗었으므로 두려워하여 숨었나이다"(창 3:10하).

수치심과 두려움으로 숨어버린 아담과 하와를 하나님은 긍휼히 여기셔서 가죽옷을 지어 입혀 주신다. "여호와 하나님이 아담과 그의 아내를 위하여 가죽옷을 지어 입히시니라"(창 3:21).

이 사건은 아주 중요하다. 왜냐하면 장차 오실 두 번째 아담이 하실 일을 보여 주기 때문이다. 하나님이 아담과 하와를 위해 가죽옷을 친히 만드셨다. 어린 양을 죽여 피를 흘리신 하나님이 그 어린 양의 가죽으로 옷을 만들어 입히셨다. 그 일은 장차 오실 어린 양 예수님이 하실 일의 예표였다. 두 번째 아담으로 오신 예수님은 당신의 죄를 대신 담당하시고, 죄 때문에 수치스러워하는 당신을 그의 피로, 그의 옷으로 덮어주시는 은혜를 베푸신다. 인간의 수치심 문제는 스스로 해결할 수 없다. 하나님만이 그 문제를 해결해 주실 수 있다.

예수님을 세 번 부인한 후에 베드로는 괴로워했다. 죄책감과 수치심 때문에 마음 아파했다. 그는 예수님의 얼굴을 볼 수가 없었다. 그는 숨어 살고 싶었다. 모든 것이 끝났다고 생각했다. 이제 더 이상 예수님의 제자도 사도도 아니라고 생각했다.

사람은 죄를 지으면 수치심을 느끼게 된다. 얼굴이 빨개진다. 인간이라는 증거다. 죄를 지으면 숨게 된다. 부끄러워하고 두려워한다. 인간이라는 증거다. 사람이 죄를 지으면 극단적인 생각을 하게 된다. 모든 것이 끝났다고 생각한다. 하지만 하나님은 죄를 짓고 괴로워하는 사람을 찾아오신다.

수치심은 양면이 있다. 긍정적인 면과 부정적인 면이 있다. 수치심이 있다는 것은 좋은 것이다. 그보다 더 큰 문제는 수치를 모르는 것이다. 수치를 모른 채 살아가는 것은 정말 큰일이다. 성경은 수치를 모르는 사람들을 향해 경고한다. "불의한 자는 수치를 알지 못하는도다"(습 3:5하). "네가 창녀의 낯을 가졌으므로 수치를 알지 못하느니라"(렘 3:3하).

하나님은 수치를 알지 못하는 사람들을 좋아하지 않으신다. 수치심 그 자체는 인간이 가지고 있는 감정이다. 사람을 겸손하게 만든다. 하나님 앞에 나아가 회개하게 만드는 감정이 수치심이다.

하지만 수치심의 부정적인 면은 사람을 움츠리게 만들고, 실패자요 낙오자로 여기며 살아가게 만들 수 있다. 자신을 열등한 존재요, 못난 존재로 여기며 살게 만들 수 있다. 존 브래드쇼의 이야기를 들어 보자.

그러나 내가 발견한 무서운 사실은 인간의 유한성을 알려주는 수치심이 자칫 잘못하다가는 존재를 수치스럽게 여기는 것으로 변질될 가능성이 있다는 사실이었다. 자신을 수치스럽게 여긴다는 것은 다른 인간과 비교하여 자신을 인간으로서 불합격품이며 못나고 열등한 면이 많은 존재로 여긴다는 말과 같다. (존 브래드쇼, 『수치심의 치유』, 한국기독교상담연구원, 11, 12쪽)

우리는 수치심의 실체를 잘 파악해야 한다. 수치심의 긍정적인 면은 수용해야 한다. 우리가 잘못된 일을 했거나 실수했을 때 얼굴이 붉어지는 것은 우리 자신이 인간이라는 것을 잘 말해준다. 하지만 부정적이고 파괴적인 수치심은 우리의 인생을 아주 비참하게 만들 수 있다.

> 해로운 수치심은 사람의 내면을 갉아먹는데 그 사람이 자신을 못나고 열등하고 결점 투성이라고 끊임없이 여기기 때문에 결국 그 사람은 무기력해지고 만다. (존 브래드쇼, 『수치심의 치유』, 한국기독교상담연구원, 44쪽)

해로운 수치심은 인간관계에서 문제가 발생할 때 생긴다. 베드로의 문제는 수치심의 문제였다. 수치심이 깊어지면 열등의식을 갖게 된다. 삶의 의욕을 상실하게 된다. 모든 것을 자포자기하려는 성향이 생긴다. 예수님은 베드로의 깊은 내면을 괴롭히는 죄책감과 수치심을 치료해 주시기 위해 디베랴 호수로 그를 찾아오셨다.

회복의 적합한 때

예수님은 때를 아주 중요하게 여기셨다. 때를 분별하는 일에 아주 신중하셨다. 가나의 혼인잔치에서 예수님의 어머니 마리아가 예수님께 포도주가 떨어졌다고 말했다. 그때 예수님은 "내 때가 아직 이르지 아니하였나이다"(요 2:4)라고 반응하셨다. 요한복음 7장에 보면 초막절이 이르렀을 때 형제들이 예수님께 유대, 즉 예루살렘에 가서 놀라운 기적을 보여주라고 재촉한다. 그때 예수님께서 그의 형제들에게 "내 때는 아직 이르지 아니하였다"(요 7:6)라고 말씀한다. 요한복음 13장 1절은 예수님이 아버지께로 돌아가실 때가 이른 줄 아셨다고 기록하고 있다.

　예수님은 베드로를 회복하시기 위해 적합한 때를 기다리셨다. 가장 적합한 때에 베드로를 찾아가셨다. 베드로와 제자들을 치유하시기 위해 만난 때는 그들이 고기를 잡으러 갔지만 밤새 한 마리도 잡지 못한 때였으, 예수님은 날이 새어갈 때에야 그들을 찾아가셨다.

> "그 후에 예수께서 디베랴 호수에서 또 제자들에게 자기를 나타내셨으니 나타내신 일은 이러하니라 시몬 베드로와 디두모라 하는 도마와 갈릴리 가나 사람 나다나엘과 세베대의 아들들과 또 다른 제자 둘이 함께 있더니 시몬 베드로가 나는 물고기 잡으러 가노라 하니 그들이 우리도 함께 가겠다 하고 나가서 배에 올랐으나 그 날 밤에 아무 것도 잡지 못하였더니 날이 새어갈 때에 예수께서 바닷가에 서셨으나 제자들이 예수이신 줄 알지 못하는지라"(요 21:1-4)

　베드로와 다른 여섯 명의 제자는 디베랴 호수에 물고기를 잡으러 갔다. 디베랴 호수는 갈릴리 호수다. 제자들이 예수님의 부르심을 받은 곳이다. 예수님이 베드로를 만났던 그 장소다. 베드로가 밤이 새도록 그물을 내렸지만 고기를 한 마리도 잡지 못했을 때 예수님의 말씀에 순종함으로 그물이 찢어질 만큼 많은 고기를 잡았던 바로 그 호수다. 한때 예수님을 따라가기 위해 베드로와 제자들은 배와 그물을 버렸다. 그런데 그들은 이전에 버렸던 배와 그물을 다시 찾아내어 고기를 잡으러 간 것이다. 이전에 배와 그물을 버렸던 그들이 이제는 예수님을 버린 것이다. 예수님은 그들을 다시 회복하시기 위해 갈릴리 호수로 찾아오셨다. 그때가 바로 누가복음 5장의 때와 비슷한 때다. 밤새 고기를 잡았지만 고기 한 마리 잡지 못한 때에 예수님은 찾아가신 것이다.

"날이 새어갈 때"

아무 고기도 잡지 못한 채 날이 밝아오던 때에 예수님이 찾아가셨다. 그리고 고기를 잡았는지 물으셨다. "예수께서 이르시되 얘들아 너희에게 고기가 있느냐 대답하되 없나이다"(요 21:5).

고기가 없다는 대답을 들으신 예수님이 그물을 배 오른편에 던지라고 말씀하셨다. 그랬더니 물고기가 많아 그물을 들 수 없을 만큼 많은 고기를 잡게 되었다.(요 21:6)

그때 요한이 해변가에 서 계신 분이 예수님이라는 것을 알아본다. 요한은 베드로에게 그 분이 주님이라고 말한다. 그때 벗은 채로 고기를 잡던 베드로가 그 말을 듣고 겉옷을 두른 후에 바다로 뛰어들어 예수님께 간다.(요 21:7)

아주 극적인 장면이다. 해변가에 서 계신 분이 예수님이라는 것을 먼저 알아본 제자는 요한이다. 요한이 예수님을 먼저 알아본 까닭은 예수님을 사랑한 까닭이다. 요한은 자신을 '예수님의 사랑하시는 제자'라고 부른다.

그런데 예수님을 먼저 알아보았던 요한은 바다로 뛰어들지 않았다. 베드로가 바다로 뛰어들었다. 여기서 제자들의 각기 다른 기질과 성향을 보게 된다. 요한은 사랑은 하지만 그의 사랑은 사색적이다. 요한은 마음으로 깊이 사랑한다. 반면에 베드로의 사랑은 행동적이다. 몸을 던져 사랑한다. 베드로는 비록 예수님을 알아보지 못했지만 예수님을 향한 그의 사랑은 요한에게 뒤지지 않았다.

예수님은 베드로를 회복하시기 위해 가장 적합한 때를 기다리고 계셨다. 어쩌면 밤새 베드로가 고기 잡는 것을 지켜보셨는지 모른다. 새벽에 급히 디베랴 호수로 가신 것이 아니라 늦은 밤에 호숫가에서 그들이 고기 잡는 것을 지켜보셨을 수도 있다. 예수님이 먼저 베드로를 찾아가신 것이다. 이러한 예수님을 통해 당신은 관계 회복에 대한 소중한 원리를 배우게 될 것이다.

관계 회복을 위해서는 누군가가 먼저 찾아가야 한다. 예수님은 베드로와의 관계를 회복하기 위해 먼저 찾아가셨다. 상처를 입은 자가 상처를 입힌 자를 먼저 찾아가서 관계를 회복하는 것은 아름다운 일이다. 베드로는 예수님을 부인했지만 예수님은 베드로를 부인하지 않으셨다. 때로 우리는 연약함 때문에 예수님을 부인할 수 있다. 하지만 예수님은 결코 우리를 부인하지 않으신다.

회복을 위한 주밀(周密)한 준비

예수님의 사랑은 섬세하다. 예수님의 사랑은 주밀하다. 예수님의 영광은 크고 위대하신 것뿐만 아니라 섬세한 사랑 속에 드러난다. 예수님은 인간을 만드신 분이다. 그런 까닭에 인간을 잘 아신다. 예수님은 창조주 하나님이시다. 그런데 인간을 이해하기 위해 친히 인간의 몸을 입고 이 땅에 태어나셨다. 인간을 만드신 분이 인간이 되신 까닭에 누구보다 인간을 잘 이해하실 수 있다. 인간은 연약하다. 인간은 흔들리는 갈대와 같다. 꺼져가는 등불과 같다. 쉽게 깨어지는 그릇과 같다.

예수님은 베드로가 얼마나 연약해 있는가를 아신다. 그런 까닭에 그를 회복하시기 위해 아주 주밀하게 회복의 무대를 준비하신다. 예수님은 베드로가 어디서 넘어졌으며, 언제 넘어졌는가를 아신다. 베드로의 실패의 기억이 그를 얼마나 괴롭히는가를 알고 계신다. 예수님은 그의 실패한 기억과 상처 입은 기억을 치유하시기 위해 그의 억압된 기억을 다시 이끌어 내신다.

하나님은 인간에게 기억할 수 있는 능력을 허락해 주셨다. 기억은 정말 신비롭다. 기억에 대해 깊이 묵상했던 어거스틴은 그의 '고백록'에서 다음과 같이 기록하고 있다.

> 기억 속에는 모든 것이 그 종류에 따라 제각기 따로따로 간직되어 있습니다. 그들은 각각 자기들의 (감각의)관문을 통하여 기억이라는 창고로 들어온 것입니다. … 기억의 창고는 이 모든 것을 받아들여 간직해 놓았다가 필요할 때마다 다시 불러 찾아 내놓는 것입니다. (어거스틴, 『고백록』, 대한기독교서회, 324쪽)

어거스틴은 기억이 단순한 정보의 문제가 아니라 감정과 관련되어 있다는 것을 깨달았다. 어떤 감정은 경험할 때 느낀 그대로가 아니라 기억력에 따라 다른 느낌으로 기억되고 있다는 것을 깨달았다.

> 내 기억 안에는 내 마음(영혼)의 여러 가지 감정도 간직되어 있습니다. 그러나 그러한 감정은 경험할 때 느낀 그대로가 아니고 기억력에 따라 적절하게 다른 상태로 기억이 되고 있습니다. (어거스틴, 『고백록』, 대한기독교서회, 331쪽)

예수님은 베드로의 뇌리에 기록되어 있는 과거의 기억을 꺼내어 치유해 주어야 할 것을 아셨다. 우리에게도 어떤 기억은 정말 기억하고 싶지 않은 게 있을 것이다. 그때 우리는 그 기억을 억압해 버린다. 그렇다고 그 기억이 사라지는 것은 아니다. 어떤 기억은 치유되지 않은 채로 억압되어 있다. 치유되지 않은 채 억압된 기억은 과거가 다시 생각날 때마다 큰 고통으로 다가오게 된다. 또한 그 고통을 왜곡하고 과장하기까지 한다. 그 고통을 주었던 사람들을 이해하기보다는 오해하고 그들을 원수로 여기게 만든다. 원망과 분노를 품게 한다. 그 기억과 상처 때문에 다른 사람들과의 관계에 악영향을 끼치게 한다. 모든 사람을 다 나쁘다고 규정해 버린다. 어떤 관계도 더이상 맺지 않으려는 도피주의에 빠지게 한다. 그런 까닭에 당신의 과거의 기억은 치유되어야 하는 것이다. 지금 베드로는 그런 상황에 처할 정도가 되었다.

예수님은 상한 감정과 억압된 과거의 기억으로부터 베드로를 치유하기 원하셨다. 예수님은 그가 어디서 예수님을 부인했으며, 몇 번 부인했는가를 상기시키기 위한 무대를 마련하신다. 예수님은 인간의 심리를 너무 잘 알고 계신 분이다. 예수님은 인간의 마음을 만드신 분이기에 인간의 상한 마음과 감정과 기억을 치료하는 법도 잘 아신다.

예수님은 먼저 제자들이 밤새 고기를 잡았지만 한 마리도 잡지 못한 때에 많은 고기를 잡게 하신다. 이것을 통해 베드로로 하여금 예수님을 만났을 때의 사건을 기억나게 하신다.(눅 5장) 예수님은 또 숯불을 피우시고 그 위에 생선과 떡을 준비해 놓으신다.(요 21:9)

왜 숯불을 준비하셨을까? 베드로가 숯불 앞에서 예수님을 세 번 부인했기 때문이다. "그 때가 추운고로 종과 하속들이 숯불을 피우고 서서 쬐니 베드로도 함께 서서 쬐더라"(요 18:18, 개역한글).

죄책에서 회복으로

왜 생선과 떡을 준비하셨을까? 오병이어와 칠병이어의 기적을 기억나게 하시려는 것이다. 예수님은 지금 잡은 생선을 좀 가져오라고 부탁한다. "예수께서 이르시되 지금 잡은 생선을 좀 가져오라 하시니"(요 21:10)

관계를 맺고 관계를 회복하는 데 도움이 되는 것은 상대방이 들어줄 수 있는 것을 부탁하는 것이다. 도움을 요청하는 것이다. 도움을 주었던 사람보다 오히려 도움을 요청했거나 도움을 받았던 사람들과 관계가 더욱 깊어지는 것을 경험할 때가 있을 것이다. 도움을 요청할 때는 상대방이 도와줄 수 있는 것을 부탁해야 한다. 아무것이나 부탁해서는 관계에 도움이 되지 않는다. 예수님은 베드로가 할 수 있는 것을 부탁하셨다. 잡은 고기를 가져오는 것은 어려운 일이 아니다. 베드로는 배에 올라가서 그물을 육지에 끌어 올려 물고기를 예수님께 가져온다.(요 21:11)

이 과정에서 베드로는 다시 한 번 놀란다. 예수님을 만나고 나서 처음으로 경험했던 고기 잡는 기적의 때에는 그물이 찢어졌었다. 그런데 이번에는 그물이 찢어지지 않았다. 물고기도 그냥 물고기가 아니다. 큰 물고기가 백쉰세 마리였다. 베드로는 이 과정에서 지금 자기 앞에 계신 분이 분명히 자기를 처음 불렀을 때의 예수님인 것을 확인하고 있다. 그때 예수님이 제자들에게 하신 말씀은 무엇이었을까?

"와서 조반을 먹으라"(요 21:12)

얼마나 따뜻한 초청인가? 예수님은 베드로와 제자들에게 어떤 책망도 하지 않으신다. 밤새 수고한 그들, 이제 배가 고픈 그들에게 와서 조반을 먹으라는 말보다 더 다정하고 따뜻한 말이 있을까. 어린 시절 밖에서 지내다가 저녁에 집에 들어갔을 때 어머님이 하셨던 말을 가슴에 간직하고 있을 것이다.

"어서 와서 밥 먹어라!"

예수님이 식탁에 그들을 초청하신 것은 밥만 먹으라는 뜻이 아니다. 함께 교제하자는 의미다. 새롭게 교제를 시작하자는 의미다. 이제 예수님께서 친히 떡과 생선을 나누어 주신다. "예수께서 가셔서 떡을 가져다가 그들에게 주시고 생선도 그와 같이 하시니라"(요 21:13).

그리고 나서 조심스럽게 베드로에게 세 번 질문하신다. 그에게 '왜 나를 세 번이나 부인했느냐'고 묻지 않으신다. 다만 사랑에 대한 질문을 하신다.

> "그들이 조반 먹은 후에 예수께서 시몬 베드로에게 이르시되 요한의 아들 시몬아 네가 이 사람들보다 나를 더 사랑하느냐 하시니 이르되 주님 그러하나이다 내가 주님을 사랑하는 줄 주님께서 아시나이다 이르시되 내 어린 양을 먹이라 하시고"(요 21:15)

왜 이 질문을 세 번이나 하셨을까? 베드로가 세 번 예수님을 부인한 까닭이다. 그리하심으로 그의 억압된 기억, 상처 입은 기억을 치유하고 계셨던 것이다. 베드로는 이전과 다르다. 자신만만했던 그가 이제는 아주 조심스럽게 대답한다. "주님 그러하나이다 내가 주님을 사랑하는 줄 주님께서 아시나이다."

당당한 모습이 아니다. 수줍은 모습이다. 조심스런 모습이다. 베드로는 "내가 주님을 사랑하는 줄을 주님이 아십니다"라는 대답을 세 번 반복한다. 세 번이라는 숫자는 베드로가 별로 좋아하지 않는 숫자였다. 예수님은 그의 기억을 치유하고 계신다. 사도 요한도 이 사실을 아는 까닭에 예수님이 부활 후에 베드로를 만났을 때 세 번째 만났다는 사실을 강조한다. "이것은 예수께서 죽은 자 가운데서 살아나신 후에 세 번째로 제자들에게 나타나신 것이라"(요 21:14).

예수님은 베드로의 과거의 기억을 치유하시기 위해 아주 신뢰할 만한 분위기를 조성하셨다. 누군가를 치유할 때는 신뢰할 수 있는 분위기를 먼저 조성하는 게 필요하다. 그때 비로소 그 사람을 치유자 되시는 하나님께 이끌 수가 있다.

> 아픈 기억들을 갖고 있는 사람들은 신뢰할 만한 분위기가 아니면 일부러 고통스런 기억들을 회상하려 하지 않는다. 그러므로 자기를 이해하고 공감해줄 수 있는 상담자가 필요하다. 상처받은 사람이 마음 놓고 얘기하고 우리를 돌보아주고 신뢰할 만한 분인 하나님께 그들을 인도할 수 있는 사람이 필요하다. (데이빗 A. 씨맨즈, 『상한 감정과 억압된 기억의 치유』, 조이선교회, 44쪽)

예수님은 신뢰할 만한 분위기를 만드신 후에 베드로를 부드럽게 치유하셨다. 베드로와의 사랑의 관계를 회복하셨다. 베드로는 치유되었다. 치유된 과거는 신비롭게도 다시 기억이 난다 할지라도 그 기억에 얽매이지 않게 된다. 마치 독이 빠진 뱀처럼, 우리에게 더 이상 영향을 끼치지 않는다. 그 과거를 더 이상 부끄러워하지 않는다. 그 과거는 더 이상 내 발목을 붙잡는 과거가 아니라 용서 받은 과거요, 치유 받은 과거이기 때문이다.

베드로는 이 사건을 통해 하나님이 모든 것을 합력하여 선을 이루어 주신다는 것을 깨닫는다. 베드로의 실패의 경험이 그를 겸손하게 만들었다. 주님의 양들을 더 잘 돌볼 수 있게 만들었다. 베드로가 사랑을 고백했을 때 예수님은 그에게 "내 양을 먹이라"는 사명을 맡기셨다. 베드로는 상처입은 자에서 이제 상처입은 자의 치유자가 된 것이다. 이제 그에게는 자신처럼 아픈 과거를 가진 사람들을 치유하고 회복시킬 사명이 주어진 것이다.

예수님은 베드로를 치유하신 후에 더욱 놀라운 말씀을 하신다. 그의 과거가 아니라 미래에 대해 말씀하신다.

> "내가 진실로 진실로 네게 이르노니 네가 젊어서는 스스로 띠 띠고 원하는 곳으로 다녔거니와 늙어서는 네 팔을 벌리리니 남이 네게 띠 띠우고 원하지 아니하는 곳으로 데려가리라 이 말씀을 하심은 베드로가 어떠한 죽음으로 하나님께 영광을 돌릴 것을 가리키심이러라 이 말씀을 하시고 베드로에게 이르시되 나를 따르라 하시니"(요 21:18,19)

예수님은 베드로가 장차 십자가에 매어 달려 죽을 것을 아셨다. 베드로는 살아서도 그랬지만 죽음을 통해서도 하나님께 영광을 돌린다. 예수님은 베드로에게 과거를 떠나 미래를 향해 전진하라고 말씀하신다. 마치 영화의 한 장면을 보는 것 같다. 영화는 처음과 마지막을 절묘하게 연결시키면서 감동을 자아낸다. 예수님이 베드로를 만났을 때 하셨던 말씀이 무엇인가? 그리고 지금 베드로를 회복하신 후에 하신 말씀이 무엇인가?

"나를 따르라."

예수님은 이제 과거를 떠나 오직 나를 따르라고 명하신다. 나의 가는 길을 함께 가자고 말씀하신다. 십자가의 길을 함께 가자고 말씀하신다. 사랑의 길을 함께 가자고 말씀하신다. 함께 잃어버린 양들을 찾아 구원하자고

죄책에서 회복으로

말씀하신다. 어린 양들을 함께 먹이고 돌보자고 말씀하신다.

한국 문화는 수치 문화다. 부끄러운 것을 견디지 못한다. 사람들을 괴롭힐 때도 부끄럽게 해서 괴롭힌다. 수치를 힘들어하고 체면을 강조하는 문화다. 수치심 때문에 고통스러워하는 것은 한국인만 그러한 것은 아니다. 전인류는 수치심 때문에 고통스러워한다. 예수님은 인간의 근본 문제 속에 죄책감과 수치심이 있는 것을 아신다. 수치심 때문에 인간이 겪게 되는 모든 고통을 아신다.

예수님이 오신 것은 죄책감과 수치심으로 고통 받는 인류를 구원하기 위해서다. 예수님은 십자가에서 인간이 받을 수 있는 모든 수치를 경험하셨다. 예수님은 십자가를 향해 나아가시기 전에 장차 희롱을 당하고 능욕받으실 것을 말씀하셨다. 사람들의 침 뱉음을 받게 될 것을 말씀하셨다.(눅 18:32)

능욕이란 업신여겨 욕보이는 것이다. 예수님은 수치와 모욕을 당하셨다. 옷 벗김을 당하셨다. 뺨도 얻어맞으셨다. 예수님의 능욕을 잘 보여 주고 있는 시편의 구절이다. "나의 능욕이 종일 내 앞에 있으며 수치가 내 얼굴을 덮었으니"(시 44:15)

예수님은 십자가를 지실 때 당신이 겪을 수 있는 모든 모욕과 능욕과 조롱을 당하셨다. 모든 수치를 한 몸에 받으셨다. 그리하심으로 수치심이 얼마나 괴로운 것인가를 아셨다. "나를 때리는 자들에게 내 등을 맡기며 나의 수염을 뽑는 자들에게 나의 뺨을 맡기며 모욕과 침 뱉음을 당하여도 내 얼굴을 가리지 아니하였느니라"(사 50:6).

예수님은 십자가의 보혈로 우리의 수치를 덮어 주신다. 구속이라는 단어의 어원에는 '덮다'라는 뜻이 있다. '용서하다. 사하다'라는 뜻은 덮어 준다는 것을 의미한다. 허물을 덮어 주는 것이 사랑이다.

"미움은 다툼을 일으켜도 사랑은 모든 허물을 가리느니라"(잠 10:12)

베드로는 예수님을 통해 자신의 허물을 덮어 주는 사랑을 경험했다. 예수님은 베드로의 죄를 고발하지 않으셨다. 그 수치를 드러내어 광고하지 않으셨다. 오히려 그의 허물을 덮어 주셨다. 베드로는 그 사랑을 배운 후에 그의 서신에서 다음과 같이 기록하고 있다. "무엇보다도 뜨겁게 서로 사랑할지니 사랑은 허다한 죄를 덮느니라"(벧전 4:8).

예수님은 그의 피로 우리의 허물을 덮어 주실 뿐만 아니라 의의 옷을 입혀 주심으로 우리의 허물을 덮어 주신다. 인간은 수치를 가리기 위해 옷을 입는다. 예수님은 의의 옷으로 우리의 수치를 덮어 주신다. "누구든지 그리스도와 합하기 위하여 세례를 받은 자는 그리스도로 옷 입었느니라"(갈 3:27).

베드로는 예수님의 섬세한 사랑을 통해 회복되었다. 그는 용서를 받았다. 그는 사명을 회복했다. 예수님과의 관계를 회복했다. 친밀한 교제를 회복했다. 회복의 기쁨은 참으로 큰 기쁨이다. 회복된 후 베드로는 달라졌다. 옛날에는 닭 울음소리만 들어도 괴로웠다. 하지만 회복된 후로 닭 울음소리는 그를 깨우치는 소리로 바뀌었다. 닭고기를 먹을 때마다 예수님의 사랑을 생각하게 되었다. 그는 '3'이라는 숫자를 싫어했던 사람이다. 하지만 이제는 '3'이라는 숫자를 생각할 때마다 예수님과 사랑을 나누었던 때를 기억할 수 있게 되었다. 이것이 회복된 베드로의 삶이다.

회복을 경험한 베드로는 예수님처럼 탁월한 치유자가 되었다. 다른 사람들의 허물을 덮어 주는 사람이 되었다. 다른 사람들의 아픈 과거를 조심스럽게 치유해 주는 치유자가 되었다. 더 이상 과거에 매이지 않았다.

죄책에서 회복으로

깊은 묵상으로

나는 어떨 때 수치심을 느끼는가? 그 수치심은 나를 겸손하게 만들었는가 아니면
비참하게 만들었는가?

나에게 치유되지 않고 억압된 기억은 무엇인가?

나는 상처입은 자인가, 아니면 상처입은 치유자인가?

11

성령이 임하고

행 1:8

인생의 문제는 공급의 문제다. 공급이 원활해야 분배가 가능하다. 충만히 받을 때 충만히 나눌 수 있다. 공급을 받지 않은 채 나누려고 하기 때문에 탈진하는 것이다. 공급을 받는 것은 생존의 문제다.

성령이 임하고

●

    훌륭한 스승은 제자가 필요로 하는 것들을 충만하게 가지고 있는 스승이다. 그래서 제자는 스승을 잘 만나야 한다. 제자는 스승이 주는 것을 받아 나누는 사람이다. 제자는 받은 것만 나눌 수 있고, 받은 양만큼 나눌 수 있다. 그래서 제자는 훌륭한 스승, 탁월한 스승, 그리고 충만한 스승을 잘 만나야 한다. 훌륭한 스승은 자신이 가진 것을 아낌없이 주는 사람이다. 스승은 주는 사람이다. 예수님은 훌륭한 스승이셨다. 제자들에게 가장 소중한 것을 주셨기 때문이다.

    제자가 스승을 잘 만나야 하듯이 스승 또한 제자를 잘 만나야 한다. 스승은 자신이 가진 걸 나누는 것을 최고의 보람으로 여긴다. 스승은 제자를 통해 또 다른 자신을 보게 된다. 그래서 스승은 늘 제자를 찾아 나선다. 자신의 모든 것을 나눌 수 있는 제자를 찾는다. 그런 제자를 만나면 마치 보배를 만난 것처럼 기뻐한다. 예수님은 부활하신 후에 제자들을 찾아오셔서 아주 소중한 말씀을 하신다.

> "이 말씀을 하시고 그들을 향하사 숨을 내쉬며 이르시되 성령을 받으라"(요 20:22)

예수님은 성령으로 충만하신 분이다. 성령 충만하신 예수님께서 "성령님을 받으라"고 말씀하신다. 예수님은 부활 후 승천하시기 전에 하나님 아버지께서 약속하신 성령을 보내 주실 것을 말씀하신다.(눅 24:49) 예수님은 제자들에게 예루살렘을 떠나지 말고 아버지께서 약속하신 것을 기다리면 성령으로 세례를 받게 될 것이라고 말씀하신다.(행 1:4,5) 예수님은 성령이 임하면 능력을 받게 될 것이라고 말씀하신다.(행 1:8)

> "오직 성령이 너희에게 임하시면 너희가 권능을 받고 예루살렘과 온 유대와 사마리아와 땅 끝까지 이르러 내 증인이 되리라 하시니라"(행 1:8)

여기에 나오는 '받고'라는 말은 헬라어로 '람바노'다. 이 단어는 적극적으로 받는 것을 뜻한다. 마음을 활짝 열고 받는 것을 의미한다. 억지로 받는 것이 아니다. 적극적으로 붙잡는 것을 말한다. 갈망한다는 것이다. 왜 예수님은 제자들에게 성령의 능력을 받으라고 했을까? 성령의 능력은 어떤 능력일까? 성령은 어떻게 받는 것일까? 성령을 받게 되면 어떤 사람이 되는 것일까? 특별히 성령 충만을 받게 되는 이 놀라운 사건의 핵심부에 베드로가 있음을 기억해야 한다.

성령이 임하고

제자와 성령 충만

예수님은 제자들을 선택해서 키우실 때 혼자서 그 일을 하지 않으셨다. 하나님 아버지와 성령님과 더불어 그 일을 하셨다. 마치 제자들을 예수님이 선택하신 것처럼 보이지만 예수님은 그의 제자들이 하나님 아버지께로부터 왔다고 말씀하신다.

> "세상 중에서 내게 주신 사람들에게 내가 아버지의 이름을 나타내었나이다 그들은 아버지의 것이었는데 내게 주셨으며 그들은 아버지의 말씀을 지키었나이다"(요 17:6)

예수님은 또한 자신이 제자들에게 한 말씀들은 모두 하나님 아버지께로부터 왔다고 말씀하신다.

> "나는 아버지께서 내게 주신 말씀들을 그들에게 주었사오며 그들은 이것을 받고 내가 아버지께로부터 나온 줄을 참으로 아오며 아버지께서 나를 보내신 줄도 믿었사옵나이다"(요 17:8)

예수님이 제자들에게 주신 말씀은 정말 놀라운 말씀이었다. 그런데 예수님은 참으로 겸손하게 그 모든 말씀은 아버지께로부터 왔다고 말씀하신다. 사도 요한은 이 사실을 아주 선명하게 밝히고 있다. 그는 예수님이 하나님 아버지로부터 오신 것을 알았다. 하나님 아버지께서 예수님께 하나님의 말씀을 주시고 성령님을 부어 주시는 것임을 알았다. "하나님이 보내신 이는 하나님의 말씀을 하나니 이는 하나님이 성령을 한량 없이 주심이니라"(요 3:34).

예수님 안에는 은혜와 진리가 충만했다.(요 1:14) 제자들이 한 일은 충만하신 예수님께 나아가서 주님의 충만함으로부터 뭔가를 받는 것이었다.(요 1:16)

그렇다면 예수님 안에 거하는 충만은 어디서 온 것일까? "아버지께서는 모든 충만으로 예수 안에 거하게 하시고"(골 1:19). 이 원리는 정말 중요한 것이다. 하나님 아버지는 예수님께 아버지의 모든 충만을 부어 주셨다. 그런 까닭에 하나님의 은혜와 진리가 예수님 안에 충만했다. 하나님의 지식과 지혜가 충만했다.(골 2:3) 하나님은 예수님을 성령님으로 충만케 하셨다. 제자들이 한 일은 충만하신 예수님께 나아가서 그 충만하심을 받는 것이었다. 그리고 그 충만하신 것을 나누는 것이었다.

예수님은 공생애 기간 제자들을 진리로 가르치셨다. 그 3년 동안 제자들은 예수님으로부터 받은 진리가 그들 안에 충만했다. 하지만 예수님은 그것만으로 부족하다는 것을 아셨다. 그들에게 필요한 것은 성령 충만임을 아셨다. 성령님이 아니면 그들이 배운 진리를 깨달을 수가 없고, 그 진리를 다른 사람에게 깨우칠 수 없다는 사실을 아셨다. 그래서 성령 충만을 받으라고 말씀하신 것이다. 베드로는 나중에 성령 충만을 받은 후에 예수님의 십자가와 부활 그리고 성령 강림에 대해 설교한다. "하나님이 오른손으로 예수를 높이시매 그가 약속하신 성령을 아버지께 받아서 너희가 보고 듣는 이것을 부어 주셨느니라"(행 2:33).

훌륭한 제자, 탁월한 제자가 되는 길은 아주 간단하고 단순하다. 스승이 주는 것을 잘 받아 나누는 것이다. 예수님이 제자들을 부르신 것은 무엇인가를 생산하거나 제조하기 위함이 아니었다. 예수님이 주신 것들을 분배하도록 그들을 부르신 것이다. 즉 유통하도록 부르신 것이다. 먼저 받은

성령이 임하고

후에 나누도록 부르신 것이다. 워렌 위어스비는 그의 책 『하나님의 종이 되는 일에 관하여』에서 이 진리를 잘 설명해 주고 있다.

> 많은 그리스도인들이 겪고 있는 문제가 하나 있다. 그것은 하나님께서 우리를 분배자로 부르셨는데도 우리는 하나님께서 제조자로 부르셨다고 생각하는 것이다. 하나님만이 인간의 필요를 채울 수 있는 자원을 가지고 계신다. 우리가 할 수 있는 일이란 그저 그 분의 것을 받아 다른 사람들과 나누는 것뿐이다. 베드로는 "은과 금은 내게 없거니와 내게 있는 것으로 네게 주노니"(행 3:6)라고 말했다. (워렌 위어스비, 『하나님의 종이 되는 일에 관하여』, 생명의말씀사, 10쪽)

제자로서 우리의 업은 생산업이나 제조업이 아니라 유통업이다. 먼저 받고, 받은 그것을 나눠 주는 것이다. 우리는 베드로처럼 내게 있는 것을 줄 수 있다. '내게 있는 것'이 무엇인지 생각해 보라. 내게 있는 그것을 누가 주셨는지 생각해 보라. 이 원리는 구약과 신약에 모두 연결되어 있다. 모세와 여호수아의 관계를 생각해 보라. 모세는 하나님께 율법을 받았다. 그 율법을 여호수아에게 전해 주었다. 여호수아가 한 일은 모세가 전해 준 율법을 행하는 것이었다.

> "오직 강하고 극히 담대하여 나의 종 모세가 네게 명령한 그 율법을 다 지켜 행하고 우로나 좌로나 치우치지 말라 그리하면 어디로 가든지 형통하리니"(수 1:7)

또한 모세의 생애 마지막에 모세가 여호수아에게 안수했을 때 그 안에 지혜의 영이신 성령님이 충만히 임하게 된다. "모세가 눈의 아들 여호수아에게 안수하였으므로 그에게 지혜의 영이 충만하니 이스라엘 자손이 여호와께서 모세에게 명령하신 대로 여호수아의 말을 순종하였더라"(신 34:9).

엘리야와 엘리사도 마찬가지다. 엘리사가 한 일은 엘리야를 따라다니며 엘리야가 주는 것을 받는 것이었다. 엘리야는 불말과 불병거로 승천하기 전에 엘리사에게 어떻게 해 주면 좋을지 묻는다. 그때 엘리사가 놀라운 간구를 한다. 그에게 역사하신 성령님의 영감을 갑절이나 부어 달라는 것이다.(왕하 2:9)

엘리야는 그의 제자에게 "네가 어려운 일을 구하는도다"라고 말했다. 하지만 불가능하다고는 말하지 않았다. 하나님이 그를 데려가시는 것을 보면 그 일이 엘리사에게 이루어질 것이라고 말했다.(왕하 2:10) 엘리야의 말대로 엘리사가 그의 스승 엘리야가 불수레와 불말들과 함께 회오리 바람을 타고 하늘을 올라가는 것을 보는 순간, 그에게 엘리야의 영감이 갑절로 임한다. 엘리사는 스승의 몸에서 떨어진 겉옷을 받은 후에 기적의 사람이 된다.(왕하 2:13,14)

엘리사는 엘리야가 행한 기적보다 갑절이나 되는 기적을 행하는 능력의 사람이 된다. 엘리사가 한 것은 무엇인가? 스승을 통해 하나님이 보내주신 성령님의 영감을 갑절로 받은 것이다. 대부분 사람들의 문제는 받지는 않고 주려고 하는 데 있다. 먼저 받아야 한다. 그것도 많이 받아야 한다. 훌륭한 스승을 만났다면 마음을 열어야 한다. 그 스승을 존중하고 마음으로 따라야 한다. 스승의 가르침을 성실하게 받아들여야 한다. 거듭 기억하라. 받지 않으면 결코 줄 수 없다. 받은 것만큼, 받은 종류대로 줄 수 있다. 예수님은 이 원리를 반복해서 말씀하셨다.

성령이 임하고

"무릇 있는 자는 받아 풍족하게 되고 없는 자는 그 있는 것까지 빼앗기리라"(마 25:29)

받기만 해서는 안 된다. 받은 것을 줄 때 더욱 풍성하게 된다. 당신은 사해가 아니라 갈릴리 호수가 되어야 한다. 사해는 받기만 하고 내어주지 않는다. 반면에 갈릴리는 요단강의 물을 받아 계속 흘러 보낸다. 그렇기 때문에 갈릴리 호수엔 고기가 풍성하다. 하지만 받기만 하고 흘러 보내지 않는 사해는 생명력이 없다. 우리 각자는 사해가 아니라 갈릴리 호수와 같은 축복의 통로가 되어야 한다.

드림, 받음, 나눔

예수님은 제자들에게 권세와 능력을 모두 허락해 주셨다. 하나님 아버지는 하늘과 땅의 모든 권세를 예수님께 주셨다. 예수님은 권세자이시다. 그리고 그 권세를 제자들에게 허락해 주셨다. "예수께서 나아와 말씀하여 이르시되 하늘과 땅의 모든 권세를 내게 주셨으니"(마 28:18)

여자 경찰에게는 나라가 부여해 준 경찰의 권세가 있다. 여자 경찰은 남자 경찰처럼 힘이 센 것은 아니다. 하지만 나라에서 부여한 권세가 있기에 교통을 위반하거나 범법한 사람을 붙잡아 딱지를 떼거나 체포할 수 있다. 만약에 여자 경찰이 권세뿐만 아니라 힘도 세다면 금상첨화일 것이다. 우리는 인생을 살면서 힘, 즉 능력이 얼마나 중요한가를 잘 알고 있다. 예수님은 제자들에게 권세와 함께 능력을 부여해 주셨다. 그 능력은 성령의 능력이다.(행 1:8)

성령이 임하실 때 권능을 받게 된다. '권능'이란 헬라어로 '두나미스'이다. 이 두나미스라는 단어에서 다이나마이트라는 말이 나왔다. 두나미스라는 이 단어는 보통 능력이 아니다. 강한 능력이다. 폭발적인 능력이다. 풍부한 능력이다. 차고 넘치는 충만한 능력이다. 신기한 능력이다. 우리에게는 바로 이 신기한 능력이 필요하다. 우리가 살아가는 시대는 무척 힘든 시대다. 우리를 두렵게 하는 시대다. 아무리 차가 좋아도 기름이 없으면 움직일 수가 없다. 차에 기름이 들어갈 때 놀라운 힘을 발휘한다. 비행기도 마찬가지다. 기름 없이, 즉 능력 없이 하늘을 날 수 없다. 오랜 시간 날기 위해서는 기름이 필요하다. 목적지까지 날기 위해서는 많은 기름이 필요하다. 그런 까닭에 성령을 기름에 비유한다.

여기서 우리는 아주 중요한 질문을 스스로에게 던져야 한다. 능력이 중요하다고 해서 무조건 능력을 추구해야 하는 것일까? 그렇지 않다. 능력 가운데는 파괴적인 능력도 있다. 사탄의 능력은 사람을 더럽히는 능력이다. 죽이는 능력이다. 반면에 성령의 능력은 사람을 거룩하게 만든다. 사람을 살린다. 베드로는 성령이 우리를 거룩케 하신다고 기록하고 있다.

> "곧 하나님 아버지의 미리 아심을 따라 성령이 거룩하게 하심으로 순종함과 예수 그리스도의 피 뿌림을 얻기 위하여 택하심을 받은 자들에게 편지하노니 은혜와 평강이 너희에게 더욱 많을지어다"(벧전 1:2)

베드로는 성령님의 능력을 신기한 능력이라고 믿었다. 그 신기한 능력은 생명과 경건에 속한 능력이다.(벧후 1:3) 베드로는 성령이 계시의 영이시며, 하나님의 계시를 깨닫게 해 주시는 영임을 믿었다.(벧전 1:12) 그렇다면 베드로와 제자들이 경험한 성령의 능력은 어떤 능력인지 조금 더 구체적으로 알아보자.

성령님의 능력은 기도의 능력이다. 베드로와 제자들은 성령 충만을 받기 전까지는 기도에 약했다. 예수님과 함께 단 한 시간도 기도하지 못했다. 그렇게 기도할 줄 몰랐던 베드로와 제자들이 기도의 사람이 되었다. 또한 성령은 초대 교회를 기도하는 공동체로 세웠다. "그들이 사도의 가르침을 받아 서로 교제하고 떡을 떼며 오로지 기도하기를 힘쓰니라"(행 2:42).

성령은 기도의 영이다. 성령은 친히 기도하실 뿐만 아니라 간구하도록 도우시는 영이다. "마음을 살피시는 이가 성령의 생각을 아시나니 이는 성령이 하나님의 뜻대로 성도를 위하여 간구하심이니라"(롬 8:27).

성령의 능력은 살리는 능력이다. 사도행전 1장 8절에 나오는 '권능'이란 단어, 즉 두나미스에서 다이나마이트가 나왔지만 그것은 일반 다이나마이트와는 다르다. 다이나마이트는 잘못하면 사람을 죽이고, 무엇인가를 파괴한다. 하지만 성령의 능력은 살리는 영이다. 낙심된 자를 소생케 하는 영이다. 생명을 부여하는 능력이다. "살리는 것은 영이니 육은 무익하니라 내가 너희에게 이른 말은 영이요 생명이라"(요 6:63). 성령님은 또한 죽은 자를 살리시는 능력이다.(엡 1:19,20)

성령의 능력은 꿈을 꾸게 하는 능력이다. 성령 충만을 받은 사람의 특징은 꿈을 꾼다는 것이다. 비전을 갖는다는 것이다. 환상을 본다는 것이다. 베드로는 성령 충만을 받고 설교할 때 요엘서 말씀을 인용했다. "하나님이 말씀하시기를 말세에 내가 내 영을 모든 육체에 부어 주리니 너희의 자녀들은 예언할 것이요 너희의 젊은이들은 환상을 보고 너희의 늙은이들은 꿈을 꾸리라"(행 2:17).

요셉은 꿈꾸는 사람이었다. 요셉은 성령 충만한 사람이었다. 바로는 요셉이 하나님의 영에 감동한 사람이라고 말한다.(창 41:38) 성령 충만한 사람은 한결같이 꿈을 꾼다. 성령은 꿈을 꾸게 하실 뿐만 아니라 좌절된 꿈을 회복시켜 주신다. 제자들은 예수님의 십자가 앞에서 그들의 꿈이 좌절되는 것을 경험했다. 하지만 성령 충만을 받은 후에 그들은 다시 꿈을 꾸기 시작했다. 꿈이 좋은 것은 과거를 떠나 미래를 향해 전진할 수 있게 하기 때문이다. 베드로는 예수님을 세 번이나 부인했다. 하지만 성령 충만을 받은 후에 담대히 과거를 떨쳐 버리고, 미래를 향해 전진할 수 있었다.

성령의 능력은 구원의 복음을 증거하는 능력이다. 성령 충만을 받은 후에 베드로는 놀라운 구원의 복음을 증거했다. 특별히 구약의 말씀을 인용하고 연결시켜 예수님의 복음을 전했다. 그는 요엘서를 인용해서 성령을 증거했다. 또한 다윗이 쓴 시편 16편과 시편 110편의 말씀을 인용해서 예수님의 죽으심과 부활을 증거했다. 사람들은 베드로가 전한 구원의 복음을 듣고 회개했다. 또한 성령을 선물로 받았다.(행 2:37-39)

그 날 베드로의 설교를 듣고 세례를 받은 사람이 3000명이나 되었다.(행 2:41) 예수님을 한 때 부인했던 베드로는 담대하게 복음을 증거했다. 복음 속에는 이방인이 하나님을 믿고 성령을 받는 것까지 포함되어 있다. 베드로가 성령의 선물을 받으라고 말할 때 그 약속의 대상은 그들과 그들의 자녀와 모든 먼 데 사람까지 포함되어 있었다. 그가 말한 먼 데 사람은 이방인을 가리킨다. 이것은 놀라운 약속의 성취다. 구약에서는 이스라엘 백성만 하나님의 선민이라고 믿었다. 하나님의 영은 오직 특별한 사람에게만 임했다. 그런데 예수님을 통해 모든 사람에게 구원의 문이 열린 것이다. 이방인들이 복음으로 말미암아 그리스도 예수 안에서 함께 상속자가 되었다. 함께 지체가 되었다. 함께 약속에 참여하는 자가 되었다.

성령이 임하고

"이는 이방인들이 복음으로 말미암아 그리스도 예수 안에서 함께 상속자가 되고 함께 지체가 되고 함께 약속에 참여하는 자가 됨이라"(엡 3:6)

이방인을 향한 약속의 절정은 예수님을 믿고 하나님의 자녀가 되고 성령 충만을 받게 되는 것이다. "이는 그리스도 예수 안에서 아브라함의 복이 이방인에게 미치게 하고 또 우리로 하여금 믿음으로 말미암아 성령의 약속을 받게 하려 함이라"(갈 3:14).

성령의 능력은 사랑의 능력이다. 성령은 사랑의 영이다. 성령 충만을 받으면 사랑할 수 없는 사람까지도 사랑하게 된다. 원수까지도 사랑하게 된다. 상처를 준 사람도 용서할 수 있게 된다. 사랑한다는 것은 용서한다는 것이다. 제자들은 성령 충만을 받은 후에 사랑의 사람이 되었다. 그들은 예수님의 사랑을 받았다. 예수님은 제자들에게 사랑의 계명을 주실 때에 예수님이 그들을 사랑하신 것처럼 사랑하라고 말씀하셨다. "새 계명을 너희에게 주노니 서로 사랑하라 내가 너희를 사랑한 것 같이 너희도 서로 사랑하라 너희가 서로 사랑하면 이로써 모든 사람이 너희가 내 제자인 줄 알리라"(요 13:34,35).

예수님이 먼저 그들을 사랑하셨다. 그들에게 사랑을 아낌없이 부어 주셨다. 하지만 예수님은 그들이 지속적으로 하나님의 사랑을 받아야 함을 아셨다. 사랑은 한번 받고 마는 것이 아니다. 한번 사랑을 베푸는 것은 누구나 할 수 있다. 하지만 지속적으로 사랑을 베푸는 것은 어렵다. 그런 까닭에 우리 각자는 하나님의 사랑을 지속적으로 공급받아야 한다. 어떻게 그것이 가능할까? 성령 충만을 통해 가능하다. 우리는 성령을 통해 하나님의 사랑을 지속적으로 공급받을 수 있다.(롬 5:8)

충만한 삶은 충만한 공급에서

인생의 문제는 공급의 문제다. 공급이 원활해야 분배가 가능하다. 충만히 받을 때 충만히 나눌 수 있다. 공급을 받지 않은 채 나누려고 하기 때문에 탈진하는 것이다. 받는 것을 미안하게 생각해서는 안 된다. 공급을 받는 것은 생존의 문제다. 많이 공급을 받을 때 생존을 넘어 풍성한 삶을 살 수 있다. 많이 받은 자만이 많이 나눌 수 있다. 또한 지속적이며 체계적으로 나눌 수 있다. 요셉은 7년 풍년의 때에 곡식을 창고에 지속적이고 체계적으로 모았다. 그런 까닭에 7년 흉년의 때에 지속적이며 체계적으로 곡식을 나누어 줄 수 있었다. 그리함으로 만민의 생명을 살릴 수 있었다. 사랑도 마찬가지다. 하나님의 사랑을 끊임없이 공급받을 때 하나님과 사람들을 사랑할 수 있다.

어떻게 하나님의 사랑을 지속적으로 충만하게 공급받을 수 있을까? 성령 안에서 늘 기도할 때 가능하다. 늘 하나님과 대화할 때 가능하다. 경배와 찬양을 통해 하나님의 사랑을 받을 수 있다. 예배는 하나님의 충만하신 은혜와 사랑을 받는 통로다. 우리가 하나님을 예배할 때 하나님은 풍성한 은혜와 사랑을 부어 주신다. 예배는 드림이면서 동시에 받음이다. 드림과 받음이 있을 때 나눔이 있다.

성령의 능력은 견딤의 능력이다. 베드로는 성령 충만 받기 전엔 비겁했다. 어려움을 견디지 못하고 이겨내지 못했다. 하지만 성령 충만을 받은 후에는 담대한 사람이 되었다. 핍박과 고난을 잘 견뎠다. 감옥에 갇히는 핍박을 받을 때도 잘 견뎠다. 예수님의 이름을 증거하다가 채찍질을 당하고 능욕을 받을 때도 오히려 기뻐했다.

성령이 임하고

"그들이 옳게 여겨 사도들을 불러들여 채찍질하며 예수의 이름으로 말하는 것을 금하고 놓으니 사도들은 그 이름을 위하여 능욕 받는 일에 합당한 자로 여기심을 기뻐하면서 공회 앞을 떠나니라"(행 5:40,41)

이제 베드로와 사도들은 더 이상 비겁하지 않다. 그들은 예수님으로 인해 능욕 받는 일을 오히려 기뻐하고 있다. 그들은 세상이 감당하지 못하는 사람들이 되었다. 하나님은 제자들을 모든 견딤에 능한 사람이 되게 하셨다. 성령의 능력으로 말이다. "그의 영광의 힘을 따라 모든 능력으로 능하게 하시며 기쁨으로 모든 견딤과 오래 참음에 이르게 하시고"(골 1:11)

성령의 능력은 뻗어 나가는 능력이다. 예수님은 성령의 능력이 임할 때 그들이 예루살렘과 온 유대와 사마리아와 땅끝까지 이르러 증인이 될 것이라고 말씀하셨다.(행 1:8) 성령 충만을 받을 때 뻗어나가게 된다. 우리는 가끔 멈추어만 있을 때가 있을 것이다. 침체에 빠질 때가 있을 것이다. 그때 필요한 것이 성령 충만이다. 성령이 강력하게 임하실 때 앞을 향해 전진할 수 있다. 요셉의 가지가 담장을 넘어 뻗어 나간 것처럼 우리도 뻗어 나갈 수 있다.

예수님의 부르심은 우리가 모든 민족, 열방을 향해 나아가는 것이다. 땅끝까지 나아가는 것이다. 온 천하에 복음을 전하는 것이다. 베드로와 사도들이 전한 복음은 예루살렘에서 시작해 온 유대와 사마리아에까지 이른다.(행 9:31)

베드로는 이때 사방으로 두루 다니며 복음을 전한다.(행 10:32) 베드로는 룻다에서 중풍병에 걸린 애니아를 고쳐 준다. 욥바에서는 죽은 다비다를 다시 살리는 기적을 일으킨다. 또한 이방인 고넬료에게 복음을 전함으로 그 가정에 성령님이 임하게 한다. 그리함으로 땅 끝에 복음을 전한다. 그리함으로 땅 끝까지 이르는 복음의 역사가 일어난다.

우리가 성령 충만을 받고, 성령님의 권능을 힘입는 것은 예수님의 증인이 되기 위함이다. 사도행전 1장 8절은 짧지만 엄청난 메시지를 담고 있다. "오직 성령이 너희에게 임하시면 너희가 권능을 받고 예루살렘과 온 유대와 사마리아와 땅 끝까지 이르러 내 증인이 되리라 하시니라"(행 1:8).

예수님은 성령님의 권능을 받게 되면 '내 증인이 된다'고 말씀하신다. 성령님은 예수님을 증거하는 영이다. 베드로와 제자들이 성령 충만을 받았을 때 그들은 예수님의 증인이 되었다. 증인이라는 헬라어 단어는 '마르투스'다. 이 단어에서 순교자(martyr)란 단어가 나왔다. 이 증인이라는 단어는 몇 가지 아주 중요한 의미를 품고 있다.

법적 용어: 보고 들은 것을 그대로 증거하는 것을 의미한다. 법정에서 가장 중요한 역할을 하는 사람이 증인이다. 증인은 사건의 현장에 있었던 사람이다. 사건의 현장에서 사건을 보고 들은 사람이다. 그런 까닭에 증인의 증언이 가장 소중한 증거가 된다. "우리는 보고 들은 것을 말하지 아니할 수 없다 하니"(행 4:20)

역사적 용어: 역사 속에서 실제로 일어난 것을 본 대로 증거하는 것을 의미한다. 역사를 기록할 때 중요한 것은 사건에 대한 사실과 진실이다. 예수님의 죽으심과 부활은 역사적인 사건이다. 성령 강림도 역사적 사건이다. 제자들은 예수님의 죽음과 부활의 증인이었다. 그들은 역사 속에서 일어난 예수님의 죽음과 부활의 증인이었다. 또한 성령 강림의 증인이었다. "생명의 주를 죽였도다 그러나 하나님이 죽은 자 가운데서 그를 살리셨으니 우리가 이 일에 증인이라"(행 3:15). "우리는 이 일에 증인이요 하나님이 자기에게 순종하는 사람들에게 주신 성령도 그러하니라 하더라"(행 5:32).

사랑의 용어: 순교를 통해 사랑하는 예수님의 증인이 되는 것을 의미

성령이 임하고

한다. 앞에서 본 것처럼 증인이라는 헬라어에서 나온 영어 단어가 순교자(martyr)다. 참된 증인은 목숨을 내놓고 증거한다. 예수님의 제자들은 사도 요한을 제외하고 모두 순교했다. 예수님의 증인이 된다고 해서 사도들처럼 순교하라는 뜻은 아니다. 순교는 특별한 하나님의 은혜가 있어야 가능하다. 그것은 하나님의 은사 중 하나다. 하지만 우리는 선교적인 삶을 통해 순교적인 삶을 살 수 있다. 순교하는 마음으로 예수님을 증거할 수 있다.

"사도들이 큰 권능으로 주 예수의 부활을 증언하니 무리가 큰 은혜를 받아"(행 4:33). 사도들이 전했던 것은 예수님의 부활이다. 그들은 성령을 통해 큰 권능을 힘입어 예수님의 부활의 증인이 되었다. 진정한 전도와 선교는 성령 충만을 통해 이루어진다. 성령이 친히 주관하시고 인도하시는 중에 전도와 선교는 풍성한 열매를 맺게 된다. 하나님의 선교는 삼위일체의 선교다. 하나님 아버지께서 독생자 예수님을 보내셨다. 예수님은 성령을 힘입어 사역하셨다. 그리고 하나님 아버지께서 약속하신 성령을 받아 제자들에게 보내주셨다. 예수님의 제자들은 성령 충만을 받아 증인의 삶을 살았다. 이 모든 것을 주관하시는 분이 성삼위 하나님이시다.

예수님의 제자가 된다는 것은 어려워 보이지만 불가능한 것은 아니다. 제자의 삶이 어렵게 느껴진다면 자신의 힘으로 제자의 삶을 살려고 하기 때문이다. 제자의 삶은 그 원리를 따라 살면 힘들지 않다. 먼저 자신을 비우라. 모든 것을 하나님 앞에 내려놓으라. 그리고 하나님께 마음을 열고 하나님이 주시는 것들을 받으라.

예수님 안에 있는 지식과 지혜를 충만히 받으라. 예수님 안에 있는 하나님의 충만을 받으라. 예수님이 보내 주시는 성령을 충만히 받으라. 성령 충만이란 물량적인 것을 의미하기보다 성령께 사로잡히는 것을 의미한다. 성령 충만을 받으면 성령의 인도를 받는다. 성령의 능력으로 일하게 된다. 성령이 주시는 하나님의 사랑을 충만히 받아 나누게 된다. 성령이 주시는 지혜로 일하게 된다.

인간은 결핍된 존재로 만들어졌다. 인간은 자족하는 존재가 아니다. 스스로 내부에서 모든 것을 만들어 낼 수 있는 존재가 아니다. 외부에서 공급을 받아야 산다. 호흡을 위해 산소를, 성장을 위해 외부에서 물과 음식을 공급받아야 한다. 또한 사랑을 공급받아야 한다. 위로와 격려도 공급받아야 한다. 영적인 양식도 공급받아야 한다. 그런 까닭에 예수님은 제자들에게 "위로부터 부어 주시는 능력을 옷 입으라"고 말씀하신 것이다.

하나님은 우리에게 필요한 모든 것을 충만하게 예비해 놓으셨다. 마음을 열고 간구하는 자에게 그 모든 것을 허락해 주신다. 갈망하는 자에게 허락해 주신다. 성령 충만을 갈망하라. 성령의 권능을 사모하라. 하나님 앞에 나아가 기도하며 기다리라. 마음을 활짝 열고 기다리라. 마음의 그릇을 열어 놓으라. 하나님은 그 그릇을 충만하게 채우실 것이다. 그때 우리는 비로소 나눌 수가 있다.

깊은 묵상으로

나는 스승이신 예수님께 어떤 것들을 공급받고 있는가?

나는 하나님의 사랑을 지속적으로 공급받고 있는가? 어떻게 그것이 가능한가?

내가 남에게 나누고 있는 것은 어떤 것인가? 그것은 어디에서 온 것인가?

성령이 임하고

12 신성한 성품으로

벧후 1:3-10

가장 아름다운 사역은 예수님의 성품을 따라 사역하는 것이다. 하나님은 우리의 성품에 관심이 많으시다. 훌륭한 성품은 그릇과 같다. 훌륭한 성품이란 그릇이 없으면 하나님의 복을 담을 수가 없다.

신성한 성품으로

•

　우리는 지금 예수님의 제자 베드로에 대해 공부하고 있다. 한 인물을 연구하기 위해서는 그가 누구를 만났으며 무슨 책을 읽었느냐를 알아야 한다. 왜냐하면 사람은 그가 만난 사람과 그가 읽은 책의 영향을 받기 때문이다.

　베드로를 변화시킨 분은 예수님이다. 예수님과의 만남을 통해 베드로는 하나님 아버지와 성령 하나님을 만난다. 또한 그가 읽은 성경이 그를 변화시켰다. 그는 설교할 때 구약성경을 많이 인용해서 예수님을 증언했다. 내가 베드로의 이야기를 나누는 것은 베드로의 경험이 나의 경험과 비슷하기 때문이다. 이것은 또한 우리 모두의 경험과 비슷할 것이기 때문이다. 우리 각자가 예수님을 믿고 변화된 이야기는 사실은 베드로가 경험한 이야기와 거의 비슷하다. 그런 까닭에 우리가 베드로의 이야기를 들으면서 마치 나의 이야기를 듣는 것 같은 경험을 하는 것이다.

베드로는 그의 서신에서 그가 예수님을 통해 배운 것과 그가 예수님께 받은 것을 나누고 있다. 그것은 신기한 능력과 신성한 성품이다. 신기한 능력 속에 신성한 성품이 함께 연결되어 있다. "그의 신기한 능력으로 생명과 경건에 속한 모든 것을 우리에게 주셨으니 이는 자기의 영광과 덕으로써 우리를 부르신 이를 앎으로 말미암음이라"(벧후 1:3).

베드로는 신기한 능력으로 생명과 경건에 속한 모든 것을 우리가 받았다고 말씀한다. 여기서 경건에 속한 모든 것이 신성한 성품과 관련되어 있다. 그는 하나님이 우리에게 보배롭고 큰 약속을 주신 것은 신성한 성품에 참여하는 자가 되게 하려 함이라고 강조한다. "이로써 그 보배롭고 지극히 큰 약속을 우리에게 주사 이 약속으로 말미암아 너희가 정욕 때문에 세상에서 썩어질 것을 피하여 신성한 성품에 참여하는 자가 되게 하려 하셨느니라"(벧후 1:4).

베드로는 신성한 성품을 받았고, 그 신성한 성품에 참여한 사람이다. 신성한 성품은 아름다운 성품이다. 하나님은 우리 각자가 아름다운 성품으로 사역하길 원하신다. 그렇기에 우리는 신성한 성품은 무엇이며, 그 신성한 성품은 어떻게 형성되는가를 반드시 알아야 한다.

거듭남으로 신성한 성품을

신성한 성품은 하나님의 성품을 의미한다. 신적인 성품이란 인간 안에 있었던 것이 아니다. 하나님의 성품이 인간 안으로 들어온 것을 의미한다. 그리함으로 신성한 성품에 참여한 자가 된 것이다. "신성한 성품에 참여한 자가 되게 하려 하셨느니라"(벧후 1:4하).

이 말씀은 정말 대단한 의미를 내포하고 있다. 여기서 우리가 먼저 주목해야 할 단어는 '성품'이다. '성품'이란 단어는 헬라어로 '휘시스'다. 이 단어는 '본성, 타고난 성향'이란 뜻을 가지고 있다. 쉽게 설명하면 어떤 본성을 의미한다. 유전자라고 설명할 수 있다. 요즈음은 DNA라는 말을 많이 사용한다. 인간은 육신으로 태어날 때 부모로부터 유전자를 받아 가지고 태어난다. 부모로부터 받은 유전자에 따라 아기의 모습이 결정된다.

나 역시 부모님의 유전자를 가지고 태어났기에 동양인의 모습을 가지고 있다. 또한 어머니의 코를 닮아서 코가 납작하다. 어머니의 피부를 닮아서 피부가 좋은 편이다. 이것은 내가 노력한 것이 아니다. 타고난 것이다. 어머니는 초등학교밖에 나오시지 않았지만 글을 잘 쓰셨다. 탁월한 이야기꾼이셨다. 어머니는 수줍음을 타는 분이셔서 사람들 앞에서 말씀을 잘하지 않는 편이셨다. 하지만 마음을 터놓고 대화할 수 있는 분을 만나면 아주 이야기를 재미있게 하셨다. 어머니는 바느질을 해서 자녀를 키우셨다. 어머니는 한복을 아주 탁월하게 만드셨다. 어머니는 탁월성을 추구하신 분이다. 그래서 어머니는 자신이 만드신 한복에 대해 자부심을 갖고 계셨다. 어머니는 한복 기술을 전수하는 것을 좋아하셨다. 나는 어머니가 집에서 제자를 양성하는 것을 지켜보았다. 제자를 양성하신 후에는 그 제자가 한복집을 차리도록 도와주셨다.

나는 어머니의 유전자를 받은 까닭에 수줍어한다. 복음 이야기를 잘 전하려고 한다. 또한 내가 하는 일에서 탁월함을 추구한다. 사람을 키우는 일에 관심이 많다. 특별히 목회자를 잘 키워 건강한 교회가 계속해서 세워지길 바라고 있다. 나는 어머니의 유전자를 받아, 그 유전자가 가지고 있는 성향을 따라 살아가고 있다.

성품을 잘 이해할 수 있는 단어는 성향(disposition, tendency)이다. 그런데 성향이란 단어도 설명이 필요하다. 예를 들어 복숭아 씨앗을 심으면 복숭아가 나온다. 왜냐하면 복숭아 씨앗 속에는 복숭아라는 성향이 들어 있기 때문이다. 복숭아 씨앗을 심으면 복숭아가 나오지 사과가 나오지 않는다. 복숭아 씨앗은 복숭아를 생산해낸다.

성향이란 말을 씨앗이라고 이해해도 좋다. 사과 씨앗은 사과나무가 되어 사과 열매를 맺는다. 배 씨앗은 배나무가 되어 배 열매를 맺는다. 포도 씨앗은 포도나무가 되어 포도 열매를 맺는다. 씨앗은 그 안에 어떤 성향, 어떤 본성, 어떤 기질을 가지고 있다. 씨앗은 그 종류에 따라 열매를 맺는다.

베드로가 신성한 성품을 받았다고 말할 때, 그것은 우리 안에 하나님의 성품이 들어왔다는 것을 뜻한다. 이것은 아주 놀라운 일이다. 왜냐하면 우리가 부모로부터 태어날 때 받은 성품은 신성한 성품이 아니었다. 우리가 받은 성품은 인류의 조상인 아담의 성품이었다. 아담의 성품, 곧 아담의 유전자를 받았다. 아담의 유전자는 어떤 유전자인가? 하나님의 말씀에 불순종한 유전자다. 아담으로부터 받은 성품, 즉 본성은 불순종이다. 하나님처럼 되려고 했던 교만이다. 하나님을 향한 반역이다. 하나님을 기쁘시게 한 것이 아니라 하나님을 슬프시게 했다. 하나님을 즐거워하는 것이 아니라 죄악을 즐거워하는 쪽을 선택한 본성이다.

아담과 하와가 선악과를 따먹은 다음에 보여 준 본성은 무엇인가? 그것은 책임을 회피하고, 남을 탓하는 본성이다. 하나님을 피해 숨는 본성이다. 아담이 범죄한 후에 그 악한 본성은 점점 더 자라서 포악한 인간이 된다. 아담의 아들 가인이 그의 동생을 미워해서 죽인다. 형제를 사랑하는 것이 아니라 형제를 미워하는 본성이다. 심지어 형제를 죽이는 본성, 즉 살인하

신성한 성품으로

는 본성이다. 본성, 즉 성향은 반드시 드러나게 되어 있다. 또한 점점 자라고 발전하게 되어 있다. 아담이 범죄한 후의 본성은 그 후손에 이르면서 점점 나쁜 상태로 자랐다. 하나님이 인류를 홍수로 심판할 때는 온 세상이 죄악으로 가득했다. 사람들의 생각과 그 모든 계획이 악한 상태가 되었다.(창 6:5)

그때에 아담의 후손이 살고 있던 온 땅이 하나님 앞에 부패하여 포악함이 땅에 가득하게 되었다.(창 6:11) 부패라는 말은 썩는다는 뜻이다. 음식이 부패하면 냄새가 난다. 곰팡이가 슬고 구더기가 생긴다. 생명을 주는 음식이 생명을 파괴하게 된다. 음식이 부패하면 그 음식이 본래의 구실을 못하게 된다. 부패한 음식은 결국 버릴 수밖에 없다. 홍수 심판은 인간의 부패로 인해 임했던 사건이다.

아담의 원죄를 타고 태어난 인간은 누구나 죄를 지을 수밖에 없는 본성을 지니고 있다. 교만, 불순종, 반역, 미움, 분노, 질투, 남을 탓하는 기질, 복수심, 원한을 품는 기질, 책임을 회피하는 기질, 거짓말하는 본성이 그 안에서 자연스럽게 나온다. 사람들에게 가장 자연스러운 것이 누구를 미워하는 것이다. 우리는 누구를 미워하기 위해 노력할 필요가 없다. 우리가 아담으로부터 받은 성품 그 자체이기 때문이다. 아담으로부터 받은 성품을 따라 살면 우리는 멸망 받을 수밖에 없다. 성경은 마귀의 영향을 받아 하나님을 반역한 아담의 후손들이 어느 날 마귀의 자녀가 되었다고 말씀한다.(요 8:44)

이것이 비극이다. 하나님의 형상을 따라 지음 받은 인간이 범죄함으로 마귀의 자녀가 되어버린 것이다. 하나님은 범죄한 인간을 다시 회복하시기 위해 두 번째 아담이신 예수님을 보내주셨다. 예수님을 믿을 때 우리는 복음의 말씀과 예수님의 보혈과 성령님을 통해 거듭나게 된다. 우리가 거듭나는 순간 우리는 하나님의 자녀가 된다. 또한 하나님의 성품이 내 속으로 들어오게 된다. 베드로는 우리가 예수님을 믿을 때 거듭났다는 사실을 밝히고 있다. 그 이유는 그가 예수님을 믿고 거듭남을 경험했기 때문이다.

> "너희가 거듭난 것은 썩어질 씨로 된 것이 아니요 썩지 아니할 씨로 된 것이니 살아 있고 항상 있는 하나님의 말씀으로 되었느니라"(벧전 1:23)

한 생명이 이 땅에 태어날 때 다양한 요소가 결합한다. 우선, 남자와 여자가 만나 결혼을 한다. 남편의 씨앗이 아내에게 들어가서 자란다. 여인의 자궁에서 잉태하고 자란 아이가 10개월이 되면, 즉 때가 차면 이 땅에 태어난다. 태어날 때 산모는 산통을 겪는다. 아이가 태어날 때 어머니의 몸에서 피와 물이 쏟아진다. 예수님은 그를 찾아온 니고데모에게 영생을 얻고 하나님의 나라에 들어가기 위해서는 반드시 거듭나야 한다고 말씀하셨다. 육신의 생명이 태어날 때 다양한 요소가 결합해서 태어난 것처럼 영적인 생명이 태어날 때도 마찬가지다. "… 사람이 거듭나지 아니하면 하나님의 나라를 볼 수 없느니라"(요 3:3하).

물과 성령님을 통해 거듭날 때 함께 역사하신 것은 복음의 말씀과 예수님의 보혈이다. 예수님을 믿고 거듭날 때 우리 안에는 두 번째 아담이신 예수님의 생명이 들어온다. 예수님의 성품, 즉 예수님의 본성과 성향을 받는 것이다. 그때 우리는 새로운 피조물이 된다.(고후 5:17) 그런데 여기서 우리는 이해하기 힘든 딜레마에 빠질 것이다. 그것은 우리 각자 안에 두 본성이 함께 역사한다는 것이다. 우리가 육신을 입고 이 땅에 사는 동안 첫 번째 아담의 죄의 본성과 두 번째 아담으로 오신 예수님의 신성한 본성, 즉 신성한 성품이 함께 우리 안에서 갈등을 일으키는 것이다.

신성한 성품으로

예수님의 성품의 특징은 무엇일까? 예수님이 말씀하시고 보여 주신 성품은 첫 번째 아담이 물려준 성품과는 아주 다르다. 예수님이 보여 주신 성품은 사랑, 온유, 겸손, 순종, 거룩, 긍휼, 공의, 덕스러움, 화평, 형제 우애, 섬김, 진실함, 경건함, 하나님을 경외함, 인내, 절제, 관용, 용서, 그리고 충성됨과 같은 성품이다.

우리가 예수님을 믿는 순간 우리 안에 이런 아름다운 신성한 성품의 씨앗이 들어오게 된다. 우리 안에 있는 이런 성품의 씨앗들은 성령님의 도우심을 받아 드러나게 된다. 이 과정에서 각자가 경험하는 것은 첫 번째 아담의 본성과 두 번째 아담이신 예수님의 본성이 함께 싸우는 것이다. 그것은 바울이 예수님을 만난 후에 겪게 되는 고민이다. 예수님의 신성한 성품을 따라 살려고 하는데 또 다른 본성이 그리하지 못하게 하는 것이다. 그것은 첫 번째 아담의 본성 때문이다.

> "내 속사람으로는 하나님의 법을 즐거워하되 내 지체 속에서 한 다른 법이 내 마음의 법과 싸워 내 지체 속에 있는 죄의 법으로 나를 사로잡는 것을 보는도다"(롬 7:22,23)

그는 이런 갈등 때문에 절망을 경험하게 된다. "오호라 나는 곤고한 사람이로다 이 사망의 몸에서 누가 나를 건져내랴"(롬 7:24). 하지만 그는 마지막에 승리를 선언한다. 그 승리는 예수님을 통해서 오는 승리다. 우리의 갈등과 내적 전쟁을 승리케 하시는 예수님을 통해 승리를 경험하게 된다.(롬 7:25)

우리는 예수님을 믿고 거듭나는 경험을 해야 한다. 그 이유는 예수님을 믿고 거듭날 때 신성한 성품이 우리 안으로 들어오기 때문이다. 다시 한번 베드로후서 1장 4절을 보라. "이로써 그 보배롭고 지극히 큰 약속을 우리에게 주사 이 약속으로 말미암아 너희가 정욕 때문에 세상에서 썩어질 것을 피하여 신성한 성품에 참여하는 자가 되게 하려 하셨느니라."

보배롭고 지극히 큰 약속을 받은 우리는 세상에서 썩어질 것들을 피해야 한다. 첫 번째 아담의 본성을 따라 사는 것을 버려야 한다. 반면에 신성한 성품에 참여하는 자가 되어야 한다. '참여'라는 단어는 헬라어로 '코이노노스'로 함께 사귀며 교제한다는 뜻을 지니고 있다.

그리스도인이란 신성한 성품 안에서 서로 사귀며 교제하는 사람들이다. 그런 가운데 우리는 신성한 성품의 열매를 맺게 된다. '참여'라는 단어와 연결된 헬라어 단어가 사귐, 교제라는 단어다. 사도 요한은 그리스도인의 사귐은 예수님과 사귐을 갖고 그 사귐 안에서 누리는 것이라고 말씀한다. "우리가 보고 들은 바를 너희에게도 전함은 너희로 우리와 사귐이 있게 하려 함이니 우리의 사귐은 아버지와 그의 아들 예수 그리스도와 더불어 누림이라"(요일 1:3).

사도 요한은 이 말씀에서 사귐이라는 단어를 두 가지 차원에서 쓰고 있다. 첫째는 예수님을 믿는 성도들과의 사귐이다. 둘째는 하나님 아버지와 예수님과의 사귐이다. 사귐이란 헬라어 단어는 각자의 귀에 상당히 익숙할 것이다. '사귐, 교제'라는 단어는 헬라어로 '코이노니아'다. 즉 예수 그리스도와의 교제를 의미한다. 성삼위 하나님과의 교제를 의미한다. 우리는 성삼위 하나님과의 교제를 통해 신성한 성품에 참여하게 된다.

어떻게 신성한 성품을?

예수님이 베드로에게 신성한 성품을 주신 까닭은 그로 하여금 신성한 성품을 따라 사역하도록 하기 위함이다. 가장 아름다운 사역은 그리스도의 성품에서 흘러나온 사역이다. 베드로가 경험한 신성한 성품은 다음과 같다. "그러므로 너희가 더욱 힘써 너희 믿음에 덕을, 덕에 지식을, 지식에 절제를, 절제에 인내를, 인내에 경건을, 경건에 형제 우애를, 형제 우애에 사랑을 더하라"(벧후 1:5-7).

이것은 신성한 성품의 칠층 집을 짓는 것과 같다. 베드로가 왜 여기서 일곱 가지를 이야기하고 있는지는 잘 모른다. 하지만 베드로가 성령님의 영감을 받아 신성한 성품의 일곱 가지를 기록하고 있다는 점을 기억해야 한다.

믿음 – 덕 – 지식 – 절제 – 인내 – 경건 – 사랑(형제 우애와 하나님의 사랑)

베드로가 말하고 있는 일곱 가지 성품의 칠층 집을 살펴보자.

첫째, 신성한 성품의 기초인 **믿음**이다. 베드로는 가장 먼저 믿음에서 신성한 성품을 연결시키고 있다. 믿음은 신령한 집을 세울 때 가장 중요한 기초다. 집은 기초가 가장 중요하다. 평소에는 잘 모르지만 지진이 나거나 폭풍우가 몰아칠 때 든든한 기초처럼 중요한 것은 없다. 기초는 집을 완성하고 나면 보이지 않지만 모든 것을 지탱하는 힘이다.

왜 믿음이 중요할까? 우리가 예수님을 믿음으로 거듭나게 되고, 예수님의 성품을 받게 되기 때문이다. 베드로가 말하는 믿음은 무엇일까? 사도행

전에서 베드로는 참된 믿음은 예수님으로 말미암은 믿음임을 강조한다.(행 3:16)

둘째, 신성한 성품의 원천인 **덕**이다. '덕'이라는 단어를 이해하는 것은 아주 중요하다. 덕이라는 단어는 영어로 'virtue'다. 헬라어로는 '아레테'다. 이 뜻은 미덕, 도덕적인 탁월함, 순결함이다. 헬라 사람들에게 덕이라는 단어, 즉 아레테는 탁월함을 의미했다. 김상근 교수님은 인문학 강의에서 '아레테'의 힘을 강조한다. 신약성경은 대부분 헬라어로 쓰였고, 일부만 아람어로 쓰여졌다. 헬라어의 단어를 이해하려면 헬라어적 배경을 이해해야 한다.

> 그리스인들은 예로부터 수사학, 문법, 수학, 음악, 철학, 지리학, 자연의 역사 그리고 체육을 통해 인간됨의 본질에 도달할 수 있다고 믿었으며, 이러한 덕목의 교육을 통해 탁월한 삶, 이상적인 삶을 지향했습니다. 다시 말하자면 파이데미아(교육)를 통해서 아레테(aretē, 탁월함)의 삶을 사는 것이 목표였습니다. (김상근, 『인문학으로 창조하라』, 멘토, 18쪽)

그리스인들에게 아레테는 탁월함이었다. 헬라가 로마에 의해 멸망을 당한 후에 로마인들은 탁월함이란 아레테를 라틴어로 비르투스(Virtus)로 확대했다. 그 후에 아레테는 비르투스, 즉 덕으로 번역이 되었다. 라틴어 비르투스에서 영어 virtue가 나왔다.

> 그리스어의 '아레테'가 모든 존재하는 것의 최고상태를 지칭하는 '탁월함'이었다면, 라틴어의 '비르투스'는 용기와 남성다움이란 덕목이 추가된 '탁월함'의 또 다른 이름이었습니다. (김상근, 『인문학으로 창조하라』, 멘토, 19쪽)

신성한 성품으로

헬라 사람과 로마 사람 모두가 추구했던 가장 중요한 덕목은 바로 덕이었다. 덕이라는 성품 속에 탁월함과 용기와 지혜가 담겨 있었다. 그 당시 지도자가 갖추어야 할 가장 중요한 덕목은 바로 덕이었다. 동양철학에서도 덕은 아주 중요하게 다루는 성품이다. 동양인들에게 덕은 너그러움, 관용과 관련이 있다. 가능한 모든 사람을 품는 것과 관련되어 있다. 덕은 선한 마음이며 고운 마음이다.

간혹, 세상 사람들 중에 덕스러운 사람을 만날 것이다. 탁월한 성품을 가진 사람들을 만날 것이다. 하지만 성경에서 말하는 덕은 그 이상을 의미한다. 성경에서 말하는 덕이란 성품은 본질적으로 하나님으로부터 나온다. 오직 하나님만이 가장 탁월하신 분이다. 가장 선하신 분이다. 하나님은 그의 존재와 성품 속에서 무한한 탁월함과 아름다움을 드러내어 주신다. 그리스도인의 덕은 덕의 원천되시는 하나님을 알고, 하나님께 영광을 돌리고, 하나님을 즐거워하는 데 있다.

우리가 덕을 추구한다는 것은 하나님을 사랑하고, 그 거룩함을 기뻐하는 것을 의미한다. 그리함으로 우리는 참으로 하나님의 덕을 기릴 수가 있다. 하나님의 덕을 드러냄으로 우리는 하나님의 덕스러움에 동참하게 된다. 그런 까닭에 덕은 하나님의 모든 성품의 원천이요, 성도가 형성할 수 있는 모든 탁월한 성품의 원천이 된다.

셋째, **지식**은 하나님을 알고 경외하는 성품이다. 베드로가 추구하는 지식의 핵심은 우리를 부르신 이를 아는 것이다. 또한 예수 그리스도를 아는 것이다. "… 이는 자기의 영광과 덕으로써 우리를 부르신 이를 앎으로 말미암음이라"(벧후 1:3하).

참된 지식은 하나님을 알고 그를 경외하는 것이다. 지식의 근본은 하나님을 경외하는 것이다.(잠 1:7) 하나님에 대한 올바른 지식이 올바른 성품을 낳는다. 하나님을 알고 하나님을 경외하는 사람은 제 멋대로 살지 않는다.

넷째, 힘의 균형을 유지하는 **절제**다. 지식 다음에 나오는 성품이 절제다. 절제는 성령의 아홉 가지 열매 가운데 마지막 열매다. 어떻게 보면 성령의 아홉 가지 열매의 최고봉이라고 해도 과언이 아니다. 절제는 힘을 조절하는 능력이다. 힘이 있다고 다 쓰면 안 된다. 힘을 잘못 사용하면 패망하게 된다. 힘은 적절하게 사용할 때 가장 놀라운 효과를 발휘한다.

절제는 자신의 감정을 다스리는 능력이다. 절제는 자신의 힘을 잘 다스리는 능력이다. 절제는 자신의 언어를 잘 다스리는 능력이다. 절제는 좌로나 우로나 치우치지 않는 능력이다. 절제는 중용의 힘이다. 지나치지 않는 것이다. 무엇이든 지나치면 아름답지 않다. 참된 아름다움은 절제에 있다. 어느 선에서 멈출 줄 아는 데 있다.

예수님은 절대로 자신을 위해서는 힘을 사용하지 않으셨다. 오직 다른 사람을 치유하고 구원하기 위해서 힘을 사용하셨다. 절대로 돌로 떡을 만들지 않으셨다. 절제가 아름다운 것은 절제는 힘을 사명에 집중할 수 있도록 하는 성품인 까닭이다. 힘을 가장 중요한 일에 집중할 때 놀라운 결과를 가져오게 된다. 예수님은 십자가를 향해 모든 힘을 집중하셨다. 그 결과 인류를 구원하실 수 있었다. 하나님 아버지께서 맡기신 일을 완수하실 수 있었다.

다섯째, 고난을 잘 견디는 성품인 **인내**다. 베드로가 서신을 쓰게 된 이유는 고난 중에 있는 성도들을 위로하며, 고난 중에도 끝까지 믿음을 지킬 것을 권면하기 위해서다. 그는 부당하게 고난을 당하는 성도들에게 하나님을 생각하고, 그리스도의 고난을 생각함으로 참으라고 권면한다.(벧전 2:19,20)

베드로는 예수님의 고난의 발자취를 따라가라고 권면한다. "이를 위하

신성한 성품으로

여 너희가 부르심을 받았으니 그리스도도 너희를 위하여 고난을 받으사 너희에게 본을 끼쳐 그 자취를 따라오게 하려 하셨느니라"(벧전 2:21).

인내는 견딤이다. 인내는 고난 중에도 하나님께 영광을 돌리는 성품이다. 인내는 하나님을 사랑할 때 솟구쳐 오르는 힘이다. 인내는 물론 힘든 것이다. 하지만 사람들은 인내하는 사람을 볼 때 감동을 받는다. 인내는 고난 중에도 흔들리지 않는 성품이다. 고난 중에도 견고하게 서서 맡겨진 사명을 감당하는 것이 인내다. 인내라는 성품은 견고함, 변함없는 충성심, 변함없는 사랑, 흔들림이 없는 성품과 관련되어 있다.

하나님은 우리의 성품을 시험하기 위해 고난을 허락하신다. 고난을 통해 인내라는 성품을 형성케 하신다. 야고보는 인내라는 성품을 가진 사람은 온전하고 구비하여 조금도 부족함이 없는 사람이라고 말한다.(약 1:3,4)

여섯째, 하나님께 헌신된 거룩한 성품 **경건**이다. 경건은 하나님을 추구하는 성품이다. 경건은 하나님께 헌신하는 성품이다. 경건은 하나님을 경외하는 성품이다. 경건은 하나님의 거룩을 갈망하는 성품이다. 방탕한 사람과 경건한 사람의 차이는 무엇인가. 경건한 사람을 만나면 저절로 예수 그리스도의 향기가 느껴진다. 경건은 신성함이다. 경건은 신령한 것을 추구하는 것이다. 경건은 유쾌함이다. 바울은 경건은 범사에 유익하다고 말한다. "망령되고 허탄한 신화를 버리고 경건에 이르도록 네 자신을 연단하라 육체의 연단은 약간의 유익이 있으나 경건은 범사에 유익하니 금생과 내생에 약속이 있느니라"(딤전 4:7,8).

경건한 성품은 우리의 자녀, 우리가 만나는 사람들에게 영향을 끼친다. 경건의 뿌리는 거룩이다. 베드로는 거룩을 아주 강조한다.

"오직 너희를 부르신 거룩한 이처럼 너희도 모든 행실에 거룩한 자가 되라 기

록되었으되 내가 거룩하니 너희도 거룩할지어다 하셨느니라"(벧전 1:15,16)

베드로는 그리스도인들을 "왕 같은 제사장이요, 거룩한 나라"라고 말한
다. 우리는 왕 같은 제사장이 되었다. 제사장이 입는 의복에는 '여호와께 성
결'이라는 글이 새겨져 있다.(출 39:30) 더러우면 불쾌하다. 정결하면 유쾌하
다. 음탕한 사람을 만나면 불쾌하다. 경건한 사람을 만나면 유쾌하다. 우리
는 유쾌함을 주는 사람이 되었다.

일곱째, 모든 것을 완결시키는 성품인 **사랑**이다. 영성의 목표는 사랑이
다. 성경의 가르침은 하나님 사랑과 이웃 사랑이다. 성품의 최고봉은 역시
사랑이다. 베드로는 형제 우애와 사랑을 이야기한다. 형제 우애는 헬라어
로 '필라델피아'다. 필라델피아는 형제 사랑을 의미한다. 사랑은 헬라어로
'아가페'다. 이 사랑은 하나님의 사랑을 의미한다. 하나님이 독생자를 희생
하기까지 죄인을 사랑하신 사랑을 의미한다. 사랑 중에서 가장 차원 높은
사랑이다.

베드로는 예수님의 사랑을 받았다. 그 사랑을 닮기 원했다. 그래서 신성
한 성품의 칠층 집을 지을 때 최고의 자리에 사랑을 두고 있다. 신성한 성
품에 대한 설명을 들으면서 이런 질문을 할 수 있을 것이다. "신성한 성품이
내 안에 있다면 아무 노력을 하지 않아도 저절로 신성한 성품이 생길 수 있
지 않을까?" 아주 중요한 질문이다. 어떤 의미에서 우리 안에 신성한 성품
이 들어옴으로 우리는 신성한 성품의 열매를 맺을 수 있는 본성을 소유하
게 되었다. 신성한 성품의 열매를 맺을 수 있는 성향을 갖게 되었다. 하지
만 성품, 즉 본성이라는 단어의 근원에는 씨앗이라는 의미가 담겨 있다. 성
품이란 헬라어 단어는 '휘오'에서 나왔다. 이 '휘오'라는 단어는 '태어나다, 발
아하다, 싹트다, 생산하다, 자라다'라는 뜻을 내포하고 있다.

신성한 성품으로

이 뜻은 씨앗이 있지만 그 씨앗을 심지 않으면 열매를 맺을 수 없는 것처럼, 우리 안에 있는 신성한 성품의 씨앗을 심고 잘 키울 때 그 성품이 풍성한 열매로 드러난다는 것이다. 사과 씨앗이 사과가 되기 위해서는 그 씨앗이 심겨져야 한다. 그 씨앗을 심을 때 싹이 난다. 나무가 된다. 나무에 꽃이 피고 꽃이 떨어진 후에 그 자리에 사과 열매를 맺는다. 그와 같이 신성한 성품도 심고 가꿀 때 열매를 맺는다. 그것도 부지런히 힘써 연습하고 훈련할 때 더욱 잘 그 성품을 드러낼 수 있다.

베드로후서 1장 5절과 7절의 마지막 부분을 잘 연결시켜 보라. "너희가 더욱 힘써 … 더하라". 하나님이 성품을 당신 안에 심어주셨지만 그 성품의 열매를 드러내기 위해서는 우리도 함께 힘써야 한다. 또한 더욱 풍성케 해야 한다. 더욱 힘쓸 때 더욱 아름다운 성품을 더하게 된다. 어떤 사람은 믿음에만 머무는 사람이 있다. 예수님을 믿은 후에 그 다음에 아무 일도 일어나지 않았다면 문제가 있다. 한홍 목사님이 『아멘 다음이 중요하다』는 책을 쓰셨는데 아주 좋은 책이다. 우리는 예수님을 믿고 아멘으로 끝나서는 안 된다. 그 다음이 중요하다. 구원을 받은 후에 그 구원의 풍성한 열매를 드러낼 수 있어야 한다. 예수님을 믿고 예수님이 우리 안에 들어오실 때 신성한 성품이 심겨진다. 각자가 할 일은 성령님의 도우심을 받아 그 성품이 풍성한 열매로 드러나게 하는 것이다. 예수님의 성품이 각자의 내면에서 훌륭한 인격으로 드러나게 하는 훈련이 영성 훈련이다.

하나님은 우리가 예수 그리스도의 성품을 통해 사역하길 원하신다. 가장 아름다운 사역은 예수님의 성품을 따라 사역하는 것이다. 하나님은 우리의 성품에 관심이 많으시다. 성품이 좋으면 성공은 따라온다. 더욱 중요한 것은 훌륭한 성품은 그릇과 같다. 훌륭한 성품이란 그릇이 없으면 하나님의 복을 담을 수가 없다. 성품은 하나님의 복을 유지하고 확장시킨다. 재능만으로 안 된다. 재능을 연마하기 위해서는 인내를 가지고 반복해서 훈련해야 한다. 그때 재능이 빛을 발한다. 재능과 함께 훌륭한 성품을 겸비할 때 재능은 더욱 빛을 발한다. 재능이 아무리 탁월하다고 해도 성품이 탁월하지 않을 때 사람들은 등을 돌린다. 그러므로 우리는 신성한 성품을 개발하고 훈련하는 일에 더욱 힘써야 한다.

하나님은 각자의 안에서 신성한 성품을 형성할 수 있는 갈망을 주신다. 첫 아담의 성품을 벗어 버리고 둘째 아담이신 예수님의 성품으로 옷 입도록 도와주신다. 그때 우리는 아름다운 성품으로 하나님이 맡겨주신 사역을 잘 감당할 수 있게 된다.

깊은 묵상으로

예수님의 성품의 특징은 무엇인가?

내가 가장 닮고 싶은 예수님의 성품은 어떤 것인가?

나는 어떻게 그러한 예수님의 성품을 닮을 수가 있을까?

신성한 성품으로

13

제자를 낳다

벧전 5:13

예수님은 베드로를 참으로 훌륭하게 키우셨다. 그의 실패를 선용하셔서 더욱 성숙한 인물로 세우셨다. 베드로는 자기처럼 실패를 경험한 마가를 제자로 삼아 바울까지도 유익하다고 말하는 인물로 키웠다. 우리가 이 땅에 남기고 갈 수 있는 가장 소중한 것은 바로 이것이다.

제자를 낳다

●

예수님의 솜씨는 한 때 실패한 제자를 탁월한 제자로 만드신 데 있다. 예수님은 세상의 눈에 별로 중요하지 않은 사람을 아주 소중한 사람으로 만드시는 데 탁월하시다. 세상의 눈에 쓸모없어 보이는 사람을 아주 보배로운 사람으로 만드시는 데 탁월하시다.

베드로는 어부였다. 그는 공부를 많이 한 사람이 아니었다. 그가 성령 충만을 받은 후에 태어나서 한 번도 걸어본 적이 없는 장애인을 예수님의 이름으로 일으켰을 때 사람들은 엄청난 충격을 받는다. 더 충격적이었던 것은 그가 전한 메시지다. 그의 메시지를 들은 사람들은 그를 본래 무식한 사람으로 알았다가 설교의 탁월함에 놀라고 만 것이다.(행 4:13)

베드로는 예수님을 세 번이나 부인했던 실패자였다. 그는 한 때 쓰러졌던 사람이다. 그는 한 때 사명을 포기한 채 옛 생활로 돌아갔던 사람이다.

그런데 예수님은 그를 다시 사랑으로 회복시키셨다. 그가 실패 때문에 낙심과 절망과 좌절감 속에 살고 있을 때 예수님은 그를 찾아오셔서 치유하시고 다시 일으켜 세워주셨다. 예수님은 베드로가 세 번 부인할 것을 미리 아셨다. 그가 예수님을 세 번 부인할 것도 아셨지만 그가 회복될 것도 미리 아셨다. 그런 까닭에 그에게 놀라운 사명을 맡기셨다. 그 사명은 그가 회복된 후에 형제를 굳게 하라는 것이었다.(눅 22:32)

예수님이 말씀하신 형제는 그와 같이 실패한 형제, 쓰러진 형제다. 예수님은 그의 실패를 낭비하지 않으셨다. 그의 실패를 선용하심으로 그와 같이 실패한 사람을 치유하고 회복하는 일에 그를 사용하신 것이다. 베드로전서 5장 13절엔 마가가 등장한다. "택하심을 함께 받은 바벨론에 있는 교회가 너희에게 문안하고 내 아들 마가도 그리하느니라."

짧은 표현이지만 이 말씀 속에 베드로가 어떤 인물로 성장했는가를 보여 준다. 그는 마가를 영의 아들로 삼았다. 마가는 한 때 실패했던 인물이다. 베드로가 그를 탁월한 그리스도의 제자로 키운 것이다. 실패했다 일어선 사람만이 실패한 사람을 일으켜 세울 수가 있다.

재생산의 비전

베드로전서 5장 13절엔 베드로가 재생산한 제자 마가가 등장한다. 예수님과 베드로의 관계처럼, 베드로와 그의 제자 마가의 관계도 중요하다. 한 인물을 연구하는 데는 입체적인 시도가 필요하다. 베드로를 연구하기 위해서는 무엇보다 그의 구주이시며 스승이신 예수님과의 관계를 이해해야 한다. 또한 그와 함께 동역했던 예수님의 다른 제자들과의 관계를 잘 이해해

제자를 낳다

야 한다. 베드로가 어떤 인물인가를 이해하는 데 중요한 역할을 하는 관계는 그의 영적 아들 마가와의 관계다. 베드로는 마가를 "내 아들 마가"라고 부른다.

베드로는 결혼한 사람이다. 성경은 베드로가 그의 아내와 함께 동역했다고 기록하고 있다. 결혼한 베드로에게 친 아들이 있었을 수 있다. 하지만 마가는 그의 친 아들이 아니었다. 영의 아들이었다. 베드로에게 마가가 있다면 바울에게는 디모데가 있다. 예수님은 열두 명의 제자를 믿음 안에서 참 아들로 키우셨다. 그리고 그들에게 재생산의 비전을 심어주셨다. 그들에게도 믿음 안에서 참 아들을 낳아 또 다른 제자를 삼으라고 부탁한 것이다.(마 28:19,20)

여기서 우리는 제자를 삼는 연결고리를 잘 이해해야 한다. 예수님이 제자들을 부르셨다. 그들을 3년 동안 양육하셨다. 훈련시키고, 그들에게 비전을 주셨다. 그 비전은 사람을 낚는 어부가 될 것이라는 비전이다. "말씀하시되 나를 따라오라 내가 너희를 사람을 낚는 어부가 되게 하리라 하시니"(마 4:19)

예수님은 제자들에게 "나를 따라오라"고 명령하셨다. 그리고 그들에게 놀라운 비전을 제시하셨다. 그들이 장차 사람을 낚는 어부가 될 것이라는 것이다. 이 말씀은 예수님 자신이 사람을 낚는 어부로 오셨다는 것을 의미한다. 또한 예수님이 그들을 낚았다고 말씀하신다. 그와 같이 그들도 예수님처럼 사람을 낚는 어부가 될 것이라고 말씀하신다.

예수님의 비전은 사람에게 있다. 예수님의 비전은 사람을 낚아, 사람을 얻고, 그 사람을 키우고, 그 사람을 남기는 것이다. 예수님은 제자들에게 사람을 낚는 어부가 되라는 비전을 남기셨다. 예수님의 비전은 재생산의 비전이다. 예수님이 그들을 제자로 키우고 남긴 것처럼, 제자들도 다른 제자를 키우고 남기는 것이 재생산의 비전이다. "예수께서 시몬에게 이르시되 무서워하지 말라 이제 후로는 네가 사람을 취하리라"(눅 5:10).

사람을 낚는 것과 사람을 취하는 것은 같은 비전이다. 그것은 사람을 재생산하는 비전이다. 예수님은 제자들을 취하셨다. 그리고 그들에게 3년 동안 말씀을 가르치심으로 그들을 탁월한 제자로 삼으셨다. 예수님은 제자들에게 예수님이 그들에게 가르쳐 준 모든 말씀을 또 다른 제자들에게 가르쳐 지키게 함으로 제자들을 재생산할 것을 명하신 것이다. 이 재생산의 비전과 원리를 깨달았던 인물이 사도 바울이다. 그는 디모데를 키우면서 디모데에게 재생산의 비전을 제시한다.(딤후 2:1,2) 제자를 삼는 사람들은 이 말씀을 복음의 4세대라고 부른다.

바울 - 디모데 - 충성된 사람들 - 또 다른 사람들

바울은 디모데를 제자로 삼아 말씀을 가르쳤다. 그리고 바울은 디모데에게 충성된 사람들을 선택해서 그가 전해준 말씀을 가르치라고 말씀한다. 그리하면 디모데의 말씀을 받은 충성된 사람들이 또 다른 사람들을 가르칠 수 있을 것이라고 말씀한다. 이 말씀은 제자가 어떻게 재생산되는가를 말해 준다.

재생산은 하나님의 첫 번째 명령이다. 재생산은 하나님의 아이디어다. 하나님의 원리다. 재생산의 비전과 명령은 천지창조 후 하나님의 첫 번째 명령이다.(창 1:28) 아담과 하와에서 시작된 인류는 홍수 심판 직전 엄청나게 생육하고 번성한 것을 보게 된다. 하나님은 그들이 타락한 것을 보시고, 그들을 홍수로 심판하신다. 홍수 심판 후에 노아와 그 가족 여덟 명만 살아남는다. 불과 8명에 불과했던 노아의 후손이 점점 생육하고 번성한다.

제자를 낳다

아브라함의 후손이 경험한 것도 재생산의 놀라운 배가 원리다. 야곱의 열두 아들과 그의 자녀들이 애굽에 정착할 때는 70명에 불과했다.(창 46:27) 하지만 그들이 애굽에 들어간 지 400년이 되었을 때 하나님의 복을 받아 생육하고 번성함으로 애굽 온 땅에 충만하게 된다.(출 1:7)

재생산과 배가의 원리는 간단하다. 하지만 그 결과는 상상을 초월한다. 두 사람이 결혼해서 두 자녀를 낳는 게 배가는 아니다. 두 사람이 결혼해서 두 사람만 남기면 결국은 같은 숫자만 남게 된다. 반면에 두 사람이 결혼해서 네 명의 자녀를 낳으면 배가가 된다. 그런데 그 네 명의 자녀가 만약에 부모님을 본받아 네 명씩 자녀를 낳는다면 그 다음부터는 몇 대에 내려가면서 놀라운 일들이 벌어진다.

옛날의 부모님들은 자녀를 상당히 많이 낳았다. 이새의 아들들은 여덟 명이었다. 다윗은 그 중 막내였다. 요한 웨슬리의 부모님은 19명의 자녀를 낳았다. 대단한 배가의 능력이다.

조나단 에드워즈는 그의 부모가 낳은 열한 명의 자녀들 중 다섯째로 태어났다. 그는 경건한 여인이었던 사라와의 사이에서 열한 명의 자녀를 낳아 길렀다. 그 자녀들을 철저한 신앙 교육을 통해 경건하게 키웠다. 그가 죽은 지 150년이 지난 후에 그의 후손 870명의 삶을 연구한 결과가 있다. 그 가운데 대학 총장 12명, 교수 65명, 의사 60명, 목회자와 성직자 100명, 군 장성 75명, 저술가 85명, 변호사 100명, 판사 30명, 국가 공무원 80명, 국회의원 5명, 부통령 1명이 나왔다. 재생산이란 또 다른 생명을 낳아 기르는 것이다. 배가란 우리가 많은 생명을 낳을수록 더 많은 자손이 재생산되는 원리이다.

예수님은 재생산의 비전을 가지고 제자들을 키우셨다. 예수님은 수많은 사람들에게 복음을 전하셨다. 70명의 제자들이 있었다. 그 중에 12명을 선택해서 사도로 삼으셨다. 예수님은 제자들에게 그들이 장차 예수님이 하신 일을 하게 될 것이라고 말씀하셨다. 또한 더 큰 일을 하게 될 것이라고 말씀하셨다.(요 14:12)

이 말씀 속에는 장차 제자들이 예수님이 십자가에 죽으시고 부활 승천하신 후에 예수님처럼 제자를 삼는 사역을 하게 될 것을 내포하고 있다. 또한 예수님보다 더 큰 일을 할 수도 있다는 약속도 내포하고 있다. 예수님은 정말로 제자들을 존중하셨다. 그들의 가능성과 잠재력을 전적으로 믿어 주셨다.

예수님은 먼저 재생산과 배가의 원리로 사역하는 모범을 보여 주었다. 예수님은 한 명의 제자만 키우신 게 아니다. 열두 명의 제자를 키우셨다. 그 열두 명이 놀랍게 배가 되고, 또 배가 되는 역사가 나타난 것이다.

한 인물이 어떻게 그리스도의 제자가 되고 그 영향력이 확대되는가를 생각해 보라. 세례 요한은 요한과 안드레를 제자로 삼았다. 나중에 요한과 안드레는 예수님의 제자가 되었다. 안드레는 예수님을 만난 후에 베드로를 예수님께로 인도했다. 예수님은 베드로를 수제자로 키우셨다. 나중에 베드로가 성령 충만을 받은 후에 말씀을 전했을 때 하루에 3000명, 5000명이 주님께로 돌아왔다.(행 2:41; 4:4)

안드레가 그의 형제 베드로를 예수님께 인도했는데, 베드로를 통해 놀라운 재생산이 이루어진 것이다. 모세와 여호수아의 관계를 통해 성취된 재생산의 열매를 생각해 보라. 엘리야와 엘리사와의 관계를 통해 성취된 재생산의 열매를 생각해 보라. 엘리야는 정말 대단한 선지자였다. 그런데 그의 제자 엘리사는 그가 행한 기적의 두 배를 행했다. 또한 선지학교를 세워서 선지자들을 양성했다. 그리함으로 재생산과 배가의 사역을 감당했다.

하나님은 재생산과 배가의 원리를 사람과 짐승과 물고기와 모든 종류의

식물에 담아 두셨다. 한 알의 씨앗은 잘 심고 가꾸면 무수히 많은 재생산을 이루어낸다. 배가에 배가를 연속하게 된다. 물고기도 마찬가지다.

재생산을 위해서는 희생이라는 대가를 치러야 한다. 한 생명은 한 생명씩 태어난다. 생명은 다량 생산할 수 없다. 생명은 다량 생산할 수 있는 상품이 아니다. 생명은 인격체다. 생명을 낳아 양육하고 키우는 데는 희생이라는 대가가 따른다. 특별히 생명이라는 인격체를 낳아 키우는 데는 말로 다할 수 없는 희생과 아픔이 따른다.

예수님은 제자들을 키울 때 그들을 위한 희생을 아끼지 않으셨다. 예수님은 제자들을 위해, 그리고 우리를 위해 한 알의 밀알이 되어 죽으시고 부활하심으로 많은 열매를 맺으셨다.

> "내가 진실로 진실로 너희에게 이르노니 한 알의 밀이 땅에 떨어져 죽지 아니하면 한 알 그대로 있고 죽으면 많은 열매를 맺느니라"(요 12:24)

어린 한 생명이 태어나기 위해 엄마는 산고의 고통을 겪어야 한다. 한 생명을 양육하고 키우는 일은 결코 쉬운 일이 아니다. 눈물과 땀과 피와 정성어린 기도와 헌신이 요구된다.

하나님이 만드신 모든 만물은 재생산하는 과정에서 희생을 경험한다. 연어 한 마리가 보통 3000개의 알을 낳는다고 한다. 연어는 태어나서 먼 거리를 여행한다. 그 3000개의 알 가운데 큰 연어로 성장할 수 있는 것은 3마리에 불과하다고 한다. 그렇게 살아남은 연어는 죽기 전에 반드시 자기가 태어난 모천(母川)으로 돌아온다. 그곳에서 알을 낳고 죽는다.

한 사람의 재생산을 위하여

안드레가 예수님을 만나는 데 도움을 준 사람은 세례 요한이다. 베드로가 예수님을 만나는 데 도움을 준 사람은 그의 동생 안드레다. 베드로에게 영의 아들 마가를 소개해 준 사람은 마가의 외삼촌 바나바였을 가능성이 높다. 우리는 하나님이 쓰신 인물들의 연결점을 찾아내어 연구할 필요가 있다. 또한 하나님이 어떤 만남을 통해 우리를 양육하시고 계시는가를 깨달아야 한다. 만남은 신비다. 만남은 보이지 않는 하나님의 손길과 섭리에 의해서 이루어진다.

마가와 베드로의 관계를 이해하기 위해서는 마가와 그 주변 배경을 살펴볼 필요가 있다. 또한 마가가 마가복음을 기록한 인물이 되기까지 어떤 일들이 은밀하게 벌어졌는가를 알아야 한다. 하나님은 그 모든 은밀한 사건을 통해 그를 예수님의 제자로 키우셨다. 마가라는 이름은 사도행전 12장 12절에서 처음 등장한다. "깨닫고 마가라 하는 요한의 어머니 마리아의 집에 가니 여러 사람이 거기에 모여 기도하고 있더라."

마가의 유대식 이름은 요한이다. 마가는 로마식 이름이다. 우리는 그의 아버지에 대해서 아는 바가 없다. 다만 그의 어머니에 대해서는 조금 알 수 있다. 그의 어머니의 이름은 마리아다. 마리아는 남편을 일찍 잃은 것으로 유추된다. 하지만 그녀는 부요한 여인이었다. 부요한 가운데 아들 마가를 아주 소중하게 키운 것이 분명하다. 마가 요한의 어머니는 신앙심이 깊은 여인이었다. 특별히 예수님을 사랑하고, 예수님의 사역을 뒤에서 후원했던 여인 중의 하나임에 틀림없다.(눅 8:1-3)

마가의 어머니는 예수님이 십자가에 돌아가시기 전에 최후 만찬을 할 수 있도록 장소를 제공했던 여인이다. 예수님이 아무 집에나 가서 그토록

제자를 낳다

소중한 최후 만찬의 시간을 가지셨을 것 같지는 않다. 제자들이 예수님께 유월절 음식을 어디에서 잡수시길 원하는지 여쭈었다. 그때 예수님은 마가의 어머니의 집을 소개해 주었다. 예수님이 미리 부탁하신 것 같다.(막 14:14,15)

마가가 이 내용을 기록할 때 사실은 자기 집 이야기를 쓰고 있었다. 이 사실이 중요한 이유가 있다. 마가는 예수님의 최후 만찬 현장에 은밀한 관찰자로 있었다는 것이다. 그는 어머님의 사랑을 듬뿍 받고 자란 마마보이였을 수 있다. 그때나 지금이나 부요한 집의 외아들은 특별한 보호를 받고 자란다. 마가는 그런 자녀 중 하나였을 것이다. 마가는 나이가 들어 청년이 되었지만 그렇게 용맹스러웠던 것 같지 않다. 하지만 그는 예수님과 제자들의 대화를 엿들었을 것이다. 그런 까닭에 예수님이 최후의 만찬 후에 십자가를 향해 나아가시는 모든 과정을 지켜보았을 것이다.

또한 그는 제자들이 다 예수를 버리고 도망가는 것을 지켜보았다. 그 와중에 그도 예수를 따라가다가 무리에게 붙잡히게 된다. 그때 그가 베 홑이불을 버리고 벗은 몸으로 도망을 간다. 마가복음은 마가가 기록했다. 마가복음엔 한 청년 이야기가 나온다. 성경학자들은 한결같이 그 청년이 바로 마가라고 말한다.(막 14:50-52)

이 과정에서 마가는 예수님만 지켜본 것이 아니라 베드로도 지켜보았을 것이다. 그는 나중에 베드로가 예수님을 세 번 부인한 사실을 알게 된다. 또한 예수님이 그를 다시 찾아가서서 그를 치유하시고 회복하신 이야기도 알게 된다. 마가는 예수님이 부활 승천하신 후에 그의 집에서 다시 한번 놀라운 경험을 하게 된다. 그것은 예수님의 어머니와 형제들과 제자들이 그의 집에 있는 다락방에 모여 기도하는 중에 성령 충만을 받게 된 사건이다. 마가도 그 중 한 사람일 수 있다. 이런 과정에서 마가는 점점 예수님에 대해, 성령님에 대해 알게 되었을 것이다.

그후 베드로가 성령 충만한 가운데, 나면서부터 한 번도 걷지 못한 사람을 예수님의 이름으로 걷게 한 기적을 접하게 되었을 것이다. 마가는 그의 집이 크고 부요한 까닭에 예수님의 제자들이 아무 때나 방문하면서 교제하는 것을 지켜보았다. 그렇기 때문에 마가는 제자들의 사랑받는 청년이었을 것이다. 마가의 어머니에 대한 감사한 마음은 그녀의 아들에 대한 사랑으로 깊어졌을 것이다.

오순절 성령 강림 이후 초대 교회의 본부는 예루살렘에 있던 마가의 집이었다. 그러던 중에 그의 외삼촌이었던 바나바가 안디옥 교회의 담임 목회자로 가는 것을 보게 된다. 성경에는 마가를 바나바의 생질이라고 언급한다.(골 4:10) 생질이란 누이의 아들을 일컫는 말이다. 마가의 어머니는 바나바의 누이였고, 마가는 바나바의 생질이었다. 마가의 외삼촌이 안디옥을 떠날 때 그는 안디옥 교회에 대한 소문을 들었다. 사도행전 11장에서 그의 외삼촌 바나바가 예루살렘 교회의 파송을 받아 안디옥 교회로 떠난 후에 사도행전 12장에서 놀라운 기적을 다시 한번 경험하게 된다. 베드로가 옥에 갇혔을 때 초대 교회 성도들이 그의 집에 모여 중보기도를 드렸다. 헤롯 왕이 사도 야고보를 죽인 후에 이제 베드로도 죽이기 위해 감옥에 가두어 두었는데, 하나님이 천사를 보내어 베드로를 옥에서 풀어 주신 것이다. 이런 사건이 마가가 베드로와의 접촉점을 갖는 데 기여했을 것이다.

사도행전 11장과 12장에서 마가는 안디옥 교회의 담임 목회자였던 바나바와 그와 함께 동역하는 사도 바울을 만나게 된다. 예루살렘에 흉년이 든 것을 알고 안디옥 교회 성도들이 그들의 손에 구제비를 보냈다. 바나바와 바울은 필시 마가의 집에 머물렀을 것이다. 자연스럽게 마가는 바나바의 동역자인 바울을 만나게 된다. 그들이 다시 안디옥으로 돌아갈 때 마가를 데

제자를 낳다

리고 간다.(행 12:25)

바나바와 바울이 안디옥에 돌아온 후로 성령님의 지시를 받아 안디옥 교회가 처음으로 바나바와 바울을 선교사로 파송하게 된다. 그들은 첫번째 선교여행을 떠난다. 그때 그들은 마가 요한을 그들의 조력자로 데리고 떠난다.(행 13:4,5) 마가는 그동안 신앙이 상당히 성장했고, 이제 바나바와 바울과 더불어 선교여행의 동반자가 된 것이다. 문제는 바울과 동행하는 사람들이 밤빌리아에 있는 버가에 이르렀을 때 마가가 그들에게서 떠나 예루살렘으로 돌아온 것이다.(행 13:13)

왜 마가 요한이 선교 중에 어머니 집으로 돌아갔는지 잘 알 수는 없다. 여러 가지 설이 있다. 어떤 설은 마가가 어머니가 보고 싶어 돌아갔을 것이라고 말한다. 어떤 설은 그의 외삼촌 바나바가 주도권을 쥐고 선교를 해야 하는데 어느 순간부터 바울이 주도권을 쥐는 것이 마음에 들지 않아서 떠났다는 것이다.

또 하나의 설은 마가가 선교팀과 함께 밤빌리아에 있는 버가에서 그들이 넘어야 할 험산준령을 바라보는 순간 마음이 약해져서 돌아갔다는 것이다. 마가는 버가에 도착한 순간 그 앞에 해발 3000m에 달하는 험산준령이 버티고 서 있는 것을 보게 되었다. 그 험산준령은 험하고 강도의 위험이 따르는 곳이었다. 어머님의 품에서 유약하게 성장한 마가는 그 험산준령 앞에서 그만 마음이 약해져 집으로 돌아갔다는 것이다. 터키를 방문했을 때 이의홍 선교사님이 버가를 지나면서 마가가 왜 선교 중 탈락했는가를 자세히 설명해 준 적이 있다. 정말 높은 산이었고, 험한 산이었다. 그 산을 보자 마음이 약한 마가가 집으로 돌아가는 것이 이해가 되었다. 학자들은 이 세 번째 설을 가장 유력하다고 본다.

문제는 이 과정에서 바울의 신뢰를 상실한 것이다. 바울은 담즙질의 사람이다. 과업지향적인 사람이다. 과업을 성취하기 위해 모든 희생을 감수하는 사람이다. 그런 바울에게 마가는 정말 나약한 사람으로 보였던 것이다.

마가는 선교여행에서 돌아온 이후 의기소침한 삶을 살았다. 선교 중에 스스로 탈락했다는 사실이 그를 실패자로 의식하게 만들었다. 더 이상 선교적 삶을 살기에는 자신이 없었을 것이다. 외삼촌 바나바를 볼 면목이 없었다. 바울의 날카로운 눈초리는 그의 죄책감을 부추기기에 충분했다.

그런 과정에서 1차 선교여행을 마치고 돌아온 바나바와 바울은 어느 정도 안식을 취한 후에 2차 선교여행을 떠나기로 한다. 그때 바나바는 마가를 다시 데리고 가자고 하고, 바울은 1차 선교 중 중도에서 탈락한 그를 다시 데려갈 수 없다고 한다. 두 사람은 마가 때문에 심히 싸우게 되고 마침내 갈라서게 된다.(행 15:37-41)

이것은 굉장한 사건이다. 두 지도자가 마가 때문에 심히 다투어 피차 갈라선 사건이다. 마가는 결국 바울에게 버림을 받았다. 비록 그의 외삼촌 바나바를 따라 선교를 다녀왔지만 그는 바울로부터 버림을 받았다는 상처 때문에 괴로워했다. 그때 그를 받아 제자로 삼은 사람이 베드로다. 왜 베드로였을까? 베드로만이 그의 마음을 잘 이해할 수 있었던 사람인 까닭이다. 베드로는 예수님을 세 번 부인한 후에 말할 수 없는 고통을 겪었다. 그것은 실패의 경험이었다. 하지만 예수님은 그를 한결같은 사랑으로 품어 주셨다. 그에게 다시 사명을 맡겨 주셨다. 그후로 베드로는 실패한 사람을 품을 수 있는 품이 생겼다. 그것을 또한 사명으로 알게 되었다.

이 과정에서 보이지 않게 초대 교회의 지도자였던 베드로와 나중에 예수님의 부름을 받은 바울과의 미묘한 경쟁의식을 보게 된다. 하지만 두 사람은 그 모든 갈등을 아주 잘 극복해 낸다. 바울이 다메섹 도상에서 예수님을 만났을 때 모든 사도들은 바울을 만나길 꺼려했다. 그 이유는 바울이

제자를 낳다

예수님을 믿는 사람을 핍박하고 죽였던 까닭이다. 바울 때문에 스데반이 순교했다. 그리고 수많은 예수님의 제자들이 여러 지역으로 흩어졌다. 예수님을 믿는 사람을 죽이고 핍박했던 살기등등했던 바울이 예수님을 만났다는 소식을 들었지만 누구도 그를 만나고 싶어 하지 않았다. 그때 바울을 데리고 제자들에게 소개했던 사람이 바나바다.

바나바의 도움으로 사도들과 교제했던 바울이 어느 순간부터 초대교회의 강력한 지도자로 부상했다. 바울은 가말리엘 아래서 공부했던 율법학자다. 그는 바리새인이었다. 그는 로마 시민이었다. 바울은 예수님을 만난 후에 누구보다 탁월하게 구약을 인용하면서 복음을 전했다. 구약의 모든 성경을 예수님의 구속의 드라마라는 관점에서 풀어냈다. 그는 이방인의 사도로 부름을 받았고, 율법의 시대가 지나가고 복음 시대가 도래했음을 선포했다. 이제 복음 안에서 유대인이나 이방인이 하나임을 선포했다. 그런데 베드로가 안디옥을 방문했을 때 그가 책망 받을 잘못을 범한 이야기를 접하게 되었다. 베드로의 잘못은 이방인들과 함께 식사를 하다가 할례 받은 유대인들이 그 자리에 오자 그들을 두려워하여 떠나 물러갔던 것이다. 바울은 그 소식을 듣고 사도들의 수장이요, 예루살렘교회의 대표인 베드로를 대면하여 책망했다.(갈 2:11-14)

한 번 상상해 보라. 바울이 모든 사람들이 있는 자리에서 베드로를 책망한 것이다. 우리 같으면 그런 상황을 결코 견딜 수 없었을 것이다. 그런데 베드로는 달랐다. 그의 책망을 잘 받아들였다. 또한 자신을 책망한 바울을 동역자로 여겼다. 그의 서신에 보면 바울에 대한 놀라운 표현을 볼 수 있다. "또 우리 주의 오래 참으심이 구원이 될 줄로 여기라 우리가 사랑하는 형제 바울도 그 받은 지혜대로 너희에게 이같이 썼고"(벧후 3:15)

베드로가 바울에 대해 '우리가 사랑하는 형제 바울'이라고 표현하고 있다. 그에겐 바울에 대한 쓴뿌리가 전혀 없다. 바울 또한 나중에 마가를 다시 용납한다. 베드로가 키운 마가를 그의 동역자로 삼는다. 정말 감동적인 장면이 아닐 수 없다. 이것이 베드로를 베드로 되게 하고, 바울을 바울 되게 한 성숙한 모습이다. 예수님을 위해, 복음을 위해, 하나님의 나라를 위해 모든 것을 뛰어넘은 것이다.

마가가 베드로의 손에서 성장하는 것을 보면서 바울은 기뻐한다. 바울이 쓴 서신에서 그가 마가를 어떻게 부르는가를 보라. 마가를 그의 동역자라고 부르고 있다.(몬 1:24) 마가는 베드로의 손에서 바울에게도 유익한 그리스도의 제자가 된 것이다. 하나님이 마가를 키우시기 위해 바나바와 베드로와 바울을 사용하신 것을 보게 된다. 우리도 누군가의 제자일 수 있다. 하지만 우리가 탁월한 그리스도의 제자로 성장하는 데는 여러 사람들의 손길이 있었다는 사실을 잊어서는 안된다.

한 영혼이 복음을 통해 예수님을 영접하는 것은 한 순간에 가능하다. 하지만 그 영혼이 영적으로 태어나서 그리스도의 제자로 성장하기까지는 오랜 세월이 걸린다.

"영접은 10%요, 양육이 90%를 차지합니다."(도슨 트로트맨, 『불타는 세계비전』)

한 영혼이 태어나 제자가 되기까지

한 영혼이 예수님을 영접했을 때 그는 영적으로 갓난아이에 불과하다. 그 상태에서는 정성어린 양육과 돌봄과 보호가 꾸준하게 필요하다. 딱딱

제자를 낳다

한 음식이 아닌 부드러운 음식이 필요하다. 그 단계가 지나면 훈련이 필요하다. 훈련의 과정을 잘 마치면 그의 은사를 개발해 주어야 한다. 은사를 개발한 후에는 사역의 장을 열어 주어야 한다. 제자를 삼는 영적 인도자와 제자의 삶을 살기를 원하는 사람은 이 네 가지 단계를 잘 기억해야 한다.

베드로와 바울은 영의 자녀를 양육해서 그리스도의 제자로 세우는 데 엄청난 시간과 노력을 기울였다. 베드로는 마가를 그리스도의 제자로 양육하기 위해 많은 시간 그를 가르치고 훈련했다. 그를 양육하고 훈련한 다음에는, 동역을 통해 사역 기술을 가르쳤다. 베드로가 베드로전서를 기록할 때 자신이 아닌 마가에게 대필을 시켰을 가능성이 높다. 마가는 헬라어에 탁월했다. 베드로는 그의 서신을 받는 형제와 자매들에게 바벨론에 있는 교회가 문안한다고 말했다. 또한 그와 함께 있는 마가도 그들에게 문안한다고 말했다. "택하심을 함께 받은 바벨론에 있는 교회가 너희에게 문안하고 내 아들 마가도 그리하느니라"(벧전 5:13).

학자들은 여기 나오는 바벨론이 어디인가에 대해 두 가지 다른 이론을 주장한다. 그 당시 바벨론은 믿는 사람들이 은밀하게 로마를 지칭한 표현이었다. 그런 까닭에 베드로가 로마에서 마가와 함께 이 편지를 썼을 것이라고 추정한다. 다른 주장은 바벨론은 문자 그대로 바벨론이었을 것이라는 주장이다. 바벨론은 지금의 터키에 위치해 있다. 그가 베드로전서 1장 1절에서 언급하고 있는 지역은 지금의 터키 지역이다. 그 당시 바벨론 지역이다.

그가 어디에서 베드로전서를 썼는지 확실히 알 수는 없다. 지금의 터키인 바벨론일 수도 있다. 갈라디아서에는 베드로가 안디옥 교회를 방문했다고 말한다. 안디옥은 지금의 터키에 위치해 있다. 또한 전승에 의하면 베드로가 로마에서 사역하다 순교했다고 한다. 그렇다면 그가 로마에서 이 서신을 썼다고 볼 수 있다. 그가 어디에서 편지를 썼느냐보다 더 중요한 것은 그가 마가와 함께 동역을 하고 있었다는 사실이다. 나중에 마가는 베드로를 통해 들은 예수님의 이야기를 마가복음에 담았다. 그가 쓴 마가복음에 기초해서 마태복음과 누가복음이 쓰여졌다는 것이 많은 학자들의 주장이다. 그렇다면 마가의 역할과 영향력은 대단한 것이었다.

베드로가 남긴 업적은 아주 많다. 하지만 베드로가 남긴 많은 업적 가운데 마가를 그의 영의 아들로 키웠다는 것은 또 하나의 소중한 업적이다. 마가가 마가복음을 남김으로 다른 복음서가 쓰여질 수 있었다. 마가가 기록한 마가복음을 통해 지난 2000년 동안 수많은 사람들이 복음을 받아들이게 되었다. 마가는 말년에 알렉산드리아 교회를 세우고 이집트에서 선교 활동을 하다가 순교한 것으로 전해진다.

수년 전 이탈리아의 베네치아에 갔다가 그 지역에 마가의 영향이 대단했던 것을 발견했다. 베네치아에 가면 누구나 방문하는 곳이 산 마르코 광장이다. 그곳에 산 마르코 대성당이 있기 때문이다. 828년, 베네치아 사람들은 마가의 유골을 이집트의 알렉산드리아에서 이곳 베네치아로 옮겨왔다. 그리고 마가를 그 도시의 수호성인으로 모시게 된다. 베네치아 사람들이 마가를 이토록 소중히 여기는 까닭은 베드로의 영향 때문이다. 가톨릭에서는 베드로를 초대 교황으로 추대했다. 그런 까닭에 베드로의 성당이 있는 로마에서 조금 떨어져 있는 베네치아가 베드로의 영의 아들인 마가를 소중히 여기는 것은 당연한 일일 것이다.

예수님은 베드로를 참으로 훌륭하게 키우셨다. 그의 실패를 선용해서 더욱 성숙한 인물로 세우셨다. 또한 베드로는 자기처럼 실패를 경험한 마가를 제자로 삼아 바울까지도 유익하다고 말하는 인물로 키웠다. 베드로는 마가를 통해 재생산의 풍성한 열매를 맺었다. 우리가 이 땅에 왔다가 남

제자를 낳다

길 수 있는 것 가운데 가장 소중한 것은 그리스도의 제자를 키우고 남기는 것이다.

깊은 묵상으로

예수님처럼 나도 사람에게 관심을 가지고 있는가?

예수님처럼 나도 재생산의 비전을 가지고 있는가?

나는 재생산을 위해 어떤 대가를 지불하고 있는가?

14 마침내 예수를 닮다

벧후 3:18

우리는 이 땅에서 천국을 확장하며 살아가는 순례자이다. 하나님은 우리가 베드로처럼 천국 인재가 되어 그리스도의 대사로 살아가길 원하신다. 베드로는 우리가 그리스도의 대사로서 어떻게 지속적으로 성장할 수 있는지에 대해 가르쳐 준다.

마침내 예수를 닮다

·

우리는 베드로의 생애를 통해 평범한 인간이 하나님의 은혜를 통해 얼마나 탁월한 인물이 될 수 있는가를 배웠다. 우리가 누군가의 생애를 배우는 것은 그를 본받기 위해서다. 무엇보다 하나님이 그들을 어떻게 도우시고, 어떻게 세우시고, 어떻게 사용하시는가를 배우기 위해서다.

예수님을 만나기 전에 베드로가 품었던 꿈은 고기를 많이 잡는 어부가 되는 것이었다. 하지만 예수님을 만난 후에 그의 꿈은 사람을 낚는 어부가 되는 것으로 바뀌었다. 예수님을 통해 천국 복음을 받은 후 킹덤(kingdom) 드림을 품게 되었다. 예수님은 천국 복음을 선포하시기 위해 오셨다. "예수께서 온 갈릴리에 두루 다니사 그들의 회당에서 가르치시며 천국 복음을 전파하시며…"(마 4:23)

베드로는 천국 복음을 받은 후에 천국 복음을 선포하는 사도가 되었다. 그는 이 세상보다 더 아름답고 더 고귀한 나라를 바라보았다. 그 나라가 예수님과 함께 임하는 것을 경험했다. 그는 이 세상에 살면서 더 나은 본향, 천국을 바라보며 살았다. 그런 까닭에 그는 이 세상에서 사는 동안 나그네로 살았다. 그가 베드로전서를 쓸 때 편지의 첫 번째 독자는 흩어진 나그네들이었다. 나그네가 흩어진 나그네들에게 편지를 쓴 것이다. "예수 그리스도의 사도 베드로는 본도, 갈라디아, 갑바도기아, 아시아와 비두니아에 흩어진 나그네"(벤전 1:1)

그는 '흩어진 나그네'들에게 편지를 썼다. 여기서 '흩어진'이라는 단어는 헬라어로 '디아스포라'이다. 디아스포라는 '뿌려진 것'을 의미한다. 하나님이 특별한 목적을 가지고 흩으신 것이다. 버려진 것이 아니라 흩어진 것이며, 흩어진 씨앗처럼 나그네 된 땅에 심겨진 것이다. 하나님의 나라를 선포하고 확장하기 위해 심겨진 것이다.

우리는 이 땅에서 천국을 선포하며, 천국을 확장하며 살아가는 순례자이다. 하나님은 우리가 베드로처럼 천국 인재가 되어 그리스도의 대사로 살아가길 원하신다. 그러기 위해서는 천국 인재로서 지속적으로 성장해야 한다. 베드로는 우리가 킹덤 드림을 품은 그리스도의 대사로서 어떻게 지속적으로 성장할 수 있는지에 대해 가르쳐 준다.

은혜 안에서 성장하기

베드로후서 3장 18절은 베드로가 남긴 마지막 말씀이다. 누군가가 마지막으로 남긴 말이 있다면 그 말은 중요하다. 그것은 유언이기 때문이다.

마침내 예수를 닮다

"오직 우리 주 곧 구주 예수 그리스도의 은혜와 그를 아는 지식에서 자라 가라 영광이 이제와 영원한 날까지 그에게 있을지어다."

베드로는 두 편의 서신을 썼다. 베드로전서와 베드로후서다. 그의 두 번째 서신의 마지막 말씀은 헬라어 성경에 보면 '자라 가라'는 말로 시작한다. '자라 가라'는 헬라어로 '아욱사노'이다. 이 단어는 '성장하다, 자라다, 커지다, 점점 위대해지다, 증가하다, 내적으로 성장하다'는 의미를 가지고 있다.

베드로는 예수님을 만난 후에 지속적인 성장을 경험했다. 그런 까닭에 성장에 대해 말할 수 있었다. 성장이 얼마나 즐겁고, 아름답고, 복된 것인가를 경험했다. 베드로는 이제 사랑하는 성도들과 제자들에게 성장할 것을 부탁한다. 그리고 그 비결에 대해 알려 준다. '오직' 예수 그리스도의 은혜와 그를 아는 지식에 그 비밀이 있음을 알려 준다. 베드로가 '오직'이라고 강조하는 것을 따라가면 그리스도의 제자로서 성장하는 원리와 비결을 배울 수 있다. 첫 번째 '오직'은 구주 예수 그리스도의 은혜와 연결되어 있다. 우리가 성장할 수 있는 것은 오직 구주 되시는 예수 그리스도의 은혜 때문이다.

예수님을 올바로 믿기 위해서 반드시 이해해야 할 단어가 '은혜'라는 말이다. 은혜라는 영어 단어는 'grace'다. 헬라어로는 '카리스'다. 헬라어로 은혜, 즉 '카리스'는 전혀 받을 자격이 없는 죄인에게 하나님이 값없이 베푸시는 호의를 의미한다.

은혜란 전혀 받을 자격이 없는 죄인에게 값없이 베푸시는 하나님의 호의다. 이것이 은혜의 신비다. 받을 만한 자격이 있는 사람에게 베푸는 것은 은혜가 아니다. 은혜를 받을 만한 자격이 전혀 없는 사람에게 은혜가 주어질 때 은혜가 된다. 은혜는 거저 주어지는 것이다. 우리의 노력으로 받는 것이 아니다.

> "이는 그가 사랑하시는 자 안에서 우리에게 거저 주시는 바 그의 은혜의 영광
> 을 찬송하게 하려는 것이라"(엡 1:6)

이 말씀에서 강조하고 있는 것은 "우리에게 거저 주시는 바 그의 은혜의 영광"이다. 거저 주시는 것이 은혜다. 은혜란 그러므로 선물이다. 우리가 구원받은 것은 전적인 하나님의 은혜다. 그런 까닭에 은혜란 하나님의 선물이다.(엡 2:8,9) 선물이란 베푸는 사람의 호의다. 사람들은 노력한 것에 대해서는 당당하게 대가를 요구할 수 있다. 하지만 선물은 요구해서 받을 수 있는 것이 아니다. 주는 사람의 뜻에 따라 값없이 받는 것, 그것이 선물이다.

하나님이 은혜로 주신 것을 깨달을 때 성장하게 된다. 은혜를 받고도 은혜를 깨닫지 못할 때가 있다. 우리가 부모님께 받은 것들은 놀라운 은혜다. 거저 받은 것, 곧 은혜다. 하지만 그것을 당연하게 생각할 때가 있다. 그런 까닭에 부모님의 은혜를 감사하지 못한다. 성장해서 자녀를 낳아서 키울 때 부모님의 은혜를 깨닫게 된다. 그때 비로소 부모님께 감사하게 된다.

하나님의 은혜도 마찬가지다. 우리는 하나님의 은혜를 받았다. 문제는 그 은혜를 잘 깨닫지 못하는 것이다. 그런 까닭에 감사가 없다. 은혜를 올바로 깨달을 때 기쁨이 충만해진다. 바울은 은혜를 깨닫는 날이 있으며, 그날부터 놀라운 성장의 열매를 맺게 된다는 것을 강조한다. "이 복음이 이미 너희에게 이르매 너희가 듣고 참으로 하나님의 은혜를 깨달은 날부터 너희 중에서와 같이 또한 온 천하에서도 열매를 맺어 자라는도다"(골 1:6).

은혜를 깨달을 때 그 은혜에 감사하며 그 혜택을 누릴 수가 있다. 하나님의 복을 받아 아름답게 쓰임 받은 사람들의 특징은 하나님의 은혜에 대

마침내 예수를 닮다

해 늘 감사한다는 것이다. 또한 그 혜택을 알고 누린다는 것이다. 다윗은 하나님의 은혜를 깨달았다. 그 은혜를 잊지 않고 늘 찬송하기를 힘썼다. "내 영혼아 여호와를 송축하며 그의 모든 은택을 잊지 말지어다 그가 네 모든 죄악을 사하시며 네 모든 병을 고치시며 네 생명을 파멸에서 속량하시고 인자와 긍휼로 관을 씌우시며 좋은 것으로 네 소원을 만족하게 하사 네 청춘을 독수리 같이 새롭게 하시는도다"(시 103:2-5).

은혜를 깨달아야 한다. 그때 비로소 은혜를 누리며 그 은혜를 나누게 된다. 은혜를 받는 것과 은혜를 누리는 것과는 큰 차이가 있다. 은혜를 받았지만 그것을 누리지 못한다면 슬픈 일이다. 정말 유익하고 좋은 선물을 받았는데 그 선물을 사용하지 않는다면 참으로 슬픈 일이다. 당신이 지속적으로 성장하기 위해서는 먼저 하나님의 은혜와, 은혜로 주신 것들을 깨달아야 한다.

성장을 위하여

하나님이 우리의 성장을 위해 예비해 주신 은혜의 방편을 깨달아야 한다. 하나님은 우리의 성장을 위해 은혜의 방편을 마련해 놓으셨다. 따라서 그 은혜의 방편을 늘 의지하고, 늘 배우고, 늘 적용해야 한다. 베드로와 예수님의 제자들은 다음과 같이 은혜의 방편을 알았다.

첫째, 은혜의 말씀 안에서 성장하라. 예수님이 우리에게 주신 것은 은혜의 말씀이다. 율법은 선한 것이다. 하지만 율법은 우리를 정죄한다. 우리의 부족한 것을 자꾸 참소한다. 반면에 은혜의 말씀은 하나님이 우리를 위해 무슨 일을 하셨는지 알려 준다. 사람들은 예수님이 전하는 은혜의 말씀에 놀랐다. "그들이 다 그를 증언하고 그 입으로 나오는 바 은혜로운 말을 놀랍게 여겨 이르되 이 사람이 요셉의 아들이 아니냐"(눅 4:22).

은혜의 말씀이 곧 은혜의 복음이다. 은혜의 복음이란 예수님이 십자가에서 우리를 위해 희생하신 은혜가 담긴 복음이다. 복음이란 우리가 무엇을 행한 것이 전혀 아니다. 오직 예수님이 우리를 구원하시기 위해 행하신 좋은 소식이다. 베드로는 우리가 거듭난 것은 살아 있는 하나님의 말씀으로 되었다고 강조한다.(벧전 1:23)

둘째, 은혜의 성령님 안에서 성장하라. 성령님은 은혜의 성령님이시다. 물론 성령님은 지혜와 총명의 영이시며, 모략과 재능의 영이시며, 지식과 여호와를 경외하는 영이시다.(사 11:2) 하지만 우리가 지속적으로 성장하기 위해서는 은혜의 성령님을 깊이 사모해야 한다. 히브리서는 성령님을 은혜의 성령님이라고 말씀한다. "…은혜의 성령을 욕되게 하는 자가 당연히 받을 형벌은 얼마나 더 무겁겠느냐"(히 10:29).

은혜의 성령님을 욕되게 하면 안 된다. 은혜의 성령님을 사랑하고 사모하고 의지해야 한다. 왜냐하면 은혜의 성령님이, 하나님이 우리에게 은혜로 주신 것들을 깨닫도록 도와주시기 때문이다.(고전 2:12) 성령님이 우리로 하여금 예수님의 말씀을 깨닫도록 도와주신다. 하나님은 오직 성령님을 통해 하나님의 깊은 것을 통달하게 하신다.(고전 2:10)

은혜 안에서, 그리고 은혜 아래서 성장해야 한다. 성장하기 위해서는 성장할 수 있는 좋은 환경이 필요하다. 아무리 좋은 씨앗도 토양이 좋지 않으면 잘 성장하지 못한다. 성경은 예수님이 오심으로 우리가 더 이상 율법 아래 있지 아니하고 은혜 아래 있다고 말씀한다.(롬 6:14)

율법 아래 있으면 성장하지 못한다. 율법 아래 있다는 것은 죄 아래 있다는 뜻이다. 죄는 우리를 파괴한다. 죄는 우리를 자라지 못하게 만든다.

마침내 예수를 닮다

죄는 우리 안에 있는 소중한 생명을 소멸시킨다. 율법은 우리의 죄를 드러내고 고발한다. 잘못한 것만 자꾸 들추어낸다. 열등감을 부추긴다. 자꾸만 아무 것도 할 수 없는 쓸모없는 존재라고 말한다. 반면에 예수님의 은혜는 우리가 얼마나 소중한 존재인가를 말해 준다. 예수님의 은혜는 우리의 죄가 그의 피로 정결케 되었음을 알려 준다. 나로 하여금 하나님의 자녀임을 알려 준다. 내 안에 성령님이 함께 하심을 알려 준다. 은혜는 내 안에 있는 무한한 잠재력을 일깨워 준다. 그 잠재력을 개발할 수 있는 힘을 공급해 준다.

은혜의 언약은 영광스러운 언약이다. 오직 긍휼과 절대적인 은혜에 기초하기 때문이다. 우리의 과거의 행위와 인간이 수행할 수 있는 것과 전혀 상관이 없다. 그러므로 그 언약은 안전성에 있어 다른 모든 것을 능가한다. (찰스 스펄전, 『은혜가 전부가 되게 하라』, 브니엘, 41쪽)

은혜 아래 있으면 든든히 성장한다. 하나님의 은혜는 풍성한 은혜다. 차고 넘치는 은혜다. 한량없는 은혜다. 그 은혜가 우리를 둘러싸고 있다. 하나님의 은혜는 용서의 은혜다. 다시 시작할 수 있도록 도와주시는 은혜다. 그러므로 우리는 자주 은혜의 보좌 앞에 나아가서 도움을 받아야 한다.

"그러므로 우리는 긍휼하심을 받고 때를 따라 돕는 은혜를 얻기 위하여 은혜의 보좌 앞에 담대히 나아갈 것이니라"(히 4:16)

예수님 안에

각자가 올바로 성장하기 위해서는 오직 예수 그리스도의 은혜 안에서 성장해야 한다. 또한 오직 예수 그리스도를 아는 지식 안에서 성장해야 한다. "오직 우리 주 곧 구주 예수 그리스도의 은혜와 그를 아는 지식에서 자라 가라 영광이 이제와 영원한 날까지 그에게 있을지어다"(벧후 3:18).

예수님을 아는 지식은 이론적 지식이 아니라 경험적 지식을 의미한다. 남편과 아내가 아는 것처럼 관계 속에서 친밀하게 아는 것을 의미한다. 경험을 통해 예수님 안에 있는 것이 어떤 것인지를 아는 것이다. 당신이 예수님을 영접하는 순간, 예수님은 당신 안에 들어오신다. 그 순간 예수님 안에 있는 모든 것이 나의 소유가 된다. 또한 나는 예수님 안에 거하게 된다. 그 때 나는 예수님과 연합하게 된다. 비로소 나는 예수님과 하나가 된다. 예수님과 연합할 때 나는 예수님 안에 있는 모든 것을 공급받게 된다.

이러한 예수님과 우리의 연합의 관계는 나무와 나무의 가지와 같다. 가지가 나무에 붙어 있을 때 나무가 공급해 주는 모든 것들을 받을 수 있다. 반면에 가지가 나무와 연합하지 않고 분리되어 있으면 가지는 곧 말라 죽고 만다. 가지는 반드시 나무와 연합되어 있어야 한다. 예수님은 포도나무다. 우리는 그의 가지다. 우리가 예수님과 연합할 때 모든 것을 공급받게 된다. 예수님 안에서 모든 것이 가능하게 된다. 반면에 예수님을 떠나서는 아무것도 할 수가 없다.

> "나는 포도나무요 너희는 가지라 그가 내 안에, 내가 그 안에 거하면 사람이 열매를 많이 맺나니 나를 떠나서는 너희가 아무 것도 할 수 없음이라"(요 15:5)

마침내 예수를 닮다

우리는 예수님 안에 있을 때 예수님을 더욱 신뢰하게 된다. 예수님을 알면 알수록 더욱 성장하게 된다. "우리가 다 하나님의 아들을 믿는 것과 아는 일에 하나가 되어 온전한 사람을 이루어 그리스도의 장성한 분량이 충만한 데까지 이르리니"(엡 4:13). 예수님을 안다는 것은 예수님 안에 있는 것들을 잘 안다는 것이다. 우리가 예수님 안에 있는 것을 알면 알수록 그 소중한 것들을 받아 누리고 나누게 된다. 그렇다면 예수님 안에는 어떤 것들이 있을까?

예수님 안에는 은혜와 진리가 충만하다. "말씀이 육신이 되어 우리 가운데 거하시매 우리가 그의 영광을 보니 아버지의 독생자의 영광이요 은혜와 진리가 충만하더라"(요 1:14). 예수님 안에는 은혜만 충만한 것이 아니라 진리도 충만하다. 예수님은 곧 길이요 진리요 생명이시다.

예수님 안에는 지혜와 지식의 모든 보화가 충만하다. "그 안에는 지혜와 지식의 모든 보화가 감추어져 있느니라"(골 2:3). 예수님 안에는 우리에게 필요한 모든 지혜와 지식이 담겨 있다. 예수님의 말씀 안에는 우리가 필요로 하는 모든 지혜와 지식이 담겨 있다.

예수님 안에는 영생이 있다. "또 증거는 이것이니 하나님이 우리에게 영생을 주신 것과 이 생명이 그의 아들 안에 있는 그것이니라 아들이 있는 자에게는 생명이 있고 하나님의 아들이 없는 자에게는 생명이 없느니라"(요일 5:11,12). 오직 예수님만이 영생을 주실 수 있다. 영생은 영원한 생명이다. 영원한 생명은 하나님의 생명이다. 인간의 생명과 모든 피조물의 생명은 유한하다. 오직 하나님의 생명만 영원하다.

예수님 안에는 하늘과 땅의 모든 권세가 있다. "예수께서 나아와 말씀하여 이르시되 하늘과 땅의 모든 권세를 내게 주셨으니"(마 28:18). 예수님은 왕 중의 왕이시다. 하나님은 독생하신 예수님께 하늘과 땅의 모든 권세를 주셨다. 예수님은 그 권세를 우리에게 나눠주셨다.

예수님 안에는 보배로운 피가 충만하다. 베드로는 예수님의 보배로운 피가 얼마나 소중한가를 깨달은 사람이다. 그는 우리가 구속함을 받은 것은 예수님의 보혈로 되었다고 선포한다. "너희가 알거니와 너희 조상이 물려 준 헛된 행실에서 대속함을 받은 것은 은이나 금 같이 없어질 것으로 된 것이 아니요 오직 흠 없고 점 없는 어린 양 같은 그리스도의 보배로운 피로 된 것이니라"(벧전 1:18,19).

베드로는 또한 우리가 택하심을 받은 것은 예수 그리스도의 피뿌림을 얻기 위함이라고 말씀한다.(벧전 1:2) 피는 생명이다. 육체의 생명이든 영의 생명이든 그 근본에는 피가 있다.(레 17:11) 피가 곧 생명이다. 생명과 건강은 피와 관련되어 있다. 피를 많이 흘리면 죽게 된다. 우리는 피를 통해 건강 상태를 점검한다. 병 중에서도 혈액병이 가장 무서운 병이다. 피에 기름이 많이 끼면 위험하다. 육체의 생명을 유지하고 건강하게 만드는 데 피가 중요하다면, 영혼의 생명을 위해서는 예수님의 보혈이 필요하다. 우리에게 주신 예수님의 피를 통해 우리는 영생을 얻는다. 예수님의 살과 피를 먹고 마시지 않으면 영생이 없다.(요 6:53,54)

예수님 안에는 생명수가 흘러넘친다. 에스겔은 성전에서 흘러나오는 생수의 환상을 보았다. 그 생수가 죽은 바다를 살리고, 죽은 나무를 살리는 것을 보았다. 생수가 흐르는 곳마다 고기가 충만하고, 나무의 과실이 충만한 것을 보았다.(겔 47:1-12) 그가 본 환상은 장차 성전으로 오실 예수 그리스도의 환상이다. 예수님은 살아 계신 성전이다. 예수님 안에는 생명수가 충만하다. 예수님에게서 흘러나오는 생명수가 우리를 살린다. 피가 중요한 것 이상으로 물이 중요하다. 예수님은 생명수를 주시는 분이다. "내가 주는

마침내 예수를 닮다

물을 마시는 자는 영원히 목마르지 아니하리니 내가 주는 물은 그 속에서 영생하도록 솟아나는 샘물이 되리라"(요 4:14).

예수님의 이름 안에는 놀라운 능력이 있다. 예수님을 안다는 것은 예수님의 이름을 안다는 것이다. 예수님의 이름을 안다는 것은 예수님 안에 있는 능력을 안다는 것이다. 베드로는 예수님 이름의 권세와 능력을 경험했다. 사도행전 3장에서 그는 예수 그리스도의 이름으로 태어나서 한 번도 걷지 못한 사람을 일으킨다. "베드로가 이르되 은과 금은 내게 없거니와 내게 있는 이것을 네게 주노니 나사렛 예수 그리스도의 이름으로 일어나 걸으라 하고"(행 3:6)

예수님을 믿는 사람은 예수님의 이름 권세를 허락받았다. 따라서 그 이름을 사용할 책임과 의무가 있는 것이다. 예수님의 이름으로 복음을 선포하라. 예수님의 이름으로 귀신을 쫓아내라. 예수님의 이름으로 병자를 고치라.

예수님 안에는 하나님의 풍성한 사랑이 흘러넘친다. 나를 구원하고, 나를 변화시키시고, 나를 성장케 하는 것은 하나님의 사랑이다. 우리는 예수님 안에 있는 하나님의 풍성한 사랑을 받고 배워야 한다. 그 사랑의 깊이와 높이와 넓이와 길이를 배워야 한다.(엡 3:18,19)

오직 예수님 안에 모든 충만이 담겨 있다. 예수님 한 분으로 족하다. 예수님을 알고, 예수님 안에 있는 은혜와 진리, 지혜와 지식, 영생과 보혈, 권세와 예수님의 이름의 능력을 활용한다면 우리는 결핍 없이 풍성하게 살아갈 수 있다. 우리는 예수님 안에서 가장 부요한 사람이 되었다. 우리가 할 일은 예수님 안에 있는 모든 풍족함과 부요함을 기도하는 중에 받아 누리고 나누는 것이다.

제자의 영광

베드로는 모든 영광을 구주 예수님께 돌리고 있다. 우리가 할 일은 예수님의 영광을 보고, 그 영광의 광채 아래서 살아가는 것이다. 우리가 하는 모든 일은 오직 예수님의 영광을 위한 것이다. 당신이 사는 가장 중요한 이유는 모든 영광을 오직 예수님께 돌리기 위함이다. "오직 우리 주 곧 구주 예수 그리스도의 은혜와 그를 아는 지식에서 자라 가라 영광이 이제와 영원한 날까지 그에게 있을지어다"(벧후 3:18).

베드로가 경험했던 예수님의 영광은 십자가의 영광이었다. 고난의 영광이었다. 예수님은 십자가에서 그 영광을 드러내셨다. 예수님은 창조주시다. 그런 까닭에 우리는 예수님이 만드신 모든 만물을 통해 예수님의 영광, 즉 그 솜씨의 영광을 깨달을 수 있다. 하지만 거기서 멈춰서는 안 된다. 예수님의 영광의 극치는 십자가에 있다. 타락한 인간을 치유하고 회복하시기 위해 십자가에서 피를 흘려 죽으신 것이다. 예수님의 영광은 죄인을 사랑하시기 위한 희생의 영광이다.

예수님 안에서 성장한다는 것은 예수님을 닮아간다는 것이다. 예수님을 따라가는 그리스도의 제자가 받는 가장 놀라운 약속과 축복은 스승 되시는 예수님의 형상을 닮아가는 것이다.

> "나를 따르라"는 예수 그리스도의 부름을 들은 자들은 이해하기 어려울 만큼 위대한 약속을 받았다. 그것은 곧 그들이 그리스도를 닮게 될 것이라는 약속이다. 그들은 하나님의 첫 아들의 형제들로서 그 분의 모습을 지닐 것이다. … 제자들은 늘 예수 그리스도의 형상을 바라보며, … 예수 그리스도의 형상은 그들 안으로 침투하고, 그들을 가득 채우며, 그들의 모습을 바꾸어 놓는다. 그

마침내 예수를 닮다

래서 제자들은 스승과 비슷해진다. 아니 그들은 스승을 닮게 된다. 예수 그리스도의 형상은 매일의 사귐 가운데서 제자들의 형상을 새긴다. (본회퍼, 『나를 따르라』, 대한기독교서회, 351-352쪽)

예수님을 따라가는 제자의 가장 큰 영광은 예수님을 닮아가는 것이다. 그것이 우리 각자를 제자로 부르신 하나님의 가장 소중한 목적이다.(롬 8:29)

베드로의 마지막은 예수님의 모습을 닮은 가장 아름다운 모습이었다. 그는 십자가에 매달려 죽었다. 그는 겸손했다. 감히 예수님과 같이 십자가에 못박혀 죽을 수 없다며 거꾸로 매달려 순교했다. 오직 예수님을 위해, 오직 예수님의 영광을 위해 그리한 것이다. 존 팍스는 예수님을 위해 순교한 사람들을 기록한 책을 썼다. 그의 기독교 순교사는 다음과 같은 사도들의 순교 이야기로 시작된다.

헤롯 아그립바가 야고보를 죽인 후 그것이 유대인들을 기쁘게 했다는 사실을 알자 그 다음에는 베드로를 희생시켜야겠다고 결심했다. 따라서 베드로는 체포되어 감옥에 갇히게 되었다. 그러나 주님의 천사가 그를 석방시켰는데 그것 때문에 화가 잔뜩 난 헤롯은 베드로가 갇혀 있던 감옥의 간수들을 사형시켜 버렸다. 여러 가지 이적을 행한 뒤에 베드로는 로마로 갔고 거기서 그는 네로 황제가 크게 총애하던 시몬 마구스의 술책과 요술을 무색하게 만들었다. 그는 이와 같이 황제의 충신 중 한 사람을 개종시켰는데 이 사실에 격분한 황제는 베드로와 바울을 모두 체포하라는 명령을 내렸다. 이 두 사람이 갇혀 있는 동안 간수장 두 사람과 47명의 다른 사람들을 개종시켰다. 9개월간 감옥에 있다가 베드로는 사형장으로 끌려갔는데 몹시 매질을 당한 뒤에 십자가에 거꾸로 달렸다. 그러나 그러한 자세로 죽임을 당한 것은 베드로 자신의 요청에 의한 것이었다. (존 폭스 원저, 『기독교 순교사화』, 생명의말씀사, 15쪽)

베드로는 바울과 더불어 놀라운 능력을 소유한 사람이었다. 하지만 그 능력을 자신을 위해 쓰지 않았다. 오직 복음을 전하기 위해 사용했다. 베드로와 바울은 옥에 갇혀 있는 고난의 현장에서 복음을 전했다. 예수님처럼 순교자의 길을 걸어갔다. 그 길은 가장 큰 영광의 길이었다. 세상의 모든 영광은 일시적이다. 곧 사라지고 만다. 곧 시들어 버리는 꽃과 같은 영광이다. 하지만 예수님을 위해 헌신한 영광은 결코 시들지 않는 영광이다.

베드로는 교회의 영적 지도자들에게 자신이 그리스도의 고난의 증인이요 장차 나타날 영광에 참여할 자라고 강조한다. "너희 중 장로들에게 권하노니 나는 함께 장로 된 자요 그리스도의 고난의 증인이요 나타날 영광에 참여할 자니라"(벧전 5:1). 그들에게 하나님의 뜻을 따라 자원함으로 섬기되 양무리의 본이 되라고 권면한다. 그리하면 그들이 시들지 아니하는 영광의 면류관을 얻게 될 것이라고 말한다. "그리하면 목자장이 나타나실 때에 시들지 아니하는 영광의 관을 얻으리라"(벧전 5:4).

오직 은혜의 하나님만이 우리를 예수님 안에서 영원한 영광에 들어가게 하신다.(벧전 5:10) 종교개혁 500주년을 보내면서 베드로가 전한 말씀과 그의 삶 속에서 마틴 루터와 종교개혁자들이 부르짖었던 5가지 슬로건을 다시금 되새긴다.

오직 은혜!
오직 믿음!
오직 그리스도!

마침내 예수를 닮다

오직 말씀!

오직 그리스도의 영광!

우리가 구원받은 것은 하나님의 은혜다. 우리가 하나님을 믿게 된 것도 하나님의 은혜다. 우리는 오직 예수님을 통해 구원을 받았다. 예수님을 믿음으로 의롭다 함을 받았다. 오직 복음의 말씀으로 거듭났고, 그 말씀 안에서 성장하고 있다. 그러므로 당신은 오직 예수 그리스도에게 영광을 돌려야 한다. 바울은 그가 수고했지만 그 모든 수고에 대한 영광을 하나님의 은혜에 돌렸다.(고전 15:10)

그는 모든 영광을 오직 하나님께만 돌렸다. 성도들이 성장한 것도 오직 하나님께서 하신 일이라고 고백한다.(고전 3:6,7) 당신은 베드로의 생애 속에서 오직 그를 자라게 하신 분은 하나님이심을 깨달았을 것이다. 오직 하나님의 은혜임을 깨달았을 것이다. 베드로는 모든 영광을 예수님께 돌리고 있다. 그는 늘 예수님의 영광을 즐거워하고, 그 영광을 바라보며 살다가 그의 삶속에 예수님의 형상의 영광이 깃드는 은혜를 경험했다.

예수님과 베드로의 만남은 작은 씨앗과 같았다. 하지만 그 만남을 통해 베드로는 고기 잡는 어부에서 사람을 낚는 어부로 변화되었다. 그는 신비로운 천상의 지식과 신성한 성품을 갖춘 천국 인재로 성장해 갔다. 또한 그를 통하여 수많은 사람들이 복음을 들었다. 그를 통해 수많은 제자들이 재생산되고, 배가의 열매를 맺었다. 예수님은 실패자였던 베드로를 탁월한 제자로 만들어 하나님 나라를 확장케 하셨다. 하나님은 우리에게도 그런 베드로의 발자취를 따라가라고 권면하고 계시다.

깊은 묵상으로

무엇이 베드로를 변화시켰다고 생각하는가?

예수님 안에 있는 것들은 무엇인가? 하나하나 묵상해보라.

내가 베드로의 삶을 통해 깨달은 것은 무엇인가?

마침내 예수를 닮다

베드로처럼

나도 실패자에서 사명자로 서고 싶다!

초판 1쇄   2018년 4월 18일

지 은 이 _ 강준민
펴 낸 이 _ 이태형
펴 낸 곳 _ 국민북스
편   집 _ 김성원
디 자 인 _ 서재형

등록번호 _ 제406-2015-000064호
등록일자 _ 2015년 4월 30일

주   소 _ 경기도 파주시 문발로 139 고래곰나비 402호 우편번호 10881
전   화 _ 031-955-0707
이 메 일 _ kirok21@naver.com
ISBN 979-11-88125-08-1 03230

※ 본문에 인용된 성경은 대한성서공회에서 펴낸 개역개정판을 따랐으며,
  다른 번역본을 사용한 경우에는 따로 표기하였다.